不动产估价

薛　立　任加强　主编

中 国 农 业 大 学 出 版 社
· 北京 ·

内容简介

《不动产估价》一书，系统阐述了不动产估价的理论、方法和在实践中的应用。全书由8章组成，分别是不动产估价概述、不动产估价原则及应用、比较法、收益法、成本法、假设开发法、其他估价方法和不同类型的不动产的评估与评估报告的撰写。本书在编写过程中，精选了多个案例，以案例分析的形式对相关估价方法的应用进行介绍和演示，力求理论与实际更好地结合，使学生通过学习，能够很快地承担将来的不动产估价工作。

图书在版编目(CIP)数据

不动产估价/薛立，任加强主编. —北京：中国农业大学出版社，2019.1
ISBN 978-7-5655-2168-3

Ⅰ.①不… Ⅱ.①薛…②任… Ⅲ.①不动产—资产评估 Ⅳ.①F293.3

中国版本图书馆 CIP 数据核字(2019)第 000650 号

书　名 不动产估价
作　者 薛　立　任加强　主编

策划编辑 王笃利　　**责任编辑** 石　华
封面设计 郑　川
出版发行 中国农业大学出版社
社　址 北京市海淀区圆明园西路 2 号　　**邮政编码** 100193
电　话 发行部 010-62818525，8625　　读者服务部 010-62732336
编辑部 010-62732617，2618　　出　版　部 010-62733440
网　址 http://www.caupress.cn　　**E-mail** cbsszs @ cau.edu.cn
经　销 新华书店
印　刷 涿州市星河印刷有限公司
版　次 2019 年 1 月第 1 版　2019 年 1 月第 1 次印刷
规　格 787×1092　16 开本　14.25 印张　350 千字
定　价 39.00 元

编写人员

主　编　薛　立　任加强

副主编　邰志勇　金益民　战　松

参　编　关　新　宫　斌　陈　焕

前　言

20 世纪 90 年代以来，随着我国房地产业的发展，特别是房地产开发、房地产交易、房地产抵押的快速发展，使不动产估价行业迅猛发展。进入 21 世纪以来，房地产业已然成为我国国民经济的支柱性产业，得到了政府和社会的高度重视。不动产估价行业的发展无论对改善我国城镇广大居民住房条件、拓展城市空间、改变城镇面貌，还是对启动内需、促进经济增长都起到了积极的作用。与此同时，我国不动产估价行业快速发展，估价业务数量持续增长，估价法律法规不断完善，国家标准体系逐步健全，估价技术方法日期成熟，估价专业队伍日益壮大，估价执业行为更加规范，估价服务质量明显提高，估价行业的社会影响显著提升，基本形成了公平竞争、开放有序、监管有力的不动产估价市场。

作为一个发展迅速的新型中介服务行业。不动产估价在维护市场秩序、保障各类产权交易主体权益方面发挥了重要作用。不动产估价在维护房地产市场秩序，保护房地产权利人的合法权益，防风金融风险，增进社会和谐等方面进一步发挥着独特的积极作用。近年来，由于一些城市房地产价格上涨过快，我国征收房地产相关的税收已成为必然。而这些必须通过不动产估价来实现计算征税额，由此必然引发对不动产估价的大量需求。然而，由于我国不动产估价行业还处于正在发展的阶段，不动产估价行业人才远远不能适应形势发展的需要。因此，尽快培养出更多、更好的不动产估价人员乃是当务之急。

本书在编写过程中，依据不动产估价的最新法律法规及技术标准，既注重理论的阐述，同时又侧重估价实践及在实际中的应用，以达到学生通过学习，就能提高其实践操作能力为目标。本书可作为土地、房地产工程管理等相关专业的本科生教材。本书由薛立、任加强主编，邰志勇、金益民、战松副主编，关新、宫斌、陈焕参与了编写工作。具体分工如下：薛立编写第 1 章、第 2 章、第 4 章、第 8 章，任加强、邰志勇编写第 3 章，金益民编写第 6 章，战松、关新、宫斌编写第 5 章，金益民、陈焕编写第 7 章，全书由薛立统稿。

在本书的编写过程中，参考了国内许多学者、同仁的编著和国家发布的相关法律法规和规范，并列于书末，以便读者在使用本书过程中进一步查阅相关资料，同时对各参考文献的作者表示衷心的感谢。

由于编者水平有限，本书不当之处在所难免，诚请广大读者批评指正，以便共同为我国物业资产管理事业做出贡献。

编　者

2018 年 8 月

目　录

Chapter 1

第1章 不动产估价概述

本章学习内容及要求：通过学习，了解不动产的概念、不动产价格的影响因素，熟悉不动产估价的特点、不动产价格的含义、不动产估价程序，掌握不动产估价的概念、不动产价值的种类。

1.1 不动产估价的概念及特点

1.1.1 不动产的含义及分类

1. 不动产的定义

关于不动产的定义有很多种。在民法中，将财产（或称为“物”）分为动产和不动产2类。如法国民法典第五百一十六条规定：“一切财产，或为动产，或为不动产。”对动产和不动产而言，通常是以财产能否自由移动为依据进行划分的。相对于动产来说，不动产的主要特征表现在它不能移动，或者虽然可以移动，但移动后会破坏它的完整性、使用价值及功能，或者会带来明显的经济损失。关于不动产的界定，日本民法典第八十六条规定：“土地及其定着物为不动产。”意大利民法典第八百一十二条则详细规定：“土地、泉水、河流、树木、房屋和其他建筑物，即使是临时依附于土地的建筑物以及在一般情况下那些或是自然或是人为地与土地结为一体的物品是不动产。固定河岸或者河床之上并且为永久使用而建造的磨坊、浴场以及漂浮在水面上的建筑视为不动产。”中国内地有关立法中，也使用了不动产概念，如《中华人民共和国担保法》第九十二条规定：“本法所称不动产是指土地以及房屋、林木等地上建筑物。”此外，美国不动产术语词典把不动产的定义为：在法律上，不动产是指土地以及或多或少依附于土地的一切物体，不动产所有权从地球中心直到无限天际。

美国有关教科书对不动产的概念做了进一步说明。如 Edmund F. Ficek 等指出，法律对土地的表述为：土地包括地表以下、地球表面以及地表以上的空间，也包括如树木、水以及地表以下的矿藏和其他物资等自然物。而不动产不仅包括以上所指的土地，还包括人类对土地的改良以及利用土地的若干权利。土地购买者购买的不仅是土地本身，也包括建造在土地上的一切房屋建筑和构筑物等，此外，购买者还有使用和维护这些物体以及按既定用途继续使用土地的权利。

我国 2015 年实施的《不动产登记暂行条例》规定："本条例所称不动产，是指土地、海域以及房屋、林木等定着物。"

本课程的定义为：不动产是指不能移动位置或者移动位置后会引起性质、形状改变而造成经济损失的财产。它主要是指土地、建筑物及其他地上定着物，是实物、权益和区位三者的结合体。

2. 土地、建筑物和其他地上定着物的含义

(1)土地的含义　简单地说，土地是指地球的表面及其上下一定范围内的空间。关于土地，人们有各种不同的认识，其中，最有代表性的观点有 3 种：第 1 种观点，认为土地是指地球表面的陆地。第 2 种观点，认为土地不仅包含地球表面的陆地，也包含水域，是由地貌、土壤、岩石、水文、气候、植被等要素组成的自然历史综合体。第 3 种观点，认为土地是自然物、自然力或自然资源，"经济学上的土地是侧重于大自然所赋予的东西"，它"指的是自然的各种力量或自然资源。""不仅指土地的表面……还包括地面上下的东西。"

人们对土地的不同定义或认识，除了认识程度、学科和研究目的等不同外，还存在法律和制度上的差异。如美国有关法律对土地的界定包括地下矿藏和其他自然物，因此，土地所有权也包括对地下矿藏和其他自然物的所有权。而在其他许多国家和地区，地下矿藏和其他地下资源的所有权并不依附于土地所有权，取得土地所有权并不意味着同时取得了地下矿藏和其他地下资源的所有权。因此，也难以将地下矿藏和其他地下资源定义为土地的组成部分。而我国对土地的管制实行的是所有权与使用权相分离，所有权归国家，用地单位及个人仅有使用权。

(2)建筑物的含义　建筑物是指人工建筑而成，由建筑材料、建筑构配件和建筑设备等组成的整体物。

建筑物有广义和狭义 2 种含义：广义的建筑物既包括房屋，也包括构筑物。狭义的建筑物主要是指房屋，不包括构筑物。在不动产估价中一般将建筑物作广义理解。其中，房屋是指有基础、墙、顶、门、窗，起着遮风避雨、保温隔热等作用，供人们在里面居住、工作、学习、娱乐或进行其他活动的建筑物，一般是由建筑材料、建筑构配件和设备，如给排水、卫生、燃气、照明、空调、电梯、通信、防灾等组成的空间场所。构筑物是指人们一般不直接在里面进行生产和生活活动的建筑物，如烟囱、水塔、水井、道路、桥梁、隧道、水坝等。

(3)其他地上定着物的含义

其他地上定着物是建筑物以外的地上定着物，也称为其他土地附着物、附属物，是指附属于或结合于土地或建筑物，从而构成土地或建筑物的一部分，应随着土地或建筑物的

转移而一同转移的物。其他地上定着物与土地、建筑物在物理上不可分离，或者虽然可以在物理上分离，但是这种分离是不经济的，或者分离后会破坏土地、建筑物的完整性、使用价值或功能，或者会使土地、建筑物的价值受到明显损害。如地上建造的假山、庭院、花园、栅栏、农民自己打的水井等。

3. 实物、权益和区位的含义

(1)不动产实物的含义　不动产的实物是指不动产中看得见、摸得着的部分(建筑物的外观、结构、设备、装饰装修)和土地的形状、地势、地质、基础设施条件(道路、给排水、电力、燃气、热力、电信、有线电视等设施的完备程度、平整程度等)。

不动产实物可进一步分为有形的实体、实体的质量以及该实体组合完成的功能三个方面。以一幢房屋为例，就该房屋的建筑结构而言，有形的实体是指它是砖木结构的，还是砖混结构或钢筋混凝土结构的；假如该房屋为钢筋混凝土结构的情况下，实体的质量是指它是采用什么质量的钢和混凝土浇筑而成的，或者其施工质量如何；组合完成的功能是指房屋的空间布局如何，例如，住宅的户型(套型)如何。

(2)不动产权益的含义　不动产的权益是指不动产中无形的、不可触摸的部分，是基于不动产实物而衍生出来的权利、利益和收益。不动产权益以不动产权利为基础，包括以下几方面的内容。

①不动产的各种权利，例如，所有权、土地使用权、地役权、抵押权、租赁权等。

②受到其他不动产权利限制的不动产权利。同一宗不动产同时存在着多种不动产权利，例如，设立了抵押权、租赁权的房屋所有权或土地使用权。

③受到不动产权利以外的各种因素限制的不动产权利，例如，城市规划对房地产用途、建筑容积率的限制，不动产被人民法院查封从而其处分受到限制。

④不动产的额外利益或收益，例如，屋顶或外墙面可出售或出租给广告公司做广告获得收入。

(3)不动产区位的含义　不动产的区位是指一宗不动产与其他不动产或者事物在空间方位和距离上的关系，包括位置、交通、环境景观、外部配套设施等方面。

①一宗不动产的位置是指该宗不动产所在的地方，包括坐落——坐落的具体地点(门牌号等)，方位——在所在地(城市、十字路口等)的方位，距离——与重要场所(市中心、汽车站、火车站、机场、港口、码头、政府机关、同行业、工作地、居住地等)的距离，朝向——建筑物的正门或房间的窗户等正对着的方向，楼层——当为整幢建筑物中的某层、某套时所处的楼层。

②一宗不动产的交通是指进出该宗不动产的方便程度——通达性，具体分为从其他地方到达该宗不动产的可达性和从该宗不动产去往其他地方的便捷性。

③一宗不动产的环境景观是指该宗不动产周围的自然环境、人文环境和景观。其中，人文环境包括该宗不动产所在地区的声誉、居民特征(职业、素质)、治安状况、相邻不动产的利用状况等。

④一宗不动产的外部配套设施是指该宗不动产外部的基础设施和公共服务设施。基础设施一般是指道路、给排水、电力、燃气、热力、电信、有线电视等设施。公共服务设施也称为公共设施、公共配套设施一般是指教育、医疗卫生、社区服务、市政公用等非营业性设施。

由于不动产的位置的不可移动性，其区位对价值的决定作用几乎是不动产所独有的（不排除相同的商品在不同的购物环境中的售价不同）。当然，区位并不能代表不动产的一切，但它强调了区位对不动产的极大的重要性——你能够改变不动产除了区位以外的任何东西，但一般不能改变不动产的区位，这就是区位为何如此重要的原因。两宗实物和权益状况相同的不动产，如果它们的位置交通、环境景观、外部配套设施等区位状况不同，价值可能有很大的不同。

4. 不动产的分类

在不动产估价过程中，可以根据不同的需要、不同的估价目的，按照不同的标准，从不同的角度对不动产进行分类。

(1)按用途来划分　不动产按其用途来划分，主要分为下列 10 类。

①居住用途。它包括普通住宅、高档公寓、别墅等。

②商业用途。它包括百货商场、购物中心、商业店铺、超级市场、批发市场、贸易场所等。

③办公用途。它包括经营性的商务办公楼、政府行政办公楼等。

④旅馆用途。它包括饭店、酒店、宾馆、旅店、招待所、度假村等。

⑤餐饮用途。它包括酒楼、美食城、餐馆、快餐店等。

⑥娱乐用途。它包括游乐场、娱乐城、康乐中心、俱乐部、夜总会、影剧院、高尔夫球场、影剧院等。

⑦工业和仓储用途。它包括工业厂房、车间、料场、仓库等。

⑧农业用途。它包括农地、农场、林场、牧场、果园等。

⑨特殊用途。它包括车站、机场、医院、学校、托幼设施、教堂、寺庙、墓地等。

⑩综合用途。它是指具有 2 种或 2 种以上用途的房地产。

(2)按开发程度来划分　房地产按其开发程度来划分，主要分为下列 5 类。

①生地。它是指不具有城市基础设施的土地，如荒地、农地。

②毛地。它是指具有一定城市基础设施，但地上有待拆迁房屋的土地。

③熟地。它是指具有完善的城市基础设施、土地平整，能直接在其上进行房屋建设的土地。

④在建工程。它是指地上建筑物已开始建设但尚未建成，不具备使用条件的房地产。也指该不动产已经停工多年，尚没有建完。

⑤现房(含土地)。它是指地上建筑物已建成，可直接使用的不动产。它可能是新的，也可能是旧的。

(3)按是否产生收益来划分　不动产按其是否产生收益来划分，主要分为下列 2 类。

①收益性房地产。它是指能直接产生租赁或其他经济收益的房地产，包括商店商务办公楼、公寓、旅馆、餐馆、影剧院、游乐场、加油站、厂房、农地等。

②非收益性房地产。它是指不能直接产生经济收益的房地产。如私人宅邸、未开发的土地、政府办公楼、教堂、寺庙等。

(4)按经营使用方式来划分　不动产按其经营使用方式来划分，主要分为下列 4 类。

①出售型。主要用于对外出售，一般多数为房地产开发企业开发的商品房。

②出租型。主要用于对外出租的房地产，如一些商住公寓、写字楼等。

③营业型。主要用于各种经营性的不动产，如商场、超市、购物中心等。

④自用型房地产。主要指用于自己使用，而非经营的不动产，如自己居住的住宅。

(5)单独土地的分类　在土地估价中，土地用途可分为以下5类。

①住宅用地。

②工矿仓储用地。

③商服用地。

④公共管理与公共服务用地。

⑤交通运输用地。

评估中，待估宗地用途的设定宜参照《土地利用现状分类》(GB/T 21010—2007)的二级类进行细化，对于具有混合用途的待估土地，应分别界定各用途的构成比例。

1.1.2　不动产估价的概念

《城镇土地估价规程》(GB/T 18508—2014)中，对地价、土地估价都做了明确的规定。

1. 地价

《城镇土地估价规程》(GB/T 18508—2014)中，对地价做了明确的规定，即在市场条件下形成的土地权利价格，包括在公开市场条件下形成的客观合理价格和特定市场条件下形成的市场关联各方可接受的价格。无特殊说明下，它均指公开市场条件下形成的，一定年期建设用地使用权的权利价格，其空间内涵包括地表及地上、地下的一定范围，也可依据权属划分单独界定为地下空间使用权或空中使用权价格。

2. 土地估价

《城镇土地估价规程》(GB/T 18508—2014)中，对土地估价做了明确的规定，即土地估价师根据估价目的和待估土地状况，遵循估价原则，按照一定的估价程序，在全面调查和综合分析影响地价因素的基础上，选用适宜的估价方法，对待估土地在估价期日的价格进行估算和判定的行为。

3. 不动产估价

这里的不动产估价既包括单独的土地估价，也包括单独的建筑物及房地相连的房地产及其附属物的估价。它是指专业估价人员根据估价目的，遵循估价原则，按照估价程序，选用适宜的估价方法，并在综合分析影响不动产价格因素的基础上，对不动产在估价时点的客观合理价格或价值进行估算和判定的活动。

为进一步理解不动产估价的概念，现将上述不动产估价概念中的一些术语解释如下。

(1)专业估价人员　专业估价人员是指通过注册房地产估价师、土地估价师考试合格，由有关主管部门审定注册，专门从事不动产估价的人员。

一名合格的专业估价人员必须具有不动产估价方面的扎实的理论知识、丰富的实践经验和良好的职业道德。具有扎实的理论知识和丰富的实践经验，是对估价能力的要求；具有良好的职业道德，是对估价诚实程度的要求。在此特别要强调职业道德的重要性。

(2)估价目的　估价目的是指一个具体估价项目的估价结果的期望用途，或者说完成后的估价报告拿去做什么用，是为了满足何种涉及不动产的经济活动或者政府、民事行为的需要。

不同的估价目的来源于对估价的不同需要。估价目的可以划分为土地使用权出让、不动产转让(包括买卖、交换、赠予、抵债等)、租赁、抵押、典当、保险、课税、农民集体土地征用补偿、城市房屋征收补偿、损害赔偿、分割、合并、纠纷、企业合资、合作、合并、兼并、分立、买卖、租赁经营、承包经营、改制、上市、破产清算、不动产估价纠纷、涉案中的不动产估价复核或鉴定等。

不同的估价对象的评估,采用不同的报告形式。如单独的土地评估,形成的是土地评估报告;土地连同地上建筑物的评估,形成的是房地产评估报告;而企业整体评估时涉及的房地产,形成的是资产评估报告。不同的估价目的将影响估价结果,估价目的也限制了估价报告的用途。针对不同的估价目的所采用的价值标准,分为公开市场价值标准和非公开市场价值标准两类。采用公开市场价值标准时,要求评估的客观合理价格或价值应是公开市场价值。公开市场价值是指在公开市场上最可能形成的价格。而公开市场是指在该市场上交易双方进行交易的目的,在于最大限度地追求经济利益,并掌握必要的市场信息,有较充裕的时间进行交易,对交易对象具有必要的专业知识,交易条件公开且不具有排他性。

(3)估价原则　估价原则是指人们在不动产估价的反复实践和理论探索中,在对不动产价格形成和运动的客观规律认识的基础上,总结出的一些简明扼要的、在估价活动中应当遵循的法则或标准。目前,在不动产估价业务中,应当遵循的估价原则有:独立、客观、公正原则,合法原则,最高、最佳使用原则,估价时点原则,替代原则、谨慎原则、预期收益原则、供需原则等。

(4)估价程序　估价程序是指不动产估价全过程中的各项具体工作,按照其内在联系性所排列出的先后进行次序。

(5)估价方法　目前在实践中应用较多的不动产估价方法有比较法、成本法、收益法和假设开发法。除上述方法外,还有长期趋势法及单独适用于土地估价的基准地价修正法、路线价估价法等。不同的评估对象或评估目的将会影响选用的评估方法,另外,在评估一宗不动产的价值时,一般要求同时采用两种或两种以上的方法。

(6)影响不动产价格的因素　从大的方面来说,有市场、区域、环境、人口、经济、社会、行政、心理、国际等因素。在不同地区、不同时期,各种因素影响不动产价格变动的方向和幅度是不尽相同的。

(7)估价时点　估价时点是指评估价值对应的具体日期,即在该日期上估价对象才有该价值。通常用公历年、月、日表示。

(8)客观合理价格或价值的估算和判定　客观合理价格或价值是估价对象在某种估价目的特定条件下形成的正常价格,它能为当事人或社会一般人所信服和接受。估算和判定是一种估计,是估计就会有误差,但这种误差又不是无限度的,必须在一个合理的范围内。一般认为误差在±20%之内是允许的。

1.1.3　不动产估价的特点

由于不动产及其价格构成比较复杂,决定了不动产估价具有许多特点,许多学者形象地将不动产估价定义为:不动产估价=科学+艺术。

1. 不动产估价的科学性

由于影响不动产价格的多种因素的构成和变化都比较复杂,难以准确地确定,因此,从现象上来看,不动产估价是估价人员对不动产价格所做出的推测与判断。究其实质并不是主观臆断,而是具有很强的客观性和科学性。因为通过估价人员的长期理论研究与实践探索,已经总结出了不动产价格形成与变化的基本规律以及一整套系统而严谨的评估方法和评估步骤,使不动产估价有章可循。所以,不动产估价是建立在科学的估价理论与方法的基础之上的,是把不动产的客观实际价值通过评估活动正确地反映出来,是通过对不动产市场进行系统分析后,推测、判断出待估标的在特定市场条件下最可能实现的价格,这一价格是客观存在的,只是要通过特定方法来测定而已。

2. 不动产估价的艺术性

不动产估价必须遵循一套科学严谨的估价理论和方法,但又不能完全拘泥于有关的理论和方法。因为不动产价格形成的因素复杂多变,不是简单地套用某些数学公式就能够计算出来的。不动产估价在一定程度上具有艺术性,主要体现在如下几个方面。

(1)估价人员需要有丰富的经验　不动产评估是一项专业性很强的业务,估价人员必须具备丰富的经验,才能做出准确、合理的判断,准确、完整地了解和掌握评估对象。应用成本法评估时,不动产的成新度和折旧额的计算、收益法评估中资本化率的确定、评估方法的选择等都离不开估价人员丰富的经验和知识。

(2)不动产估价需要很强的推理与判断能力　丰富的估价经验是顺利评估的前提,在经验基础上所形成的推理、判断能力在一定程度上代表着估价师的水平。在不动产评估过程中,推理、判断能力不仅体现为对不动产价格规律的透彻认识,有时会表现出非逻辑性,体现为估价师的超常眼力。如对不动产价格变化趋势的分析、对待评估的不动产的交易情况的修正等都需要估价师具有较强的综合分析与推理、判断能力。

(3)不动产评估需要一定的技巧　不动产评估的技巧性一方面体现在评估过程中,另一方面则体现在如何保证评估结果的权威性,保证委托人及有关当事人能够接受合理的评估结论。在不动产评估过程中,涉及准确核实不动产的权利状态,如何以最快的速度拟好评估报告,避免以后出现纠纷等问题,这些问题的处理都需要估价师掌握相应的技巧。

1.2　不动产价格和价值的种类

1.2.1　不动产价格

1. 不动产价格的含义

(1)价格的概念　对于什么是价格,一般有2种解释:一种解释认为,价格是为获得一种商品或服务所必须付出的东西,它通常用货币表示;另一解释认为,价格是商品价值的货币表现,价值是凝结在商品中的一般的无差别的人类劳动或抽象的人类劳动。

上述2种对价格的定义,可以说第1种讲的是现象,第2种讲的是本质,基本上2种定义把价格的所有内涵均已交代清楚。

(2)不动产价格的含义　从不动产估价的角度来讲,将不动产价格定义为:不动产价格指在某个时点上为取得他人不动产而获得相应权益所支付的代价。此定义有3层含义:第一,不动产价格随市场供求关系变动,因此,不动产价格是指某个时点状态下的价格;第二,不同的不动产权益对应于不同价格;第三,这种代价一般以货币形式支付,但也可以实物或劳务等其他形式支付,如以知识产权作价入股的一方,能够以股权形式享有包含合资方不动产在内的总资产所带来的部分利益。

2. 不动产价格的形成条件

不动产与其他商品一样,之所以有价格(价值)是因为不动产有用、稀缺,并且人们对它有需求,即具有效用、稀缺和有效需求。

(1)有用性　一种物品有用是指它能够用来满足人们的某种需要,经济学上称为有使用价值。如住宅可以居住,厂房可以用于生产。不动产如果没有用,人们就不会产生占有不动产的要求或欲望,更谈不上花钱去购买或租赁它,从而不动产就不会有价格。

(2)稀缺性　一种物品稀缺是指它的数量没有多到使每个人都可以随心所欲地得到它。因此,一种物品是稀缺的,并不意味着它是难以得到的,仅仅意味着它是不能自由取用的,即不付出代价就不能得到,是相对缺乏,不是绝对缺乏。

一种物品仅有用还不能使其有价格,像空气或某些地方的水那样尽管对人们至关重要,如果没有它们人们就无法生存,但也不会有价格,因为如果这种物品的数量丰富,随时随地都可以自由取用。不动产,尤其是土地,显而易见是一种稀缺的物品,稀缺对价格的作用是很大的,俗话说"物以稀为贵"。

(3)有效需求　人们对一种物品有需求,是指不仅愿意购买它,而且有能力购买它。只有需要而无支付能力(即想买但没有钱),或者虽然有支付能力但不需要(即有钱但不想买),都不能使购买行为发生,从而不能使价格成为现实。例如,对于一套总价150万元的住房,甲、乙、丙、丁4个家庭中,甲家庭需要,可是买不起;乙家庭买得起,但是不需要;丙家庭既需要,也买得起;丁家庭既买不起,也不需要。在这种情况下,只有丙家庭对这套住房有需求。因此,需求与需要不完全等同,需要不等于需求,需要只是一种要求或欲望,有支付能力支持的需要才是需求。当然,不动产由于既是一种可以满足生产、生活需要的生产资料或消费品,又是一种可以带来租赁、增值等收益的投资品,对其需求不仅有"为用而买"的使用需求(或者说消费需求),还有"为租而买"的投资需求和"为卖而买"的投机需求。

1.2.2　不动产价格的种类

在进行不动产估价时,必须搞清不动产价格和价值的种类以及每一种不动产价格和价值的确切含义,以正确地理解和选择价格或价值,把握需要评估的不动产价值的内涵。

1. 按价格形成的形式分类

(1)成交价格　成交价格指交易双方实际成交的价格,它是买者同意付出,卖者愿意支付的货币额,是一种事实或真实价格。成交价格既可能是正常的,也可能是不正常的。

它随着交易双方的心态、对不动产权益和状态的了解、对市场把握的程度、讨价还价的能力以及购买方偏好等的不同而不同。

对不动产市场来说，正常成交价格是相对的，它受到不动产个别性和权益复杂性等的制约，交易信息不对称，往往需要中介服务。本书所说的正常成交价格是指排除这些影响后，交易双方在竞争和公开市场、信息相对完备、平等自愿、没有私自利害关系的条件下所形成的价格。除此之外，则为非正常成交价格。而正常成交价格的形成条件有如下7个。

①公开市场。

②交易对象本身具备市场性。

③众多的买者和卖者。买者和卖者的数目都必须相当多才不至于使买者或卖者的个别因素影响价格，即他们都应是价格的被动接受者，其中的任何一个买者或卖者对价格都没有控制的力量，没有显著的影响力。

④买者和卖者都不受任何压力，完全出于自愿。

⑤买者和卖者都具有完全信息。这是指买者和卖者对所交易的商品具有充分的信息，包括充分了解交易对象的性能和特点，充分了解市场行情。

⑥理性的经济行为。这又被称为"经济人"的假设条件。在经济学里，"经济人"被规定为经济生活中抽象的一般人，其本性假设是利己的，力图以最小的经济代价去追逐和获取自身最大的经济利益。而且买卖双方均是谨慎的，价格不受任何一方感情冲动的影响。

⑦适当的期间完成交易。即有适当长的时间寻找合适的买者或卖者，而不是急于出售或急于购买。

(2)市场价格　市场价格指某特定时期某种不动产在市场上的平均水平价格，是该类不动产大量成交价格的统计结果，反映该类不动产在此时期内的平均价格水平。对各种不动产来说，每个时期都有它们各自的市场价格。

(3)理论价格　理论价格指经济学理论对市场模拟而形成的价格。在经济学理论中，一般通过理性"经济人"等一系列假设，同时在假定商品和生产要素价格已知时对消费者和厂商各自行为进行研究的基础上，进一步研究不同市场结构下均衡价格是如何决定的，由此得出的均衡价格即为理论价格。所以，理论价格不是真实价格，但它揭示了市场供求关系对价格形成的影响，而且市场机制本身具有实现均衡的趋势，所以理论价格可以指导市场价格的形成。

一般来说，市场价格和理论价格相比，市场价格是短期的均衡价格，理论价格是长期的均衡价格。成交价格围绕着市场价格而上下波动，市场价格又围绕着理论价格而上下波动。

(4)公开市场价值　在国外一些不动产相关著作中，经常使用公开市场价值(简称为市场价值)的概念，其定义为在竞争和公开市场条件下最可能形成的价格。

严格地说，公开市场价值是交易双方在完全竞争市场上所能形成的价格。所谓完全竞争市场是一种竞争不受任何阻碍与干扰的市场结构，必须同时具备以下4个条件：①市场上有足够多的生产者和消费者。②市场上的产品是同质的。③资源完全自由流动。④市场信息是完全畅通的。

很显然，不动产市场并不满足完全竞争市场条件。不动产的竞争和公开市场是指在该市场上交易的双方都是理性的，都掌握足够的市场信息，有充分的交易时间，对交易对象具有必要的专业知识，交易条件正常(不存在特别的买方和卖方，也不存在特别的融资服务)等。虽然两者有所不同，前者是经济学中理想化的市场结构中形成的价格，而后者与市场价格明朗化的条件相当，可作为不动产的公开市场价值。

(5)评估价格　评估价格是估价人员针对某种估价目的，对某不动产在某时点的客观合理价格或价值进行估算和判定的结果。评估价格又被称为评估价、评估值、评估额或估价结果，也可根据所采用估价方法的不同而采用不同的称呼。如在估价中采用市场比较法得出的价格通常称为比准价格，采用成本法得出的价格通常称为积算价格，采用收益法得出的价格通常称为收益价格。

评估价格不是事实，而是不动产估价专业人员运用自己的专业知识和经验，对不动产某种客观合理价格或价值的估计。客观合理价格或价值是指不动产在特定条件下形成的正常价格或价值。例如，对同一宗不动产来说，它既可以被买卖，也可以被抵押，还可以被拆除予以补偿等。显然，对于任何不同经济行为所涉及的同一宗不动产，都存在各自的正常价格，即该经济行为所对应的不动产客观合理价格或价值。因此，评估价格是针对某种目的得出的价格，是对某种不动产客观合理价格的逼近，一般评估的是某宗不动产或某个局部范围内不动产的价格。而对市场交易目的的不动产估价，所对应的客观、合理的价格或价值应等于公开市场价值，即一个良好的评估价值＝正常交易价格＝市场价格。

2. 按政府指导价和政府定价分类

政府指导价和政府定价是政府为实现宏观调控和对某些物品实行特别政策而制定或者确认的价格，由政府有关部门按照定价权限和范围制定或者委托有关部门或机构制定由政府确认。

在我国，不动产价格中具有政府指导价性质的主要有公示地价、房屋重置价格以及经济适用房销售价格，由政府定价的有公租房的租金价格以及在城镇住房制度改革过程中对出售公有住房实行的标准价和成本价。这里主要介绍政府指导价。

(1)公示地价　公示地价是以维护经济和市场的平稳健康发展为目标，遵循公开市场价值标准评估并经政府确认，公布实施的地价。它包括基准地价、标定地价、课税地价等。

①基准地价　基准地价指在土地利用总体规划确定的城镇可建设用地范围内，对平均开发利用条件下，不同级别或不同均质地域的建设用地，按照商服、住宅、工业等用途分别评估，并由政府确定的，某一估价期日法定最高使用年期土地权利的区域平均价格。

②标定地价　标定地价指政府为管理需要确定的，标准宗地在现状开发利用、正常市场条件下，于某一估价期日法定最高使用年限下的土地权利价格。

③课税地价　为课税需要，以基准地价、标定地价为基础测算，并由政府确定的，作为计税依据的土地价格。

(2)房屋重置价格　房屋重置价格指在估价时点采用此时的建筑材料、建筑构配件和建筑技术等，重新建造同类建筑结构、质量、功能的新房屋所需的一切合理和必要的费用、税金并加上应得的利润，能体现此时价格水平的货币值。

(3)经济适用房销售价格　经济适用房销售价格指根据政府规定的成本构成项目和利润率所确定的价格。经济适用房的成本构成包括征地和拆迁补偿费、勘察设计和前期工程费、建筑安装工程费、住宅小区基础设施建设费和小区内非营业性公共配套设施费、管理费、贷款利息和税金等7项因素，利润则控制在3%以内。

3. 按照不动产的实物形态分类

(1)土地价格　土地价格简称“地价”，仅指不动产中土地部分的价格。

①根据土地性质和开发程度的不同，习惯上将土地分为生地、毛地和熟地3种

生地指没有城市基础设施的土地，一般为农民集体所有的土地或荒地，受让者除支付生地价外，通常还需以代征方式对农民集体支付征地补偿费；对于已完成征地补偿但未进行“三通一平”或以上开发建设的土地，受让者所支付的生地价格中包含国家支付给农民集体的征地补偿费。

毛地指现有城区内建筑物待拆迁的国有土地，受让者除支付毛地价外还需对建筑物的所有者或使用者支付拆迁安置补偿费。

熟地指具有基本或完善的城市基础设施，表面平整，能直接在其上建造房屋建筑的土地。它既包括已完成“三通一平”或以上的新开发土地，也包括已完成拆迁安置后在现有城区形成的空地，受让者所支付的是既定状态下的熟地价格。

②根据土地使用权取得方式不同，将土地价格分为出让价格和转让价格。

出让价格指在土地使用权一级市场上，国家以土地所有者的身份将国有土地使用权出让给土地使用者，由土地使用者按出让合同规定向国家支付的代价。

转让价格指在土地使用权二三级市场上，土地使用权在土地使用者之间转让时形成的成交价。我国相关法律规定，未按土地使用权出让合同规定的期限和条件投资开发、利用土地的，土地使用权不得转让。

③根据土地价格表示单位的不同，可分为总地价、单位地价和楼面地价。

总地价指一宗土地的总价格。由于一宗土地的面积可大可小，因此，总地价一般不能反映地价水平的高低。

单位地价指单位土地面积的土地价格，一般可以反映地价水平的高低。单位地价与总地价的关系为：单位地价＝总地价÷土地面积。

楼面地价又称单位建筑面积地价，指平均分摊到单位建筑面积上的土地价格，用公式表示为：楼面地价＝总地价÷建筑总面积。

而建筑总面积等于土地总面积与容积率的乘积，由此可得出楼面地价、单位地价和容积率的关系为：楼面地价＝单位地价÷容积率。

在现实生活中，楼面地价往往更能反映地价水平的高低。例如，当其他条件相同时，单位地价高的地块价格贵一些；然而，一旦容积率不相同，即使其他别的条件仍相同，单位地价高的地块不一定比单位地价低的地块贵，而需通过楼面地价和成本收益进行比较。因此，近几年好多地区在政府出让土地使用权时，多以楼面地价成交。

【例1-1】　有甲、乙2块土地，甲地块的容积率为5，乙地块的容积率为3，甲土地的单价为8 700元/m^2，乙土地的单价为7 710元/m^2，如果甲、乙2块土地的其他条件完全相同，作为一个明智的开发商，会购买哪块土地？

【解】　如果甲地块与乙地块的容积率也相等，甲地块的土地单价比乙地块贵390元/m^2(8 700－7 710＝990元)，此时明智的买者会购买乙土地而不会购买甲土地。但如果甲、乙

两块土地的容积率不同，甲土地的容积率为5，乙土地的容积率为3，则

甲土地的楼面地价＝8 700÷5＝1 740(元/m^2建筑面积)

乙土地的楼面地价＝7 710÷3＝2 570(元/m^2建筑面积)

根据楼面地价来判断，乙土地反而比甲土地贵(每平方米建筑面积贵2 570－1 740＝990元)。所以，明智的买者会购买甲土地而不会购买乙土地。这是因为，在同一地区，同类用途和建筑结构的房屋(含土地)在市场上的售价基本相同，建筑造价(不含地价)也基本接近，楼面地价越高，说明在开发成本中，土地成本越高，开发利润越低。

④根据土地出让方式的不同，将土地价格分为协议地价、招标地价、挂牌地价和拍卖地价，分别对应于以协议、招标、挂牌和拍卖方式出让土地使用权的成交价格。

协议价格是指采取协议出让土地使用权的价格。协议出让是指国家以协议方式将国有土地使用权在一定年限内出让给土地使用者，由土地使用者向国家支付土地使用权出让金的行为。

招标价格是指采取招标方式出让土地的成交价格。招标出让国有土地使用权是指市、县人民政府土地行政主管部门发布招标公告，邀请特定或者不特定的公民、法人或其他组织参加投标，根据投标结果确定土地使用者。在招标出让土地使用权中，土地使用权由谁获得，一般不仅考虑投标人的出价，还考虑其他条件，如投标人的开发建设方案和资信等，但投标内容也有仅限于出价的。

挂牌是土地公开出让的重要方式。挂牌出让国有土地使用权，是指出让人发布挂牌公告，按公告规定的期限将拟出让宗地的交易条件在指定的土地交易场所挂牌公布，接受竞买人的报价申请并更新挂牌价格，根据挂牌期限截止时的出价结果，确定土地使用者的行为。通过挂牌方式确定的土地价格即为挂牌价格。

拍卖价格是指采取拍卖方式出让土地的成交价格。从目前城镇国有土地使用权出让方式来看，拍卖出让国有土地使用权是指市、县人民政府土地行政主管部门发布拍卖公告，由竞买人在指定时间、地点进行公开竞价，根据出价结果确定土地使用者。

目前，为了保证我国土地市场土地交易的公平性、公正性和公开性，许多地区要求出让土地使用权时应该采用招拍挂的方式。

在协议、招标和挂牌出让中，存在报价、投标价、挂牌价和成交价在拍卖出让过程中，存在保留价(底价)、起拍价、应价和成交价，若竞拍人的应价低于保留价，则拍卖失效并终止，不能形成成交价。

⑤补地价。补地价是指需要补交给政府的一笔地价或土地使用权出让金、土地收益等。需要补地价的情形主要有以下4种：a. 增加原土地使用权出让时规定的容积率；b. 改变原土地使用权出让时规定的用途；c. 转让、出租、抵押划拨土地使用权的房地产(要求补办土地使用权出让手续，补交土地使用权出让金等)；d. 出让土地使用权期满后续期。

对于单纯增加容积率的补地价来说，其补地价的数额理论上可以用下列公式计算：

补地价(单价)＝(增加后的容积率－原容积率)/原容积率×原土地单价，

或者补地价(单价)＝(增加后的容积率－原容积率)×原楼面地价，

补地价(总价)＝补地价(单价)×土地总面积。

上述公式从理论上仅考虑了容积率变化对地价的影响，认为两者是线性关系。但在实际应用中，各城市对相同用途的土地会针对不同容积制定不同的容积率修正系数，两者并不是线性关系。因此，在实际应用中，应考虑到当地土地管理部门的相关规定。

【例 1-2】 某宗土地总面积 1 000 m^2，容积率为 3，对应的土地单价为 450 元/m^2，现允许将容积率增加到 5。试计算理论上应补交地价的数额。

【解】 理论上应补交的地价的数额为：

补地价(单价)＝原容积率下的土地单价/原容积率×(现容积率－原容积率)

＝450/3×(5－3)＝300(元/m^2)

补地价(总价)＝补地价(单价)×土地面积＝300×1 000＝300 000(元)

(2)建筑物价格　建筑物价格仅指不动产中建筑物部分的价格，不含建筑物占用范围内的土地价格。其中，建筑物单价是以单位建筑面积表示的建筑物价格。建筑物转让时，实质上是房屋建筑所有权的转让。

(3)不动产价格　此处专指建筑物连同所占用土地的整体价格。在我国，一般称为房价，指土地使用权与房屋建筑所有权的整体价格。不动产单价通常指单位建筑面积不动产价格，也可能是单位建筑物使用面积不动产价格。因同一宗不动产的建筑物使用面积小于建筑面积，但总价格相同，所以单位使用面积价格高于单位建筑面积价格。

此外，不动产也包括在建工程，即已完成的部分建筑物连同所占用土地作为不动产整体项目转让，但不包括尚未完成的土地开发项目，后者可划归于土地部分。

4. 按不动产交易付款方式的不同分类

按不动产交易付款方式的不同分类，可以分为实际价格和名义价格。

(1)实际价格　实际价格指在成交日期一次付清的价格或根据此时的折现率将所有现实和未来支付折算到成交日期时一次付清的价格。

(2)名义价格　名义价格指成交双方在成交日期约定，但不是在成交日期一次付清的价格。

不同的付款方式，价格不同，因此，必须明确价格所指是实际价格还是名义价格。

5. 按不动产交易标的状况的不同分类

按不动产交易标的状况的不同，可以分为现房价格和期房价格。

(1)现房价格　现房价格指交易达成后立刻(或很短时间内)进行不动产移交的价格。交易的不动产为已建造完成并可以使用的不动产，它既可能是新建的，也可能是已有的。现房价格根据交易时的市场状况决定。对于在建工程的转让而言，一般称为项目转让价格。

(2)期房价格　期房价格指交易达成后按约定在未来某个日期进行不动产移交的价格。交易标的为交易达成时房屋建筑尚未建成、需在约定时间内建造完成并可交付使用的不动产。期房价格与交易标的现状、交付日期的时间长短、开发商信誉、买方偏好和对未来的预期等多种因素有关。

6. 按不动产销售的习惯分类

按不动产销售的习惯，还可以分为起价、标价、成交价、均价等。

(1)起价　起价指不动产营销商(可以是开发商、代理商或其他经营者)销售不动产时报出的最低单位价格，通常是销售单元中楼层、朝向、户型等条件最差的不动产单价。

(2)标价　标价指不动产营销商对其经销的不动产按楼层、朝向、户型等编制价格表，在价格表上列出的报价，其中最低报价就是起价。

(3)成交价　成交价指不动产买卖双方实际成交的价格，一般低于成交时的相应标价。

(4)均价　均价指不动产营销商所经销不动产的平均价格，可以是标价的平均价格，也可以是成交价格的平均价格，一般可以反映不动产销售时的价格水平。

然而，无论是现房交易、期房交易，还是起价、标价、成交价和均价，都可根据约定而采用不同的付款方式，因此，应明确指出是实际价格还是名义价格。

7. 按不同的经济行为分类

(1)买卖价格　买卖价格指通过市场买卖交易方式转移不动产产权的价格，一般指不动产所有权的让与和取得的价格，在我国既可以指有偿出让土地使用权的买卖价格，也可以指土地使用权和房屋所有权同时转让的价格。

(2)租赁价格　租赁价格指不改变不动产归属关系，由出租人将不动产按双方商定的租约出租给承租人使用，承租人向出租人支付的租金。土地租金称为地租，不动产整体出租称为房租。应注意的是，已形成租赁关系的不动产转让时，一般只是业主发生变化，原租约有关约定在租赁期限内继续有效，且同等条件下，承租人有优先购买权。

(3)抵押价值　抵押价值指以抵押贷款方式将不动产作为债权担保给债权人时的价值。不动产作为债务担保的条件是对不动产设定抵押权，进行他项权利登记，当债务人不履行债务时，抵押权人依法以折价、拍卖、变卖等方式处置抵押不动产时，该不动产所能实现的客观合理价格折算到设定抵押权时的价值。

(4)保险价值　保险价值指对有可能因自然灾害或意外事故而遭受损失的建筑物投保时，为确定投保金额提供参考依据而评估的价值。

(5)课税价值　课税价值指为政府课税目的，由不动产估价专业人员评估确定作为不动产课税依据的价值。课税价值根据国家税法规定确定。

1.3　不动产价格的影响因素

不动产的价格受到多种因素的影响，这些因素从不同的侧面、以不同的程度影响着不动产价格的评估工作，并在评估实践中要逐步分清并掌握这些影响因素。

一般对影响不动产价格的因素，我们可以进行 3 种不同的分类：第 1 种分类方法是将影响因素分为一般因素、个别因素和区域因素；第 2 种分类方法是将影响不动产价格的因素分为实物状况、权益状况和区位状况；第 3 种分类方法是将影响不动产价格的因素分为供求因素、自身因素、环境因素、人口因素、经济因素、社会因素、行政因素、心理因素、国际因素及其他因素等。每一种影响因素还可以进行细分。以下综合 3 种分类方法对影响不动产价格的因素加以分析。

1.3.1　供求状况

1. 不动产需求

(1)不动产需求的含义　不动产需求是指消费者在某一特定时间内,在每一价格水平下,对某种不动产所愿意而且能够购买的数量。形成需求有2个条件:一是消费者愿意购买,二是消费者有能力购买。

(2)影响不动产需求量的因素　某种房地产的需求量是由许多因素决定的,主要表现在以下几个方面。

①人口数量。一个地区人口数量越多,人们对住房的需求量就越大,对不动产的需求量就越大。

②该种不动产的价格水平。一般来说,某种不动产的价格上升,对其需求就会减少;价格下降,对其需求就会增加。当然,吉芬商品是个例外。

③消费者的收入水平。由于消费者对商品的需求是有支付能力的需要,因此需求水平的高低直接取决于消费者的收入水平。

④消费者的偏好。当消费者对某不动产的偏好程度增强时,该种不动产的需求就会增加;相反,需求就会减少。

⑤相关不动产的价格水平。它主要指该种不动产的替代品和互补品。某种不动产的替代品是指能满足类似需要、可替代它的其他不动产,如经济适用住房与普通商品住宅之间就存在一定的替代关系。替代品之间,一种不动产的价格上升,对另一种不动产的需求就会增加。而某种不动产的互补品是指与它相互配合的其他不动产,如住宅与其他商业、娱乐房地产。互补品之间,对一种房地产的消费多了,对另一种房地产的消费也会增加。

⑥消费者对未来的预期。当消费者预期未来收入增加,就会增加现期需求;相反,就会减少现期需求。当预期某种不动产的价格会在下一时期上升时,就会增加对该种房地产的现实需求;相反,就会减少对该种房地产的现期需求。

2. 不动产供给

(1)不动产供给的含义　不动产供给是指不动产开发商和拥有者(卖者)在某一特定时间内,在每一价格水平下,对某种不动产所愿意而且能够提供出售的数量。形成供给有2个条件:一是不动产开发商或拥有者愿意供给,二是不动产开发商或拥有者有能力供给。如果不动产开发商或拥有者对某种房地产虽然有提供出售的愿望,但没有提供出售的能力,则不能形成有效供给,也就不能算作供给。

(2)影响不动产供给量的因素　某种不动产的供给量是由许多因素决定的,除了随机因素,经常起作用的因素有。

①该种房地产的价格水平。一般来说,某种房地产的价格越高,开发该种房地产就越有利可图,开发商愿意开发的数量就会越多;相反,开发商愿意开发的数量就会越少。

②社会需求。主要是社会的有效需求即可以实现的需求。

③该种房地产的开发成本。在某种房地产自身的价格保持不变的情况下,开发成本上升会减少开发利润,从而会使该种房地产的供给减少;相反,会使该种房地产的供给增加。

④房地产开发商对未来的预期。如果开发商对未来的预期看好，如开发商预期该种房地产的价格会上涨，则在制订投资开发计划时会增加开发量，从而会使未来的供给增加，同时会把现在开发的房地产留着不卖，待价而沽，从而会减少该种房地产的现期供给。反之，其结果会相反。

3. 价格与供求

不动产的供给和需求是影响不动产价格的2个最终因素，其他因素最终都是通过影响不动产的供给与需求来影响不动产价格的。当供给一定时，需求减少，价格就会下降；需求增加，价格就会上升。同样，当需求一定时，若供给增加，价格就会下降；供给减少，价格就会上升。也即我们常说的供大于求，价格将下降；供不应求，价格将上升；市场上的供给与需求量达到平衡时，这一需求量便是有效需求。

1.3.2 自然因素

不动产的自身因素，也可以说是房地产的个别因素，是指房地产本身的个别特性对房地产价格的影响因素。自身因素因土地与建筑物的不同可分为以下几项。

1.3.2.1 土地的自身因素

1. 位置、形状、大小（宽度、深度、面积）、地势、地质

(1)位置　土地的位置有自然地理位置和社会经济位置之分，自然地理位置固定不变，社会经济位置可以发生变化。由于土地所处的位置不同，它能够带来的收益也不同。位置好的土地带来的收益要高于位置差的土地。因此，要获得位置好的土地也要付出高于位置差的土地的代价。

(2)形状、大小（宽度、深度和面积）　土地的形状多种多样，如矩形地、三角形地、平行四边形地以及不规则形状的土地。由于它们在利用中的难易程度不同，一般认为矩形地容易利用，其他形状的土地利用难度会比较大，因而矩形地的价格会偏高，而其他形状的土地价格会偏低，尤其是三角形地。对临街的土地来说，宽度和深度对其有较大的影响。因为临街地经常用于商业用途，临街宽度大，建筑物外观醒目，会增强对消费者的吸引力，因此，价格会偏高一些；相反，临街宽度小，建筑物门面小，不容易引起消费者的注意，价格就会偏低一些。同样，当建筑物宽度一定时，深度过大过小，都会使建筑物的效用降低，从而使得土地的价格偏低。因此，理想的情况是土地的宽度与深度比例适当，使土地上的建筑物发挥最大的效用。一般来说，面积较大的土地由于在用途上有较多的选择可能，容易利用，因而，其价格往往高于面积狭小的土地的价格。但也有例外的情况，使面积狭小的土地有特别高的价格。此外，土地面积与地价之间关系的确定还要看土地的具体用途和土地所处的市场的情况，不能一概而论。

(3)地势、地质　地势即该土地与相邻地的高低关系比较，一般来说，地势高的土地价格高于地势低的土地价格。地质条件与土地的承载力密切相关。地质条件的好坏直接影响地基处理费用的高低。地质条件好，土地价格就高；地质条件差，土地价格就低。

2. 日照、通风、湿度、温度

日照、通风、湿度和温度在一个合适的范围之内，会增加土地的效用，使土地价格偏高

一些；相反，日照、通风、湿度、温度超出了正常的范围，如日照通风过强或过弱、湿度过大或过小、温度过高或过低都不利于生产与生活，土地的价格就会偏低一些。

3. 临街状态

土地的临街状态对地价影响很大，具体可以分为路角地、双面临街地、一面临街地、袋地、盲地等多种情况。由于它们的利用价值不同，价格也不同。对于商业用地而言，路角地价格最高，其次为双面临街地、一面临街地、袋地和盲地。

1.3.2.2　建筑物自身因素

1. 面积、结构、材料

建筑物的建筑面积、高度、建筑结构及使用的建筑材料，都会影响建筑物的价格。

2. 设计、设备和施工质量

建筑物的设计是否合理、设备是否完好，工程质量的好坏，都直接影响建筑物的价格。

3. 朝向、楼层、建筑物外观

房屋的朝向影响室内的通风、采光及眺望环境，进而影响使用的舒适性，因而影响价格。楼层的高低影响房屋的使用功能和使用的方便性、舒适性，因而影响价格。建筑物外观新颖、优美，可以给人以视觉美感，使建筑物价格偏高；相反，建筑物外观单调、呆板，使人感觉压抑、厌恶，使建筑物价格偏低。

1.3.3　环境因素

环境因素分为自然环境因素和社会环境因素。

1. 自然环境因素

(1)各种噪声　如工厂、汽车、人群等都可能产生噪声，噪声过大，会使不动产价格下降。

(2)环境污染　如废气、废水以及各种垃圾若不及时处理，都会污染环境，致使水源及空气变质，会使该地区的不动产价格下降。

(3)视觉环境　不动产周围的景观是否井井有条，协调美观，使人赏心悦目，也会影响不动产的价格。

2. 社会环境因素

(1)交通状况　交通是否便利，直接影响人们的工作与生活，因此，与不动产价格关系非常密切。

(2)商业设施　商业设施状况也会影响不动产价格，商业设施完善可以为人们的生活提供便利，会使这一地区的不动产价格上升。

(3)教育设施　幼儿园、小学、中学及大学等教育设施完备，可以为人们提供受教育的机会，提高人们的素质，会使这一地区的不动产价格上升。

1.3.4　人口因素

人口数量和人口素质以及家庭规模等，对不动产价格有着很大的影响。随着人口数量的增长，对不动产的需求必然增加，从而促使不动产价格上涨。

1. 人口数量

人口数量与不动产价格呈正相关关系。人口增加，对不动产的需求增加，不动产价格也会上升。在人口数量因素中，反映人口数量的相对指标是人口密度。一般而言，人口密度高的地区，不动产供给相对缺乏，供不应求，因而，不动产价格水平会上升。人口密度从完全不同的角度影响不动产价格：一种是人口密度提高会刺激商业、服务业发展，提高不动产价格；另一种则是人口密度提高会造成生活环境恶化，降低不动产的价格，特别是当大量低收入人群进入某一地区或城市时，更易出现这种情况。

2. 人口素质

人口素质也会引起不动产价格发生变化。因为随着受教育水平的不断提高，社会文明不断进步，人口素质也不断提高，对不动产的消费观念也会不断发生变化。由初始将不动产作为遮风避雨的生存资料，发展到讲求舒适美观的生活资料，进而发展成为高档次的发展资料，凡此种种都会增加对不动产质量和数量的需求，从而使不动产价格趋升。而局部地区由于居民素质低、生活秩序混乱、安全感差、人们多不愿就居，从而使这一地区的不动产价格趋降。

3. 家庭规模

家庭规模是指全社会或某一地区家庭的平均人口数。一个家庭就是一个居住单位。当家庭规模发生变化时，即使人口总数不变，也会影响到居住单位数的变动，进而影响不动产价格趋升；反之亦然。

1.3.5 经济因素

影响不动产价格的经济因素主要有经济发展状况，储蓄、消费、投资水平，财政收支以及金融状况，物价，建筑人工费、利率、居民收入，不动产投资。这些因素对不动产价格的影响都比较复杂，主要表现在以下几个方面。

1. 经济发展状况

经济发展预示着投资、生产、经营活动活跃，对厂房、办公室、商场、住宅和各种文娱设施等的需求增加，引起不动产价格上涨，尤其是引起地价上涨。

2. 物价

不动产价格与一般物价之间的关系非常复杂。通常物价波动，表明货币购买力的变动，即币值发生变动，此时不动产价格也将随之变动。如果物价变动的百分比等于不动产价格变动的百分比，则表示两者之间的实质关系并未改变，否则，说明两者之间发生了变化。

从宏观上说，地价上涨与物价上涨的因果关系，在日本存在 2 种看法：一种观点重视“地价上涨—抵押力量增大—信用膨胀—物价上涨”这种因果关系；另一种观点则注重“货币量的增加—物价上涨—地价上涨”这种因果关系。其实，这两种观点正是揭示了地价与物价的互为因果关系以及在不同的社会经济条件下的具体作用形式。从一个较长时期来看，地价的上涨率要高于物价和国民收入的上涨率，但有时也并非如此。

3. 居民收入

随着居民收入的增加、生活水平的提高，人们对居住和活动所需要的空间的需求也与之俱增，导致不动产价格上涨。至于对不动产价格影响的程度，要由收入水平及边际消费倾向的大小来决定。如果收入增加，是由于中、低等收入水平者的收入普遍增加，则因其边际消费倾向较大，其增加的收入大部分甚至全部用于生活改善上。衣食之余，继之以提高居住水平，自然促使居住类不动产价格上涨。但如果居民收入增加是由于高收入水平者的收入增加，那么因为其生活上的需要几乎已达到应有尽有的地步，所以其边际消费倾向甚小，增加收入的大部分甚至全部都用于储蓄或其他投资。在这种情况下则对居住类不动产的价格变动影响不大。但如果利用剩余收入从事不动产投机(或投资)，则必然使得不动产价格上涨。

4. 财政收支与金融状况

财政与金融状况直接影响不动产价格。房地产业的经济活动，也随着社会经济发展的周期性变化而起伏波动。在经济发展的停滞时期，整个社会商品过剩，需求不足，市场萧条，反映在房地产业上，则是对房地产商品的消费能力下降和房地产商品大量积压、价格下跌。在经济高度发展时期，市场活跃，游资充斥，对房地产商品的需求能力增加和投资经营的需要，将造成房地产商品供应不足，土地需求量急剧膨胀，价格急升。而当经济发展出现失衡的时候，国家会运用紧缩银根的政策调控经济，房地产业的发展就会受到制约。这种情况若持续的时间较长，对不动产的需求就会下降，不动产的价格也会下降。

国家财政收入增长预示着国家经济发展水平提高，可以拿出更多的钱用于住宅的投资和提高事业单位职工的工资水平，从而使住宅的需求量大大增长，土地的需求量进而增长，不动产的价格会相应地提高。

1.3.6　社会因素

影响不动产价格的社会因素主要有政治安定状况、社会治安状况、不动产投机和城市化进程。

1. 政治安定状况

政治安定状况是指现有政权的稳定程度。一般来说，政治上不安定，意味着社会动荡，造成不动产价格下跌。

2. 社会治安状况

社会治安较差，经常发生犯罪案件的地区，意味着人们的生命财产缺乏保障，将造成不动产价格下跌。

3. 不动产投机

不动产投机有许多危害，这是共识。它对不动产价格的影响有3种情况：引起不动产价格上涨、引起不动产价格下跌、起着平抑不动产价格的作用。

4. 城市化进程

城市化进程即人口向城市地区集中，造成不动产需求增加，带动不动产价格上涨。

1.3.7 行政因素

行政因素是指政府以公益为出发点，积极扶持不动产的发展或消极限制其发展，其最终目的是提高不动产的整体效用。行政因素主要包括土地制度，住房制度，城市发展战略、城市规划和土地利用规划，税收政策等。

1. 土地制度

土地制度直接影响着地价水平。科学合理的土地制度和政策，可以制约土地利用者或投资者的积极性，带动土地价格适度涨落。

2. 住房制度

合理的住房制度使住宅价格与居民收入保持适宜的比例关系，促进住宅市场的繁荣。

3. 城市发展战略、城市规划和土地利用规划

规划的作用有3个方面：一是为特定的用途分配土地资源。由于土地被规划为住宅、商业等多种用途，不动产价格会发生很大的变化。二是限制房屋的使用用途。改变房屋的用途，必须得到规划部门的许可，一旦规划部门批准，不动产的效用就会发生改变，不动产的价格也会随之发生很大的变化。三是限制土地使用的强度。如用规定容积率、覆盖率和建筑物的高度等指标进行控制。不同利用强度的土地的价格是不同的。这些对限制价格都有很大的影响，特别是城市规划中的规定用途、容积率、绿化率、建筑物高度等指标。

4. 不动产价格政策

抽象地看，不动产价格政策可分为2类：一类是高价格政策，一类是低价格政策。

在我国，政府可通过控制土地供应量，改变土地出让价格、房地产开发经营的税费以及调整产业政策等措施，改变不动产价格。

5. 税收政策

直接或间接地对不动产课税的多少，关系到不动产收益的大小，因而影响到不动产价格的涨落。但在具体分析时，必须注意税收的转嫁问题。

6. 行政隶属变更

行政隶属的变更，往往会对不动产的价格影响很大。如将某个非建制镇升格为建制镇，将某个建制镇升格为市，或将某个市升格为地级市、省辖市、直辖市，无疑会促进该地区不动产价格的上涨。同样，将原属于较落后地区的地方划归另一较发达地区管辖，也会促进这一地区的不动产价格上涨。

7. 交通管制

交通管制主要有不允许车辆通行、步行街、单向行驶及在车辆通行时间上加以限制等。交通管制对不动产价格的影响，还要看交通管制的内容和不动产本身的用途是什么。它有时会提高不动产的价格，有时则会降低不动产的价格。

1.3.8 心理因素

心理因素对不动产价格的影响，有时也是一个不可忽视的因素。影响不动产价格的心理因素主要有以下几方面。

1. 价格预期

预期价格上升将待价而售，交易活跃；反之，预期价格下降将持币等待，交易冷淡。

2. 个人偏好

如对某物业的环境、设计、品牌、邻里、小区物业管理等的欣赏，将促使消费者购买该物业。

3. 时尚风气

对于追求时尚的人们而言，他们总是不断寻找与时代同步或是超时代的不动产作为自己的居所。

4. 接近名人住宅心理

市场经济条件下，从某种程度上说经济实力代表一个人的社会地位。如果说某人与某名人是邻居，无疑说明某人的能力也是不小的，名人也有聚集效应。

5. 讲究门牌号码

不同地区，不同的购买者，对不同的门牌号、楼层有不同的喜好，因此，有些门牌号和楼层成为畅销，而有些楼层则不被人们看好。

6. 讲究风水

中国人，尤其是南方人讲究风水，如迎着一条大路口盖房表示财源滚滚来，背着则是财源守不住，等等。

7. 价值观的变化

人们从单纯喜欢大面积住房开始转向实用、节能与环保，未来面积大小适度、节能环保的绿色建筑会更受人们喜欢。

1.3.9　国际因素

国际因素也会使某一国家或某一地区的不动产价格发生变动，如国与国之间的政治对立、经济封锁甚至发生军事冲突等都会导致不动产价格的低落。

1.3.10　其他因素

除了以上 9 种因素外，还有其他一些因素，有时也会影响不动产的价格升降，如国家或行业领导人的升迁、变故等。

1.4　不动产估价程序

不动产估价程序是指不动产估价全过程中各项具体工作按其内在联系所排列的先后顺序。一般从自接受估价委托至完成估价报告期间，不动产估价程序包括：①受理估价委托；②确定估价基本事项；③编制估价作业方案；④搜集估价所需资料；⑤实地查勘估价对象；⑥选用估价方法进行计算；⑦确定估价结果；⑧撰写估价报告；⑨审核估价报告；⑩交付估价报告；⑪保存估价资料。

1.4.1 受理估价委托

获取估价业务是进行不动产估价的前提。归纳起来，估价业务来源有被动接受、主动争取2种。

无论是被动接受，还是主动争取，如果委托人有意将估价业务交给估价人员或估价机构，估价人员也有意受理，则估价人员应与委托人协议沟通，就估价的收费标准、收费依据、支付方式、完成时间及有关估价的基本事项等加以明确。

1.4.2 确定估价基本事项

1. 明确估价基本事项

(1)明确估价目的　所谓估价目的，是指估价结果的期望用途。估价目的一般由委托方提出，主要包括土地使用权出让价格评估，不动产转让价格评估，不动产租赁价格评估，不动产抵押价值评估，不动产保险价值评估，不动产课税估价，征地和房屋征收补偿估价，不动产分割、合并估价，不动产纠纷仲裁估价，不动产拍卖底价评估。估价目的不同，估价时考虑的因素也有所不同，估价结果也就不同，因此在接受委托时必须明确估价目的。

(2)明确估价对象　估价对象是指一个具体估价项目中需要估价的不动产，通常被称为评估标的，包括明确估价对象的物质实体状况和权益状况等。不动产的物质实体和权益与估价目的之间具有内在的必然联系。估价对象的物质实体范围由委托方提供，但由估价目的决定。有些不动产由于受权益状况所限不能用于某些估价目的，例如，部队营房、公益性学校的校舍等，通常不能用于以抵押贷款为目的的估价。

(3)明确估价时点　估价时点是指估价结果对应的日期。由于不动产价格总是变化的，因此，在评估时必须明确得出评估结论是在具体的某年、某月、某日。

(4)明确价值类型　价值类型一般是由估价目的决定的。确定价值类型是确定将要评估的是哪种具体价值或价格，包括其名称、定义或内涵。

如果价值类型不确定，将无法估价。因为同一房地产的不同类型的价值或价格会有所不同，即使估价方法相同，其中有关参数的取值等也可能不同。

2. 签订书面委托估价合同

委托估价合同是委托人和估价机构之间就估价事宜的相互约定。委托估价合同的内容一般包括：①委托人、估价机构(包括名称或者姓名和住所)；②估价目的；③估价对象；④估价时点；⑤委托人应提供的资料及对提供资料的真实性、合法性的承诺；⑥估价服务费用及其支付方式；⑦估价报告交付日期；⑧违约责任和解决争议的方法；⑨委托人和估价机构认为需要约定的其他事项。

1.4.3 编制估价作业方案

估价作业方案的内容包括拟采用的估价技术路线和估价方法，拟调查搜集的资料及其来源渠道，预计所需要的时间、人力、经费，拟定作业步骤和作业进度。其中最重要的环节是初选估价方法和拟定需调查搜集的资料。

1. 初选估价方法

估价人员应熟知、理解并正确运用各种估价方法及其综合运用。初步选用何种估价方法取决于估价对象不动产的类型、估价方法的适用条件等。

2. 拟定需调查搜集的资料

调查搜集资料的范围及内容的确定是由初选的估价方法决定的。若拟采用市场比较法估价，则须搜集交易实例资料；若拟采用收益还原法估价，则须搜集收益实例资料；若拟采用成本法估价，则须同时搜集交易实例资料和成本实例资料；若拟采用基准地价系数修正法估价，则须搜集基准地价资料等。

3. 其他估价作业环节安排

如估价作业中所需的时间、人力、经费、进度、评估师的擅长等，这些的安排与协调有助于估价的顺利进行。

1.4.4　搜集估价所需资料

1. 宏观资料和市场状况资料

宏观资料和市场状况资料是指对不动产价格有普遍影响的资料和对估价对象所在地区的不动产有影响的资料，包括政治制度、土地使用制度、住房制度相关的法律、法规自然条件、城市规划、基础设施、公共设施人口数量、人口素质、家庭规模；不动产的需求状况、供给状况、出售和出租状况、空置状况等。

2. 估价方法所需资料

不同的估价方法所需的资料是不同的，在估价时应根据初选的估价方法，搜集估价方法所需资料。

3. 估价对象状况资料

估价对象状况资料包括区位、权益和实物 3 个方面。

(1)估价对象的区位资料　它是指它的具体坐落及它与市中心、区域中心、车站、机场、政府机关、学校、医院、绿地等的距离、交通便利度等。

(2)估价对象的权益资料　它是指它的权利、利益和收益。

(3)估价对象的实物资料　它是指土地的开发程度、面积、形状等，建筑物的结构、建造年代、新旧程度、装修、外观和层次、朝向、房型等。

1.4.5　实地查勘估价对象

实地查勘就是估价人员必须到估价对象现场，亲身感受估价对象的位置、周围环境、景观的优劣，查勘估价对象的外观、建筑结构、装修、设备等状况，并对事先搜集的有关估价对象的坐落、四周、面积、产权等资料进行核实，同时搜集补充估价所需的其他资料以及对估价对象及其周围环境或临路状况进行拍照等。

1.4.6 选用估价方法进行计算

根据初步选定的估价方法，结合评估的不动产的情况，考虑评估中所搜集资料的情况，正式确定所采用的估价方法。

例如，某一写字楼需要估价，根据它的用途及权利性质，初步选择市场比较法作为估价方法之一。在市场调查及资料搜集中发现，虽然该城市房地产市场很发达，但在频繁的房地产交易中，主要是住宅不动产，写字楼的交易实例很少，同一供需圈里在估价时点近期几乎没有交易案例，此时就不能采用市场比较法估价。

1.4.7 确定估价结果

在评估时，对不同估价方法估算出的结果，应进行比较分析。当这些结果差异较大时，应寻找并排除出现差异的原因，如计算过程是否正确、基础数据是否准确、参数选择是否合理、公式选用是否恰当等。

在确认所选用的估价方法的计算结果无误之后，应根据具体情况选用简单算术平均数、加权算术平均数、中位数、众数等数学方法之一，求出一个综合结果，其中，最常用的方法是简单算术平均数法和加权算术平均数法。

在估价中，若各种估价方法出现大的偏差（一般超过 20%），则要重新检查各估价方法的计算过程、参数的选取、市场条件的判断等是否准确，要求至少有 2 种估价方法估价的结果相近。

1.4.8 撰写估价报告

估价人员在确定了最终的估价结果后，应撰写正式的估价报告。书面报告按照其格式又可分为表格式报告和叙述式。按照不动产的实物形式又可分为土地报告和房地产评估报告。通常采用叙述式报告即文字说明的形式。对于成片多宗不动产的同时估价，且单宗不动产的价值较低时，估价报告可以采用表格的形式，如旧城区居民房屋征收补偿估价、二手房交易时，商品住宅的抵押估价报告等。

1.4.9 审核估价报告

为了保证出具的每份估价报告都是合格的，估价机构应建立并不断完善估价报告内部审核制度，由本机构业务水平高、为人正直、责任心强的房地产估价师或者外聘房地产估价专家担任审核人员，按照合格的估价报告要求，对撰写完成尚未出具的报告从形式到内容进行全面、认真、细致地审查、核定，确定估价结果是否合理，提出审核意见。

审核意见应尽可能具体地指出估价报告存在的问题，审核结论可为下列之一：①可以出具；②适当修改后出具；③应重新撰写；④应重新估价。

1.4.10　交付估价报告

估价人员完成估价报告后,应及时将估价报告交付给委托人。在交付估价报告时,还可就估价中的某些问题做口头说明,至此完成了对委托人的估价服务。

1.4.11　保存估价资料

保存估价资料,也就是将估价资料归档保存,主要是为了方便今后的估价和管理,有助于估价机构和估价人员不断提高估价水平,同时也有助于解决以后可能发生的估价纠纷,还有助于政府主管部门和行业自律性组织对估价机构进行资质审查和考核。

应归档的估价资料包括:①委托估价合同;②向委托人出具的估价报告(包括附件);③实地查勘记录;④估价项目来源和接洽情况;⑤估价中的不同意见和估价报告定稿之前的重大调整或修改意见;⑥估价人员和估价机构认为有必要保存的其他估价资料。对估价资料的保存时间一般应在 10 年以上。

复习思考题

1. 不动产及不动产估价的含义是什么?
2. 不动产的区位、实物和权益都指什么?
3. 为什么说不动产估价是科学与艺术的结合?
4. 不动产价格的种类有哪些?
5. 如何理解公开市场价值?
6. 不动产价格的影响因素有哪些?
7. 何谓不动产估价程序?
8. 评估一宗不动产价值的全过程和步骤有哪些?
9. 在委托估价合同中应该载明哪些基本内容?
10. 试述实地查勘的必要性以及如何进行实地查勘。

Chapter 2

第2章 不动产估价原则及应用

本章学习内容及要求：通过学习，了解不动产估价的供需原则，报酬递增递减原则；熟悉不动产估价的预期收益原则，谨慎性原则；掌握不动产估价的独立、客观、公正原则，合法原则，估价时点原则，替代原则，最高、最佳使用原则。

2.1 不动产估价原则概述

2.1.1 不动产估价原则的含义

不动产估价师要评估出合理的不动价值或价格，应遵循不动产价格形成和变动的客观规律，通过对这些规律的认识和掌握，采用科学的估价方法，把客观存在的不动产价值或价格“发现”或“探测”出来。并在此基础上总结、提炼出一些简明扼要的观点。这些就是进行不动产估价所依据的法则或标准，这些法则或标准就是不动产估价的原则。

估价原则的本质可以理解为：①不动产估价的工作标准；②统一估价人员的认识；③规范估价行为。其目的是使得估价的结果具有类似性或者可比性。

不动产估价原则的作用是使不同的不动产估价师对不动产估价的基本前提具有认识上的一致性，对同一估价对象在同一估价目的、同一估价时点的评估价值趋于相同或近似。不动产估价原则可以作为估价时的指南。评判一个评估价值是否正确，很重要的一点就是是否遵守了估价原则。一旦正确掌握估价原则，可以做到事半功倍的效果。因为估价原则可以帮助估价人员去思考和衡量估价对象的价值，把估价对象的价值确定在一个合理的范围内。

2.1.2　不动产估价原则的内容

根据《城镇土地估价规程》(GB/T 18508—2014)和《房地产估价规范》(GB/T 50291—2015)对不动产估价原则的表述,决定了不动产估价总的要求是独立、客观、公正,这应作为不动产估价的最高原则。同时,在具体估价过程中还应严格遵循合法原则、最高最佳使用原则、价值时点原则、替代原则、谨慎原则、预期收益原则、供需原则、最有效利用原则、贡献原则。可以把这些原则分为 3 个层次:基本原则、普适技术性原则、特殊原则。

1. 基本原则

不动产估价工作的性质,决定了独立、客观、公正原则是不动产估价的基本原则。"独立、客观、公正"不仅是不动产估价的基本原则,而且可以说是不动产估价的最高行为准则,是不动产估价师的天职。

2. 普适技术性原则

在各种估价目的的不动产估价中都应遵守的原则,称之为普适性原则或者一般原则,主要有独立、客观、公正原则,合法原则、最高最佳利用原则、估价时点原则、替代原则、预期收益原则、供需原则、贡献原则等。其中,除独立、客观、公正原则外,其余都是技术性原则,可以将它们称为普适技术性原则。

3. 特殊原则

某些估价目的的房地产估价还应遵守一些其他原则,例如,房地产抵押估价还应遵守谨慎原则。我们把这些仅适用于某种或某些估价目的的房地产估价原则,称为特殊原则。

最高行为准则与技术性原则是相互对应的,普适性原则与特殊原则是相互对应的,因此,谨慎原则也属于技术性原则。

2.2　独立、客观、公正原则及其在评估中的应用

2.2.1　独立、客观、公正原则的含义

独立、客观、公正原则要求不动产估价者应站在中立者的立场,评估价值应为对各方估价利害关系人均是公平、合理的价值或价格。具体含义如下。

1. 独立

一是要求估价机构本身应当是一个不依赖于他人,不受他人约束的独立机构;二是要求估价人员与估价对象及当事人没有利害关系;三是要求估价机构的人员在估价中不应受外部干扰因素的影响,不屈从于外部压力,完全凭借自己的专业知识、经验和良心进行估价。

2. 客观

这是要求估价机构和估价人员不带任何自己的好恶、情绪和偏见,完全从实际出发,

按照事物的本来面目去估价。

3. 公正

这是要求估价机构和估价人员在估价中公平正直，不偏袒任何一方。如果评估出的价格不够公平合理，则必然会损害当事人中某一方的利益，也会有损于不动产估价人员、估价机构以至整个估价行业的社会声誉和权威性。例如，为不动产抵押目的进行的估价，如果评估价格比客观、合理价格高，则抵押人得利，抵押权人受损。

2.2.2 独立、客观、公正原则在不动产估价中的应用

遵循独立、客观、公正的原则进行估价，在评估中要求做到以下几点。

①不动产估价机构应当是一个不依附于他人、不受他人束缚的独立机构。这方面的具体要求是不动产估价机构应当由不动产估价师为主的自然人出资设立。

②不动产估价机构和不动产估价师应当与估价对象没有现实的或潜在的利益关系，与委托人及估价利害关系人没有除依法收取估价服务费以外的任何现实的或潜在的利害关系。

如果估价机构或估价师与估价对象有利益关系或者与委托人或估价利害关系人有除依法收取估价服务费以外的利害关系，则估价时就难以做到公平、公正。即使是良好的道德自律能保证估价结果客观合理，但估价报告的公信力往往也会受到怀疑。因此，当估价机构或估价师与估价对象有利益关系或者与委托人或估价利害关系人有除依法收取估价服务费以外的利害关系的，应当主动回避。

③不动产估价机构和不动产估价师在估价中不应受委托人等外部因素的干扰，不应屈从于外部压力。

④不动产估价师还必须具有良好的职业道德，不能受任何私心杂念的影响，要坚持实事求是。

⑤不动产评估人员要不断提高理论水平和业务素质从理论和实践方面不断提高自己的业务水平，适应时代发展的要求。

2.3 合法原则及其在不动产估价中的应用

2.3.1 合法原则的含义

合法原则要求建筑物估价结果是在估价对象依法判定的估价对象状况下的价值或价格，合法产权、合法使用、合法处分等。

依法不仅要依据宪法和相关法律、行政法规、估价对象所在地的地方性法规（民族自治地方应同时依据相关自治条例、单行条例）、缔结或者参加的相关国际条约，还要依据国务院及其有关部门颁发的相关决定、命令、部门规章和政策，最高人民法院和最高人民检察院颁布的相关司法解释，估价对象所在地的有权国家机关颁发的相关规定等，以及估价

对象的不动产登记簿(房屋登记簿、土地登记簿)、权属证书、有关批文和合同等(如规划意见书、国有建设用地使用权出让招标文件、国有建设用地使用权出让合同、房地产转让合同、房屋租赁合同等)。因此,合法原则中所讲的“法”是广义的“法”。

2.3.2 合法原则在不动产估价中的应用

在对不动产估价过程中,估价的对象不是委托人或估价人员可以随意设定的,必须有其合法的依据。遵循合法的原则,应从以下几个方面做起。

1. 在合法产权方面,应以不动产权的权属证书、权属档案的记载或者其他合法证件为依据

房地产权属证书有房屋权属证书、土地权属证书,或者统一的房地产权证书。其中,房屋权属证书有《房屋所有权证》《房屋共有权证》和《房屋他项权证》3 种。土地权属证书有《国有土地使用证》《集体土地所有证》《集体土地使用证》和《土地他项权利证明书》4 种。当县级以上地方人民政府由一个部门统一负责房产管理和土地管理工作的,可能制作、颁发统一的房地产权证书。统一的房地产权证书有《房地产权证》《房地产共有权证》和《房地产他项权证》3 种。

这里需要指出的是,不是只有具备合法产权的不动产才能成为估价的对象,其他任何产权性质的不动产都可以成为估价对象,这是评估中应该注意的。其关键是具备合法产权的不动产就应将其作为合法产权的不动产来估价,不合法产权的不动产就应将其作为不合法产权的不动产来估价。具体包括:①集体土地不能当国有土地来估价;②划拨土地使用权不能当作出让土地使用权来估价;③违法占地不能当作合法占地来估价;④临时用地不能当作长期用地来估价;⑤违章建筑不能当作合法建筑来估价;⑥权属有争议的不动产不能当作权属无争议的不动产来估价;⑦手续不齐全的不动产不能当作手续齐全的不动产来估价;⑧部分产权的不动产不能当作完全产权的不动产来估价;⑨共有的不动产不能当作独有的不动产来估价,等等。

2. 在合法使用方面,应以使用管制,如城市规划、土地用途管制等为依据

如果城市规划规定了某宗土地的用途、建筑高度、容积率、建筑密度等,那么,对该宗土地进行估价就应以其使用符合这些规定为前提。

所谓“城市规划创造土地价值”,在一定程度上反映了这一要求。具体地说,如果城市规划规定了该宗土地为居住用途,即使从该宗土地的坐落位置、周围环境来看适合作为商业用途,但也应当以居住用途为前提来估价,除非申请变更为商业用途并且能够获得批准。在容积率方面,如果城市规划规定了该宗土地的容积率不超过 3,除非依法调整了容积率,否则应当以容积率不超过 3 为前提来估价。如果以商业用途或者容积率超过 3 来估价,由于商业用途或者超出的容积率不仅没有法律、法规的保障,而且是违法违规的,据此所评估出的较高价值也就得不到社会认可,从而不能实现。

3. 在合法处分方面,应以法律、行政法规或合同,如土地使用权出让合同等允许的处分方式为依据

处分方式包括买卖、租赁、抵押、抵债、赠予等法律、法规和政策规定或者合同约定不

得以某种方式处分的房地产，不应作为以该种处分方式为估价目的的估价对象，或者委托人要求评估该种处分方式下的价值的，起评估价值应当为零。如法律、法规规定不得抵押的房地产，就不应该以作为抵押估价目的来进行评估。

4. 在其他权益方面，评估出的价值必须符合国家的价格政策。此外，还可将合法原则拓展到对采用的估价技术标准和估价主体资格的要求上

具体地说，不动产估价应采用国家和估价对象所在地的有关估价技术标准，而具体评估，应当由不动产估价机构和不动产估价师进行。国家规定的经济适用住房的利润标准，而不应该使用商品房的标准；房屋征用征收的评估，应该按照我国有关法律、法规及地方法规规定的标准来进行评估。

2.4 价值时点原则及其在不动产估价中的应用

2.4.1 价值时点原则的概述

1. 价值时点原则的定义

价值时点原则，也称估价时点原则，要求评估价值应为在根据估价目的确定的某一特定时间的价值或价格。这个特定时间既不是委托人，也不是不动产估价师随意假定的，必须根据估价目的来确定。

2. 遵守价值时点原则的原因

不动产估价之所以要遵守价值时点原则，是因为影响不动产价格的因素是不断变化的，不动产市场是不断变化的，货币的购买力是不断变化的，从而不动产价格也是不断变化的。实际上，随着时间的流逝，不动产本身也可能发生变化。例如，建筑物变得陈旧过时。因此，同一宗不动产在不同的时间往往会有不同的价值。价值与时间密不可分，每一个价值都对应着一个时间，不存在“没有时间的价值”，如果没有了对应的时间，价值就会失去意义。反过来，就不可能离开时间来评估价值。如果没有时间这个前提，价值估算将无从下手。另外，估价既不可能也无必要评估估价对象在所有时间上的价值，通常只是评估其在某个特定时间的价值。这就要求不动产估价必须先确定某个特定时间。但是，这个特定时间既不是委托人也不是不动产估价师随意假想假定的，必须根据估价目的来确定。我们把这个由估价目的决定的特定时间称为估价时点，并一般用公历年、月、日表示。

3. 确立价值时点原则的意义

确立价值时点原则的意义在于：价值时点除了说明评估价值对应的时间，还是评估估价对象价值的时间界限。例如，有关房地产的法规、政策和估价标准等的发布、修订、废止和实施日期等，均有可能影响估价对象的价值，因此，在估价时究竟是采用发布、修订、废止和实施日期之前还是之后的，就应根据估价时点来确定。再如，采用市场法估价时，如果选取的可比实例成交日期与价值时点不同（通常是这种情况），就需要把可比实例在其成交日期的价格调整为在价值时点的价格，如此调整之后的可比实例成交价格，才可以作

为估价对象价值的参照值。

2.4.2　价值时点原则在不动产估价中的应用

遵守价值时点原则并不是把评估价值说成是某个时间上的价值就算是遵守了，更本质的是在不动产估价时，价值时点确定应在先，价值估算应当在后，而不是先有了评估价值之后，再把它定义在某个时间上的价值。在评估现在的价值，通常将估价人员实地查看估价对象期间或估价作业期（估价的起止年月日，即正式接受估价委托的年月日至完成估价报告的年月日）内的某个日期定为估价时点，但估价时点并非总是在此期间，也可因特殊需要将过去或未来的某个日期定为估价时点。因此，在估价中要特别注意估价目的、估价时点、估价对象状况和不动产市场状况四者的匹配关系，其中估价目的是龙头，确定了估价目的，其他便可以根据其来确定。

不论是何种估价目的，评估估价对象价值所依据的市场状况始终是估价时点的状况，但估价对象状况不一定是估价时点时的状况。

1. 价值时点为过去的情形

不动产市场状况也是过去时，估价对象也是过去时。当价值时点是现在时，不动产市场状况也是现在时，但估价对象可以是过去时，现在时，未来时。当价值时点是未来时，不动产市场状况也是未来时，估价对象状况也是未来时（图 2-1）。

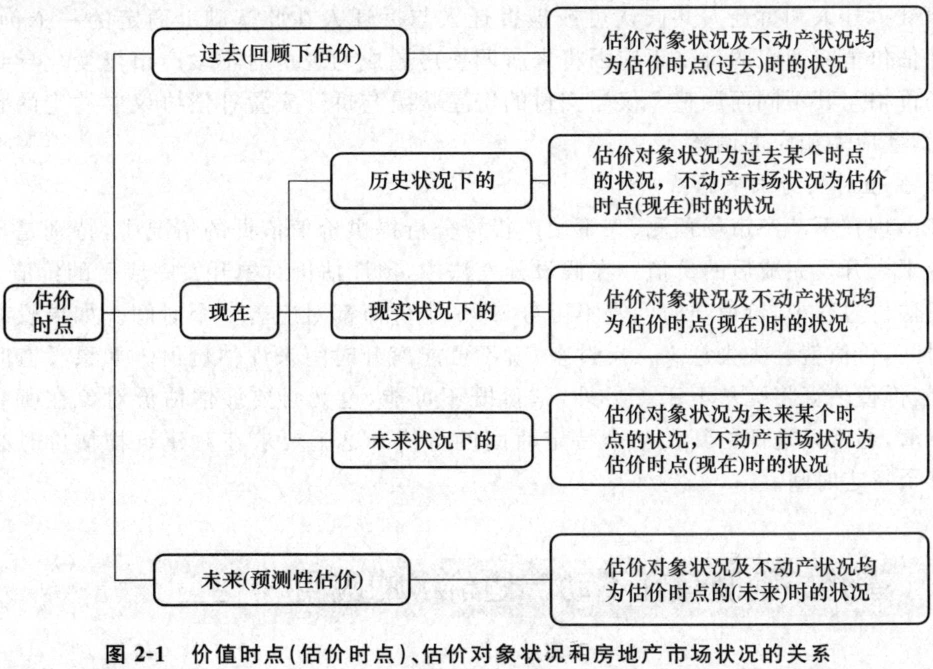

图 2-1　价值时点（估价时点）、估价对象状况和房地产市场状况的关系

价值时点为过去的情形，大多出现在不动产纠纷案例中，特别是对估价结果有异议而引起的复核估价或估价鉴定。

类似的情况还出现在过去评估的房地产抵押价值是否过高的鉴定中。当债务履行期届满债务人不履行债务，依法以抵押房地产折价或者以拍卖、变卖抵押房地产所得的价款优先受偿时，在折价的价值或者拍卖、变卖所得的价款不足以偿还抵押贷款的情况下，就需要追究有关责任。其中，最容易被怀疑的是当时抵押价值存在高估。如果通过估价鉴定，证明当时抵押价值确实存在高估的问题，则原估价机构和估价人员就要承担相应的责任。

2. 价值时点为现在，估价对象为历史状况下的情形

多出现于不动产损害赔偿和保险理赔案件中。例如，建筑物被火灾烧毁后，评估其损失价值或损失程度时，通常是估计将损毁后的状况恢复到损毁前的状况（估价对象实际上已经不存在了），在现行的国家财税制度和市场价格体系下所必需的花费。

3. 价值时点为现在，估价对象为现时状况下的情形

这是估价中最常见、最大量的。通常的评估都是价值时点为现在，估价对象也为现在的评估，如不动产交易、抵押、征收征用、涉税、企业破产、兼并等。

4. 价值时点为现在，估价对象为未来状况下的情形

如评估期房的价值。在城市房屋征收中，征收补偿实行房屋产权调换方式且所调换房屋为期房的，为结算房屋产权调换的差价，评估所调换房屋的不动产市场价格就属于这种情况。在评估所调换房屋的不动产市场价格时应特别注意以下 2 点：①价值时点应当与评估被征收房屋的不动产市场价格的价值时点一致，一般为房屋拆迁许可证颁发之日；拆迁规模大、分期分段实施的，以当期（段）房屋拆迁实施之日为价值时点。②估价对象状况，如期房的区位、用途、面积、建筑结构等，应当以拆迁人与被拆迁人在拆迁安置补偿协议中约定的为准，并将拆迁安置补偿协议作为估价报告的一个附件。当所调换房屋的评估价值被拆迁人和拆迁人共同认可或被拆迁人与拆迁人在此基础上商定的一个价格后，则该评估价值或商定的价格不应因将来所调换房屋成为现房时不动产市场变化导致的实际市场价格与其不同而调整。仅当交付的房屋状况与拆迁安置补偿协议中约定的状况有出入时，才应做相应的调整。

5. 价值时点为未来的情形

多出现在不动产市场预测、为不动产投资分析提供价值依据的情况中，特别是预估不动产在未来开发完成后的价值。在假设开发法中，预计估价对象开发完成后的价值。

在估价过程中，价值与时间密不可分，每一个价值都对应着一个时间。如果没有了对应的时间，价值就会失去意义。反过来，就不可能离开时间来评估价值。如果没有时间这个前提，价值估算将无从下手。另外，估价既不可能，也无必要评估估价对象在所有时间上的价值，通常只是评估其在某个特定时间的价值。这就要求在对建筑物估价时必须先确定某个特定时间。

2.5 替代原则及其在不动产估价中的应用

2.5.1 替代原则的含义

替代原则是指购买者为取得某一不动产所支付的价格，不会高于其他相似或相同不

动产的价格,即某一不动产的价值取决于为取得一定时期内效用相同的可替代不动产所愿意支付的价格。它要求评估价值与估价对象的类似房地产在同等条件下的价值或价格偏差应在合理范围内。

替代原则是经济学上的效用理论在不动产价格形成中的体现。它指出在同市场上具有相同效用的房地产应具有同样的价格。因为根据市场运行规律,在同一商品市场中,价格相同效用大者需求大,效用相同价格低者需求大。一种商品的价格升高会引起另一种商品的需求增大,则称这两种商品是互为替代品。不动产作为一种特殊商品也是如此,在同一供需圈内,同一时期、同一或类似功能的不动产在相同利用条件下,由于彼此间的竞争,使得价格互相影响,并最后趋于一致。也就是说,如果两不动产间彼此功能可以互相替代,价格必然会相互牵制。

替代原则认为不动产购买者和出售者有选择权,即有其他具有相似用途的不动产可供替代使用。某一不动产是否可以作为另一不动产的替代物,应依其用途、构造设计或获利能力加以考虑。在假定没有因延迟而产生不当成本的条件下,取得成本可能是购买相同效用建筑物及相似基地的成本,这是成本法的基础;假定没有因延迟而产生不当成本的条件下,取得成本是可能为购买相同效用的现有不动产所支付的价格,这是市场比较法的基础;从投资角度上看,能产生收益的不动产的替代品,可能是能产生相等投资报酬和相同风险的可替代投资不动产,这是收益法的基础。因此,替代原则是市场比较法、成本法和收益还原法3种传统估价方法的基础,同时由成本法派生的假设开发法也可以用到。

2.5.2　替代原理在不动产估价中的应用

替代原则经常可用在以下3个方面:①以彼此条件相近似、价值也相当的买卖实例相互比较,寻求其能够成为替代的条件-市场法;②以产生效用相近的建造成本作为不动产价格估计的替代—成本法;③以考量租金收益相当或投资报酬相当作为不动产价格估算的替代—收益法;④以彼此条件相近似,售价、成本、费用也相当的实例,并考虑未来市场的变化,相互比较,寻求其待开发的不动产价格的条件—假设开发法。

在不动产估价实践中,根据替代原则,在评估不动产价格或预测不动产收益时,若同一市场上有若干效用相同的类似不动产市场价格或收益已知时,可以根据这些替代不动产的价格或收益,推算出待估不动产的价格或收益。由于不动产的个别性,效用完全相同的不动产不易找到时,可选择有替代性的相近不动产作为比较参照物,对其中的差别做适当地修正。同样,在某不动产的市场价格未知时,可以用在正常市场条件下重新建造该不动产的总费用来估计该不动产的市场价格,即类似不动产。

具体来说,类似不动产是在用途、规模、档次、建筑结构、权利性质等方面与估价对象相同或相当,并与估价对象处在同一供求范围内的房地产。同一供求范围是指与估价对象具有替代关系,价格会相互影响的其他房地产的区域范围。

替代原则对于具体的建筑物估价要求有以下几点:一是如果附近有若干相近效用的建筑物并已知其价格时,则可以依据替代原则,由这些相近效用的建筑物的已知价格推算出估价对象的未知价格。二是不能孤立地思考估价对象的价格,既不能一厢情愿地高估建筑物的价格，也不能一味地低估价格，而要考虑相近效用的建筑物价格的牵掣。特别是同一个估价机构，在同一个城市、同一时期，按同一目的，对不同位置、档次的建筑物的估价结果应有一个合理的价格差，尤其好的不能低于差的。

替代原则是针对估价对象结果而言的，不论采用何种估价方法进行估价，最后都需要把估价结果放到市场中去衡量，只有当估价结果不会不合理地偏离类似建筑物在同等条件下的正常价格时，估价结果才可以说是客观、合理的。当把替代原则的思想用于某个参数的测算时，替代原则就转化成替代原理。

2.6 最高、最佳利用原则及其在不动产估价中的应用

2.6.1 最高、最佳利用原则的含义

最高、最佳利用原则要求不动产估价结果是在估价对象最高、最佳利用状态下的价值或价格。最高、最佳利用状况包括最佳的用途、规模和档次，应按法律上允许、技术上可能、财务上可行、价值最大化的次序进行分析、筛选或判断确定。

不动产估价之所以要遵循最高、最佳利用原则，这是因为在现实不动产经济活动中，每个不动产拥有者都试图充分发挥其不动产的潜力，采用最高、最佳的使用方式，以取得最大的经济效益。这一估价原则也是不动产利用竞争与优选的结果。因此，在估价中，不仅要遵循合法原则，而且要遵循最高、最佳使用原则。最高、最佳使用原则与合法原则的关系是遵守了合法原则，不一定能符合最高、最佳使用原则的全部要求，遵守了最高、最佳使用原则，必然遵守了合法原则中对合法使用方面的要求，但不一定符合合法原则对合法产权、合法处分等方面的要求。

2.6.2 最高、最佳利用原则在不动产估价中的应用

在不动产估价中，最高、最佳利用原则在应用时，应符合下列规定。

(1)当估价对象的权利人和意向取得者对估价对象依法享有的开发利用权利不相同时 应先根据估价目的确定从估价对象的权利人角度或意向取得者角度进行估价，再根据其对估价对象依法享有的开发利用权利，确定估价对象的最高、最佳利用情况。

(2)当估价对象已为某种利用时 应在调查及分析其利用现状的基础上，对其最高、最佳利用和相应的估价前提做出下列判断和选择，并应在估价报告中说明：

①保持现状前提。认为保持现状、继续利用最为合理的，应以保持现状、继续利用为前提进行估价。现有建筑物应予保留的条件是不动产的价值大于新建不动产的价值减去拆除现有建筑物的费用及建造新建筑物的费用之后的余额。

②更新改造前提。认为更新改造再予以利用最为合理的，应选择更新改造前提进行估价。对现有建筑物应进行更新改造的条件是预计更新改造后房地产价值的增加额大于

更新改造费用。

③改变用途前提。认为改变用途再予以利用最为合理时，应选择改变用途后再予以使用为前提进行估价。改变用途的条件是预计改变用途带来的房地产价值增加额大于改变用途所需要的费用。

④改变规模前提。改变规模再予以利用最为合理时，应选择改变规模前提进行估价。

⑤重新利用前提。认为重新开发再予以利用最为合理时，应选择重新开发前提进行估价。

⑥上述情形的某种组合或其他特殊利用前提。上述前提的某种组合或其他特殊利用最为合理的，应选择上述前提的某种组合或其他利用前提进行估价。

(3)当估价对象的实际用途、登记用途、规划用途之间不一致时　应按下列规定确定估价所依据的用途，并应作为估价假设中的不相一致假设在估价报告中说明及对估价报告和估价结果的使用做出相应限制：

①政府或其有关部门对估价对象的用途有认定或处理的，应按其认定或处理结果进行估价。

②政府或其有关部门对估价对象的用途没有认定或处理的，应按下列规定执行。

a. 登记用途、规划用途之间不一致的，可根据估价目的或最高最佳利用原则选择其中一种用途。

b. 实际用途与登记用途、规划用途均不一致的，应根据估价目的确定估价所依据的用途。

【例 2-1】　某宗房地产的土地面积为 300 m^2，建筑面积为 250 m^2，建筑外观及设备已陈旧过时，测算拆迁费为每平方米建筑面积 300 元，单位建筑面积残值为 50 元，假如土建价格不变，问该房屋是否可以拆除。

【解】　该宗房地产相对于空地的减价为：(300－50)×250＝62 500(元)

因为土地价格不变，因此如果拆迁要付多出 62 500 元的代价，显然不合算。故不拆迁。

同样的问题，如果空地地价比原地价上涨了 20 万元，则拆迁付出的代价远远小于土地的增殖额。显然，应拆迁。

2.7　谨慎原则及其在不动产估价中的应用

2.7.1　谨慎原则的含义

谨慎原则是在评估不动产抵押价值时应遵循的一项原则。谨慎原则要求评估价值应充分考虑导致估价对象价值或价格偏低的因素，慎重考虑导致估价对象价值或价格偏高的因素下的价值或价格。

存在不确定因素的情况下做出估价相关判断时，应保持必要的谨慎，充分估计抵押不动产在抵押权实现时可能受到的限制、未来可能发生的风险和损失，不高估假定未设立法定优先受偿权下的价值，不低估不动产估价师知悉的法定优先受偿款。

虽然只要所担保的债权不超过抵押时抵押物的价值即不违法，但由于需要处分抵押物的时间与抵押估价时点一般相隔较长，而且抵押担保的范围包括主债权及利息、违约金、损害赔偿金和实现抵押权的费用，届时抵押不动产的价值有可能下跌，其他相关的不确定因素也较多，为确保抵押贷款的清偿，拟接受抵押担保的债权人对变现风险高度关注，所以不动产抵押价值评估还应遵循谨慎原则。

2.7.2 谨慎原则在不动产估价中的应用

理解谨慎原则的关键是要弄清"在存在不确定因素的情况下"。在实际估价中，不动产估价师如果面临的是确定因素，则不存在谨慎问题，应依据确定因素进行估价。如果面临的是不确定因素，当对该因素的乐观、保守（或悲观）和折中判断或估计会导致对抵押价值的相对偏高、偏低和居中估计时，则应采取导致对抵押价值相对偏低的估计。《房地产抵押估价指导意见》针对不同的估价方法，提出了遵守谨慎原则的下列要求。

①在运用比较法估价时，不应选取成交价格明显高于市场价格的交易实例作为可比实例，并应对可比实例进行必要的实地查看。

②在运用成本法估价时，不应高估土地取得成本、开发成本、有关税费和利润，不应低估折旧。

③在运用收益法估价时，不应高估收入或者低估运营费用，选取的报酬率或者资本化率不应偏低。

④在运用假设开发法估价时，不应高估未来开发完成后的价值，不应低估开发成本、有关税费和利润。

2.8 预期收益原则及其在不动产估价中的应用

2.8.1 预期收益原则的含义

预期收益原则是指不动产在正常利用条件下的未来客观有效的预期收益为依据。

对于价格的评估，重要的并非是过去，而是未来。过去收益的重要意义在于为推测未来的收益变化动向提供依据。因此，商品的价格是由反映该商品将来的总收益所决定的。土地也是如此，它的价格也是受预期收益形成因素的变动所影响。所以，土地投资者是在预测该土地将来所能带来的收益或效用后进行投资的。这就要求估价者必须了解过去的收益状况，并对土地市场现状、发展趋势、政治经济形势及政策规定对土地市场的影响进行细致分析和预测，准确预测该土地现在以至未来能给权利人带来的利润总和，即收益价格。预期收益原则是以技术原则的形式概括出资产及其资产价值的最基本的决定因素。资产之所以有价值是因为它能为其拥有者或控制者带来未来经济利益，资产价值的高低主要取决于它能为其所有者或控制者带来的预期收益量的多少。预期收益原则是评估人员判断资产价值的一个最基本的依据。

2.8.2　预期收益原则在不动产估价中的应用

由于预期是要预测将来的变动，因此，预期收益原则与变动原则有密切关系。不动产估价对预期收益的估算必须是客观、合理的，是在正常的市场状况、经营管理水平下的纯收益。这就要求估价人员必须对价格的形成因素做认真、细致的分析，不仅要了解过去的收益状况，而且要认真分析不动产市场的现状、发展趋势以及对不动产市场产生影响的政治、经济形势、各项政策，方能对将来的变动趋势做客观、合理的预测，应排除脱离现实的使用或因投机及违法使用所获收益的预测。

预期收益原则是运用收益还原法和假设开发法估价的基础。由于不动产价格是由未来可产生的期望利益所创造的，所以，不动产价格可定义为这些未来利益所有权利的现在价值。在不动产估价实践中，预期收益原则对地区分析、交易实例价格的检查、不动产预期总价值或纯收益及还原率的确定等具有重要指导意义。

2.9　供需原则及其在不动产估价中的应用

2.9.1　供需原则的含义

供需原则指不动产的价格是由不动产市场的需求和供给的相互关系确定的。它是经济学的基本原则。在完全市场经济条件下，一般商品的价格取决于需求与供给的均衡点，如果价格低于该均衡点，需求便超过供给，价格随之上涨；相反，如果价格高于该均衡点，供给即超过需求，价格随之下降。但其成立的条件是一方面供给者与需求者各为同质的商品而展开竞争；另一方面同质的商品要随价格变动而自由调节其供应量。与此相同，不动产价格也很大程度上由供给与需求的相互关系所决定。

但由于不动产不同于一般商品，具有一些人文与自然特性，因而它除了遵循上述供需均衡的基本原则外，还有一些特殊性。首先，由于不动产具有固定性、不增性、个别性等自然特性，因此，供给与需求均限于局部区域，供给量有限，竞争主要是在需求方之间展开，即不动产不能实现完全竞争，价格的独占性倾向比较突出。其次，由于不动产交易具有个别性，各个不动产具有独特性，因此，替代性比较有限。最后，需求和供给方不容易了解何处有供给或需求的信息。

虽然不动产的价格受供给与需求相互关系的重要影响，但不能仅按照供需均衡法则来决定。如在特定市场中，不动产的经济用途往往决定其价值。例如，一宗仓库用地，开发商愿意支付的价格主要取决于仓库的净收益及其建筑成本。同时，购买者之间的竞争，对于供给量越稀少、可替代性越小的不动产而言，越容易因众多追逐者竞争而价格越加越高。如在特定的区位上，可供选择的土地或争取最后几块土地之间的竞争非常激烈时，潜在需求者所支付的价格便会远远高出市场均衡价格及最高最佳使用土地所确定的价格。由此可见，供需原则是以预期收益原则及变动原则为基础的，又以竞争原则为前提的。

2.9.2 供求原则在不动产估价中的应用

在不动产估价中，评估人员在判断不动产价值时也应充分考虑和依据供求原则，必须分析市场上的供求关系，当某项不动产的需求增长时，不动产的整体价值是否呈上涨的趋势，而对该不动产的供应增加时，该类不动产的价值是否呈下降的趋势。同时要充分了解人们对不动产的收益及价格变动的预期，客观分析需求与供给情形，特别是应当加入时间因素进行动态分析，因为不动产的当前供求状况常常是在考虑将来发展状况而形成的。

2.10 贡献原则及其在不动产估价中的应用

2.10.1 贡献原则的含义

贡献原则是指不动产总收益是由土地及其他生产要素共同作用的结果，土地价格可以根据土地对不动产收益的贡献大小确定。

从一定意义上讲，贡献原则是预期收益原则的一种具体化原则。它也要求不动产价值的高低要由该不动产的贡献来决定的。贡献原则主要适用于构成某不动产的各组成要素资产的贡献或者是当不动产缺少该项要素资产将蒙受的损失。

2.10.2 贡献原则在不动产估价中的应用

按经济学中的边际收益原则，衡量各生产要素的价值大小，可依据其对总收益的贡献大小来决定。对于土地估价，贡献原则是不动产的总收益是由土地及建筑物等构成因素共同作用的结果。其中，某一部分带来的收益，对总收益而言，它是部分与整体之间的关系。就土地部分的贡献而言，由于地价是在生产经营活动之前优先支付的，故土地的贡献具有优先性和特殊性，评估时应特别考虑。估价时可以利用收益还原法分别估算土地、建筑物价格，进而评估整个不动产价格；也可根据整个不动产价格及其他构成部分的价格，采用剩余法估算土地价格。因此，贡献原则是关于部分收益递增递减原则的应用，也是收益还原法和剩余法估价的基础。

同时，贡献原则还可用于土地或建筑物的追加投资、不动产的部分改良、改造等。它可根据对不动产整体价格的贡献大小，判断追加投资是否适当；又可应用这一原则判断最有效使用的上升程度，即将现在的最有效使用与投资后的最有效使用互相比较，以确定纯收益最高点。

综上所述，以上 9 项土地估价原则都不是孤立的，相互之间都有直接或间接的联系。因此，在不动产估价时，除应充分了解各项原则外，还应掌握彼此之间的关系，综合运用才能正确把握不动产的价格。

复习思考题

1. 什么是不动产估价原则？其内容是什么？
2. 谈谈你对独立客观公正原则的认识。
3. 什么是合理原则？
4. 谈谈你对估价时点原则的理解。
5. 最高最佳使用原则在不动产估价中如何应用？
6. 什么是替代原则？在哪些评估方法中会用到该原则？
7. 在不动产估价中，如何更好地应用合法原则？
8. 某宗房地产的土地面积 300 m^2，建筑面积 250 m^2，建筑物的外观及设备均已陈旧过时，有待拆除重建，测算拆迁费用为每平方米建筑面积 300 元，残值为每平方米建筑面积 50 元。试计算该宗房地产相对于空地的减价额。

Chapter 3

第3章 比较法

本章学习内容及要求：通过学习，了解比较法的概念，搜集交易实例的途径及内容，熟悉市场法适用的估价对象和条件、可比实例选取的要求、可比基础的建立的有关内容，掌握比较法的计算公式及价格修正系数的确定的有关内容。

3.1 比较法概述

3.1.1 比较法的含义

比较法，又称市场比较法、市场法、交易实例比较法、买卖实例比较法、市场资料比较法交易案例比较法、直接交易案例比较法、市价比较法、现行市价法等，它是不动产估价中最常用、最重要的基础方法。其含义是指在求取估价对象不动产价格时，从不动产市场近期发生的类似不动产交易实例中，选取一定数量的市场交易作为可比实例，将估价对象不动产与这些可比实例进行多方面的调查比较，分析确定它们之间的差异以及引致的不动产价格差异，对这些可比实例的已知价格，进行修正调整得出估价对象不动产价格的一种不动产估价方法。也就是说，利用不动产市场已知的可比实例不动产成交价格，评估估价对象不动产价格。

这里所说的类似不动产是指在区位、用途、产权、结构、环境和交易目的等诸多方面与估价对象不动产相同或相似的不动产。交易实例中区位、实物和权益状况与估价对象相当，交易方式符合估价目的，成交日期接近估价时点，成交价格为正常价格或可修正为正常价格的不动产，可选为估价对象不动产价格评估的比较实例，称作可比实例。

市场比较法的思路与人们的价格确认行为习惯高度一致，估价结果因而容易得到利益各方的共同认可，可信度高、说服力强。

3.1.2 比较法的理论依据

比较法的理论依据是不动产交易中的替代原则。一般来说，任何经济主体，如个人、企业等，在市场上的行为都是想以最低的费用或代价取得最大的利润或效用，因而在选择产品时都会选择效用高而价格低的产品。这种经济主体选择行为的结果，在效用均等的产品之间会产生替代作用，其价格应基本相同。如果效用相同，价格偏低的产品，大家就会竞相争购；而价格偏高的产品自然很少有人问津。具体到不动产上，若两宗以上效用相等的不动产同时存在，明智的买者会选择价格最低的；若两宗以上价格相同的不动产同时存在，明智的买者会选择效用最大的。由于有替代原则的作用，因而可通过类似不动产已知交易价格的比较求得对象不动产的未知价格。也就是说，在不动产交易时，当事人双方都会根据替代原则，将拟交易的不动产价格与类似的不动产成交价格进行分析、比较，然后采取行动。显然，在无特殊原因下，任何买者都不会接受比市场上正常价格更高的价格成交；任何卖者自然也不会接受比市场上正常价格低的价格成交。所以，类似的不动产其价格必然相互牵引、相互接近。

3.1.3 市场法适用的估价对象和条件

1. 市场法适用的估价对象

比较法适用的估价对象是同种类型的数量较多，且经常发生交易的不动产，例如，住宅，包括普通住宅、高档公寓、别墅等。特别是存量成套住宅，由于数量较多、可比性较好，能够较容易地在市场中找到足够多的可比实例，因此，最适合采用比较法估价，并且相对而言，它也是最容易、最简单且结果最易被人接受的一种房地产估价方法。除了住宅以外，适于采用比较法估价的还有写字楼、商铺、标准厂房和房地产开发用地等。

数量很少的房地产，例如，特殊厂房、机场、码头、博物馆、教堂、寺庙、古建筑等；很少发生交易的房地产，例如，学校、医院、行政办公楼等；可比性很差的房地产，例如，在建工程等，均难以采用比较法估价。

2. 市场法需要具备的条件

比较法估价需要具备的条件是在估价时点的近期有较多类似房地产的交易，如果在房地产市场发育不够或者类似房地产的交易较少的地区，就难以采用比较法估价。即使在总体上房地产市场较活跃的地区，在某些情况下比较法也可能不适用。

另外，运用比较法估价需要把可比实例的各种实际交易情况，例如，急于出售或急于购买等造成的可能是不正常的成交价格，修正为正常成交价格；需要把可比实例在其成交日期时的价格，调整为在估价时点时的价格；需要把可比实例在其自身房地产状况下的价格，调整为在估价对象房地产状况下的价格。如果在房地产市场发育不够或者房地产交易较少发生的地区，就难以采用市场法估价。

3. 比较法的其他途径

比较法中比较分析的原理和方法，也可以用于不动产市场租金及成本法、收益法、假设开发法中重新购建价格、不动产价格各个构成部分，如开发成本、管理费用、销售费用、开发利润等、经营收入、运营费用、空置率、入住率、报酬率、资本有率、收益乘数、开发完成后的不动产价值、开发经营期等的求取等。

3.1.4 比较法的操作步骤

1. 调查与选择比较案例

运用市场法估价需要拥有大量的交易实例。只有拥有了估价对象所在地的大量的房地产交易实例，才能把握估价对象所在地的正常的房地产市场价格行情，从而保障评估出的估价对象价值不会超出合理的范围；才能选择出符合一定数量和质量要求的可比实例，从而保障根据这些可比实例评估出的估价对象价值更加精准而不会出现较大误差。因此，估价机构和估价师应尽力搜集较多的交易实例。

尽管搜集交易实例是市场法中的一个步骤，但对估价机构和估价师而言，是一个不断积累的过程，平时就应留意搜集，不能等到需要采用市场法估价时才去做。这样，一旦需要采用市场法估价时，就已经有了足够多的交易实例可供选取，从而可以较快地完成估价工作。当然，在需要采用市场法估价时，也可以根据估价对象、估价时点等情况，有针对性地搜集一些交易实例。选取可比实例，即从搜集的大量交易实例中选取一定数量、符合一定条件的，在本次评估中可以用作可比实例的成交案例。

2. 确定价格可比基准

选取了可比实例之后，一般应先对这些可比实例的成交价格进行换算处理，使它们之间的口径一致、形式相同、相互可比，为后续的有关比较、修正和调整建立一个共同的基础。

3. 进行价格修正和调整

由于目前在不动产评估中，有房地产评估（包括房地产，单独的地上建筑物和在建工程）和单独的土地评估，其评估报告的内容不同，修正项目也不同，其中房地产评估中，需要进行交易情况修正、市场状况调整和房地产状况调整；而单独的土地评估中，需要进行交易情况修正、估价日期修正、区域因素修正、个别因素修正、其他相关修正（土地使用权年期修正、容积率修正）等。

4. 求取比准价格

即把多个可比实例的成交价格进行处理，所得到的多个价格综合成一个价格。

3.1.5 比较法的计算公式

1. 适用于房地产估价的比较法公式

$$P = P'ABC$$

式中：P—待估房地产评估价格；P'—可比交易实例价格；A—交易情况修正系数；B—市场状况修正系数；C—房地产状况调整（包括实物、权益、区位状况）。

2. 适用于单独土地评估的比较法计算公式

$$P = P'ABCDEF$$

式中：P—待估宗地评估价格；P'—可比交易实例土地价格；A—交易情况修正系数；B—交易日期修正系数；C—区域因素修正系数；D—个别因素修正系数；E—土地使用年起修正系数；F—容积率修正系数(如果容积率影响比较大，单独修正)。

3.2 交易实例搜集

3.2.1 搜集大量交易实例的必要性

运用比较法估价需要拥有大量真实的交易实例。只有拥有了大量真实的交易实例，才能把握估价对象所在地的正常不动产市场价格行情，才能保障评估出的估价对象价值不会超出合理的范围。

3.2.2 搜集交易实例的途径

①查阅政府有关部门的房地产交易登记等资料，如房地产产权转让时成交价格的资料、交易登记资料、近期政府出让土地使用权的地价资料，政府确定公布的基准地价、标定地价和房屋重置价格资料等。

②查阅报刊上有关房地产出售、出租广告、信息等资料。

③参加房地产交易会，了解房地产价格行情，搜集价格信息，索取有关资料。

④向房地产交易当事人、四邻、经纪人、金融机构、司法机关等调查了解有关房地产交易的情况。

⑤以购买者的身份，与房地产出售者，如开发商、代理商等洽谈，取得真实的房地产价格资料。

⑥同行之间相互提供。估价人员、估价机构如能组成类似学会、协会、联合会之类的组织，可以约定相互交换所搜集的交易实例和经手的估价案例资料。

⑦其他途径，如查访房地产交易当事人，获悉房地产特性及有关交易条件等。

3.2.3 搜集交易实例的要求

搜集内容完整、真实的交易实例是提高估价精度的一个基本保证。内容包括：①交易实例房地产的基本状况；②交易双方；③成交日期；④成交价格；⑤付款方式；⑥交易情况(交易目的、交易方式、交易税费负担方式、有无利害人之间交易、急于出售或购买等特殊情况)。

3.2.4 交易实例的搜集内容

运用市场比较法估价必须搜集、掌握充分的市场交易资料，搜集交易实例时，应针对性搜集如下内容。

1. 交易双方的基本情况及交易目的

了解有无不正常的交易情况的存在而导致价格偏差，以进行交易情况修正；了解交易目的，将估价目的与交易目的进行比较，以判断交易实例能否用作可比实例。

2. 交易实例房地产状况

不动产状况包括：权益状况、实物状况、区位状况、环境状况等。如坐落位置、面积、用途、交通、土地容积率、建筑物剩余使用年限、周围环境景观等。

3. 成交价格、成交日期及付款方式

(1)成交价格　房地产价格有房地产总价格、房屋总价格、土地总价格及相应单价，同时还应注意价格类型，如土地拍卖价格、招标价格、协议价格、货种及货币单位等情况；如美元、港币、日元等。

(2)成交日期　以确定交易实例的可比性进行日期修正。

(3)付款方式　付款方式包括一次性付款、分期付款、抵押贷款的方式及比例等。

3.3 可比实例选取

3.3.1 选取可比实例的必要性

虽然估价人员搜集的交易实例或不动产交易实例库中储存的交易实例较多，但针对某一具体的估价对象及估价时点和估价目的。不是任何交易实例都可以参照比较的，有些交易实例并不适用。因此，需要从中选取符合一定条件的交易实例作为参照比较的交易实例。选取的供比较参照的交易实例与估价对象不动产之间应符合以下条件：估价对象的类似不动产；成交日期与价值日期相近；成交价格为正常价格或可修正为正常价格。

3.3.2 选取可比实例的数量要求

选取的可比实例理论上越多越好，但是，如果要求的实例过多，一是可能由于交易实例的数量有限而难以做到，二是后续进行修正、调整的工作量大。因此，一般要求选取3个以上(含3个)、10个以下(含10个)的可比实例即可。

3.3.3 选取可比实例的质量要求

1. 用途相同

所选取的交易实例不动产应与估价对象不动产的用途相同。这种用途主要指大类用途，如办公室、商场、住宅、旅馆、工业、仓库等，如果能做到小类用途相似则更好。

2. 结构类同

所选取的交易实例不动产应与估价对象不动产的建筑结构类同。这种建筑结构主要指大类建筑结构，如简易结构、砖木结构、砖混结构、钢筋混凝土结构、钢结构。如果能做到小类用途相似更好。

3. 区域类似

所选取的交易实例不动产应估价对象不动产所处的地区邻近，或是在同一供求范围内的类似地区。由于比较法以替代原则为理论依据，故用来比较的交易实例不动产，与估价对象不动产之间要具有替代关系。因此，交易实例必须在同一供求范围内的类似地区中的不动产交易。如果能做到在同一地区则更好。

4. 价格类型一致

所选取的交易实例不动产应与估价对象的价格类型一致。这种价格类型主要指大类价格类型，如买卖价格、租赁价格、入股价格、抵押价格、征用价格、课税价格、投保价格、典当价格。如果能做到小类价格类型也一致则更好。

5. 时间接近

所选取的比较实例不动产的交易时间应与估价对象不动产的估价日期接近。所谓接近的含义是相对的，如果不动产市场相对稳定，在几年前的交易用于现在比较，也认为有效；如果不动产市场变化快，则比较的有效期要缩短。一般认为交易实例的交易日期应与评估基准日相距 1 年以内。

6. 正常交易

交易实例必须为正常交易或可修正为正常交易。所谓正常交易，是指交易应是公开、平等、自愿的，即在市场公开、信息通畅、交易双方平等自愿、没有私自利益关系情况下的价格。如果为非正常交易，必须偏离正常交易情况不得超过 20%。

3.4 比较基础建立

选取了可比实例之后，一般应先对这些可比实例的成交价格进行换算处理，使它们之间的口径一致、形式相同、相互可比，并统一到需要求取的估价对象的价格单位上来，为进行后续的比较修正建立共同的基础。

建立价格可比基础包括统一财产范围、统一付款方式、统一融资条件、统一税费负担、统一计价单位。

3.4.1 统一财产范围

应对可比实例与估价对象的财产范围进行对比，并消除因财产范围不同造成的价格差异。根据可比实例与估价对象的财产范围不同，可以分为以下 3 种情况。

1. 含有非不动产成分

例如，可比实例附赠家具、家电、汽车或附带入学指标、户口指标、特许经营权等。

2. 带有债权债务的不动产

例如,可比实例是设立了抵押权、地役权,有拖欠建设工程价款,或由买方代付卖方欠缴的水电费、燃气费、电话费、上网费、有线电视收视费、供暖费、物业服务费、交易过程的税费等。

3. 不动产的实物范围不同

例如,估价对象为土地,而选取的可比实例是含有类似土地的不动产交易实例;估价对象是一套阳台封闭的住宅,而选取的可比实例是阳台开放的住宅;估价对象是一套不带年车位的住宅,而选取的可比实例是一套带车位的住宅。

3.4.2 统一付款方式

资金具有时间价值,由于不动产的价值量大,成交价格往往采用分期付款的方式支付,此时交易价格不能反映它的实际价值,如不加以统一计算,将影响估价结果。估价中为便于比较,价格以在成交时一次付清的实际价格为基准,所以,就需要将分期付款的可比实例的成交价格折算为在其成交日期时一次付清的价值,具体计算方法采用货币的时间价值中的折现计算。

【例 3-1】 某宗房地产交易总价为 30 万元,其中首期付款 20%,余款于半年后支付。假设月利率 0.5%,试计算该宗房地产在成交日期时一次性付清的价格。

【解】 该宗房地产成交日期一次付清的房地产价格:

$$30 \times 20\% + 30 \times (1 - 20\%)/(1 + 0.5\%)^6 = 29.29(万元)$$

例 3-1 中,如果已知的不是月利率,而是

①年利率 r,则计算中的 $(1+0.5\%)^6$ 就变为 $(1+r)^{0.5}$;

②半年利率 r,则计算中的 $(1+0.5\%)^6$ 就变为 $(1+r)$;

③季度利率 r,则计算中的 $(1+0.5\%)^6$ 就变为 $(1+r)^2$。

3.4.3 统一融资条件

统一融资条件是将可比实例在非常规条件下的价格,调整为在常规融资条件下的价格。有些可比实例房地产可能存在非常规情况下的融资,如因难以取得银行贷款,而花费高于银行贷款利率较多的资金成本。在评估时,需将可比实例不动产的价格修正为正常融资条件下的价格。

3.4.3 统一税费负担

如果选取的可比实例的税费为非正常负担情况下的价格,应将其调整为在交易税费正常负担下的价格。对于交易税费非正常负担的修正,只要调查、了解清楚了交易税费非正常负担的实际情况,然后依此计算即可。具体做法是将成交价格修正为按照税法及中央和地方政府的有关规定,无规定的依照当地习惯,买卖双方各自缴纳自己应缴纳的交易税费下的价格。修正方法上,主要掌握下列公式:

正常成交价格－应由卖方缴纳的税费＝卖方实际得到的价格

正常成交价格＋应由买方缴纳的税费＝买方实际付出的价格

如果卖方、买方应缴纳的税费是正常成交价格的一定比率，即

应由卖方缴纳的税费＝正常成交价格×应由卖方缴纳的税费比率

应由买方缴纳的税费＝正常成交价格×应由买方缴纳的税费比率

【例3-2】 某宗房地产的正常成交价格为2 500元/m^2，卖方应缴纳的税费为正常成交价格的7%，买方应缴纳的税费为正常成交价格的5%。试计算卖方实际得到的价格和买方实际付出的价格。

【解】 卖方实际得到的价格和买方实际付出的价格分别计算如下：

卖方实际得到的价格＝2 500－2 500×7%＝2 325(元/m^2)

买方实际付出的价格＝2 500＋2 500×5%＝2 625(元/m^2)

【例3-3】 某评估师在评估某住宅房地产时，选取了已经成交的某住宅房地产，但是该房地产在成交时，买卖双方达成一致，税费均由买方承担。当地规定，该住宅房地产卖方应交税费6%，买方应交税费4%，而该交易买方实际付出8 000元/m^2。请问评估师在评估房地产价格时，应进行什么修正？应如何修正？

【解】 在不动产评估时，选取的可比实例房地产应为正常交易情况，而此案例属于税费的非正常转嫁，不是正常交易的价格，需要进行交易情况修正，将可比实例房地产价格修正为正常市场价格。具体修正结果为：

8 000÷(1＋6%)＝7 547(元/m^2)

即该案例的正常成交价格为7 547元/m^2。

3.4.4 统一计价单位

统一计价单位应包括统一为总价或单价、楼面地价，统一币种和货币单位，统一面积或体积内涵及计量单位等。

1. 统一采用总价、单价或者楼面地价

将可比实例不动产价格与估价对象不动产价格进行修正时，必须采用相同的单位价格。每一个案例的价值应以一个合适的比较单位来表示，至于采用什么样的单位比较，应依据估价问题和不动产的性质来选取。

土地在建筑面积低密度地区通常宜采用土地单价为比较单位；在建筑面积高密度地区宜采用楼面地价为比较单位。大多数房地产，如住宅、商铺、写字楼、厂房等通常采用以建筑面积的每平方米的价格为比较单位；有时也用每平方米套内建筑面积或使用面积为比较单位。以上两者都是以单位面积作为一个比较单位，根据房地产的具体情况，还可以有其他的比较单位，如仓库以单位体积为比较单位；停车场以每个车位为比较单位；旅馆以每个房间或每张床位为比较单位；保龄球馆以每个球道为比较单位；码头以每一泊位为比较单位；网球场以每一球场为比较单位。在租赁住宅房地产市场中，当户型相同、面积等方面差异不大时，甚至可以每套单元的租赁价格为比较单位。

2. 统一币种和货币单位

货币有不同的币种，如人民币、美元、欧元、英镑、日元、港币等。不同的币种之间的换

算宜按国务院金融主管部门公布的成交日期的市场汇率中间价计算。

在统一货币单位方面，按照使用习惯，人民币、美元、港币等通常都采用“元”。

3. 统一面积或体积内涵及计量单位

在现实房地产交易中，有按建筑面积计价，有按套内面积计价，有按使用面积计价，也有按体积计价或其他计价单位。以不同的单位表达计价，其数额大小无法直接比较。所以，可比实例房地产与估价对象房地产在比较之前，必须换算统一面积或体积内涵。如面积内涵有：

建筑面积下的价格＝套内建筑面积下的价格×套内建筑面积/建筑面积；

建筑面积下的价格＝使用面积下的价格×使用面积/建筑面积；

套内建筑面积下的价格＝使用面积下的价格×使用面积/套内建筑面积。

4. 统一面积单位

在面积单位方面，中国内地通常采用 m^2（土地的面积单位除了 m^2，有时还采用 hm^2、亩），中国香港地区和美国、英国等习惯采用平方英尺，中国台湾地区和日本、韩国一般采用坪。其换算如下：

$1\ hm^2 = 10\ 000(m^2)$

1 亩＝666.67(m^2)

$1\ m^2 = 10.764(ft^2)$

$1\ m^2$＝0.303(坪)

所以，将 hm^2、亩、ft^2、坪下的价格换算为 m^2 的价格如下：

$1\ m^2$ 的价格＝$1\ hm^2$ 的价格÷10 000

$1\ m^2$ 的价格＝1 亩的价格÷666.67

$1\ m^2$ 的价格＝$1\ ft^2$ 的价格×10.764

$1\ m^2$ 的价格＝1 坪的价格×0.303

【例 3-4】 搜集了甲、乙 2 个交易实例。甲交易实例房地产的建筑面积 200 m^2，成交总价 80 万元人民币，分 3 期付款，首期付 16 万元人民币，第 2 期于半年后付 32 万元人民币，余款 32 万元人民币于 1 年后付清。乙交易实例房地产的使用面积 2 500 ft^2，成交总价 15 万美元，于成交时一次性付清。如果选取该两个交易实例为可比实例，请在对其成交价格进行有关比较、修正和调整之前进行“建立比较基准”处理。

【解】 对该两个交易实例进行建立比较基准处理，包括统一付款方式、统一采用单价、统一币种和货币单位、统一面积内涵和面积单位。具体的处理方法如下：

(1)统一付款方式

如果以在成交日期一次性付清为基准，假设当时人民币的年利率为 8%，则

$$\text{甲总价} = \frac{32}{(1+8\%)^{0.5}} + \frac{32}{(1+8\%)} = 76.42(\text{万元人民币})$$

乙总价＝15.00(万美元)

(2)统一采用单价

$$\text{甲单价} = \frac{764\ 200}{200} = 3\ 821.00(\text{元人民币}/m^2\ \text{建筑面积})$$

$$甲单价=\frac{150\ 000}{2\ 500}=60.00(美元/ft^2\ 使用面积)$$

(3)统一币种和货币单位

如果以人民币元为基准,则需要将乙交易实例的美元换算为人民币元。假设乙交易实例成交当时人民币与美元的市场汇率为1美元=6.739 5元人民币,则

$$甲单价=3\ 821.00(元人民币/m^2\ 建筑面积)$$

$$乙单价=60.00\times6.739\ 5=404.37(元人民币/ft^2\ 使用面积)$$

(4)统一面积内涵

如果以建筑面积为基准,另通过调查得知乙交易实例房地产(或该类房地产)的建筑面积与使用面积的关系为1 ft^2 建筑面积等于0.75 ft^2 使用面积,则

$$甲单价=3\ 821.00(元人民币/m^2\ 建筑面积)$$

$$乙单价=404.37\times0.75=303.28(元人民币/ft^2\ 建筑面积)$$

(5)统一面积单位

如果以 m^2 为基准,由于1 ft^2=0.092 903 04 m^2,则

$$甲单价=3\ 821.00(元人民币/m^2\ 建筑面积)$$

$$乙单价=303.28\div0.092\ 903\ 04=3\ 264.48(元人民币/m^2\ 建筑面积)$$

3.5 价格修正系数

由于作为不动产估价的对象可能是房地相连的房地产,也可能是单独的土地或者建筑物,不同的评估对象,出具的不动产报告也不同。目前主要有房地产评估报告(评估对象可以是房地产、在建工程、单独的地上建筑物)和土地评估报告(单独的宗地评估),其内容和形式都不相同,价格修正系数也略有不同。

3.5.1 房地产评估价格修正系数

3.5.1.1 交易情况修正

1. 交易情况修正的含义

可比实例的成交价格可能是正常的,也可能是不正常的。由于要求评估的估价对象的价格是客观合理的,所以,如果可比实例的成交价格是不正常的,则应将其调整为正常的,如此才能作为估价对象的价格。

2. 造成成交价格偏离正常价格的因素

要将可比实例实际而可能是不正常的成交价格修正为正常价格,就应了解有哪些因素可能使可比实例成交价格偏离其正常市场价格及其是如何偏离的。由于房地产具有不可移动、独一无二、价值量大等特性以及房地产市场是一个不完全市场,房地产成交价格往往容易受交易中的一些特殊因素的影响,从而使其偏离正常的市场价格。交易中的特殊因素较复杂,归纳起来主要有下列方面。

(1)有利害关系人之间的交易　例如，父子之间、兄弟之间、亲友之间、母子公司之间、公司与其员工之间的房地产交易，成交价格通常低于正常市场价格。

(2)被迫出售或被迫购买的交易　例如，设立了抵押权、典权或有拖欠工程款的房地产交易，欠债到期，无奈只有出售房地产来偿还，此种情况下的成交价格往往偏低；相反，在急于购买情况下的成交价格往往是偏高的。

(3)交易双方或某一方对市场行情缺乏了解的交易　如果买方不了解市场行情，盲目购买，成交价格往往是偏高的；相反，如果卖方不了解市场行情，盲目出售，成交价格往往是偏低的。

(4)人为哄抬价格的交易　例如，拍卖、招标、哄抬或抛售等。房地产正常成交价格的形成方式，应是买卖双方经过充分讨价还价的协议方式。拍卖、招标方式容易受现场气氛、情绪等的影响而使成交价格失常。

(5)交易双方或某一方有特别动机或偏好的交易　例如，买方或卖方对所买卖的房地产有特别的爱好、感情，特别是该房地产对买方有特殊的意义或价值，从而买方执意要购买或卖方惜售，在这种情况下的成交价格往往是偏高的。

(6)购买相邻房地产的交易　当相邻房地产的拥有者欲购买该房地产时，该房地产的拥有者通常会索要高价，而相邻房地产的拥有者往往也愿意出较高的价格购买。所以，相邻房地产合并交易的成交价格往往高于其单独存在、与其不相邻者交易时的正常市场价格。

(7)受迷信影响的房地产交易　现实中一些人在购买房地产时，相信一些迷信色彩，而导致一些房地产价格偏高或偏低。

3. 交易情况修正的方法

有上述特殊交易情况的交易实例一般不宜选为可比实例，但当可供选择的交易实例较少而不得不选用时，则应对其进行交易情况修正。交易情况修正的方法，主要有百分率法和差额法。

①采用百分率法进行交易情况修正的一般公式为：

可比实例成交价格×交易情况修正系数＝正常价格

②采用差额法进行交易情况修正的一般公式为：

可比实例成交价格＋交易情况修正数额＝正常价格

在百分率法中，交易情况修正系数应以正常价格为基准来确定。假设可比实例成交价格比其正常市场价格高低的百分率为$\pm S$(当可比实例成交价格比其正常市场价格高时，为$+S$；低时，为$-S$)，则

可比实例成交价格$\times 1/(1\pm S)$＝可比实例正常市场价格

或者　可比实例成交价格$\times 100/(100\pm S\times 100)$＝可比实例正常市场价格

式中：$1/1\pm S$或$100/(100\pm S\times 100)$是交易情况修正系数。

在交易情况修正中之所以要以正常价格为基准，是因为只有这样，比较的基准才会只有一个，而不会出现多个。因为在市场法中要求选取多个可比实例，如果以每个可比实例的实际成交价格为基准，就会出现多个比较基准。例如，以可比实例正常市场正常价格为基准，说可比实例成交价格比其正常市场价格高10%，即

$$可比实例成交价格=可比实例正常市场价格\times(1+10\%)$$

假设可比实例正常市场价格=1 500 元/m²,则

$$可比实例成交价格=1\,500\times(1+10\%)=1\,650(元/m^2)$$

如果以可比实例成交价格为基准,说可比实例正常市场价格比其实际成交价格低10%,即

$$可比实例正常市场价格=可比实例成交价格\times(1-10\%)$$

假定可比实例成交价格=1 650 元/m²,则

$$可比实例正常市场价格=1\,650\times(1-10\%)=1\,485(元/m^2)$$

可见,1 485 元/$m^2\neq$1 500 元/m^2。所以,说"可比实例成交价格比其正常市场价格高10%"与说"可比实例正常市场价格比其成交价格低 10%"是不等同的。为此,在交易情况修正中应统一采用可比实例成交价格比其正常市场价格是高还是低多少的说法。

进行交易情况修正,不仅要了解交易中有哪些特殊因素影响了成交价格,还要测定这些特殊因素使成交价格偏离正常市场价格的程度。但由于缺乏客观、统一的尺度,这种测定有时非常困难。因此,在哪种情况下应当修正多少,主要由估价人员根据其掌握的扎实的估价理论知识、积累的丰富估价实践经验和对当地市场行情、交易习惯等的深入调查、了解做出判断。不过,估价人员平常就应搜集整理交易实例,对其成交价格进行分析、比较,在积累了丰富经验的基础上,把握适当的修正系数或修正数额也是不难的。

3.5.1.2 市场状况调整

1. 市场状况调整的含义

可比实例的成交价格是其成交日期时的价格,是在其成交日期时的房地产市场状况下形成的。要求评估的估价对象的价格是估价时点时的价格,是应该在估价时点时的房地产市场状况下形成的。应将可比实例在其成交日期时的价格调整为在估价时点时的价格,这样才能将其作为估价对象的价格。这种对可比实例成交价格进行的修正,称为市场状况调整,土地估价中又称交易日期修正。

2. 市场状况调整的方法

市场状况调整主要是采用百分率法。采用百分率法进行市场状况调整的一般公式为:

可比实例在成交日期时的价格×市场状况调整系数=可比实例在估价时点时的价格

式中,交易日期调整系数应以成交日期时的价格为基准来确定。假设从成交日期到估价时点,可比实例价格涨跌的百分率为$\pm T$(从成交日期到估价时点,当可比实例价格上涨的,为$+T$;下跌的,为$-T$),则

$$可比实例在成交日期时的价格\times(1\pm T)=可比实例在估价时点时的价格$$

或者 $$可比实例在成交日期时的价格\times(100\pm T)\div100=可比实例在估价时点时的价格$$

式中:$(1\pm T)$或$(100\pm T)\div100$ 是交易日期调整系数。

交易日期调整的关键是要把握可比实例、估价对象这类房地产的价格自某个时期以来的涨落变化情况,具体是调查、了解过去不同时间的数宗类似房地产的价格,找出这类房地产的价格随着时间变化而变动的规律,据此再对可比实例成交价格进行交易日期调整。

(1)价格指数法　价格指数有定基价格指数和环比价格指数。在价格指数编制中，需要选择某个时期作为基期。如果是以某个固定时期作为基期的，称为定基价格指数；如果是以上一时期作为基期的，称为环比价格指数。定基价格指数和环比价格指数的编制原理见表3-1。

表3-1　价格指数的编制原理

时间	价格	定基价格指数	环比价格指数
1	$P1$	$P1/P1=100$	$P1/P0$
2	$P2$	$P2/P1$	$P2/P1$
3	$P3$	$P3/P1$	$P3/P2$
⋮	⋮	⋮	⋮
n	Pn	$Pn/P1$	$Pn/Pn-1$

①采用定基价格指数进行交易日期调整的公式为：

可比实例在成交日期时的价格×估价时点时的价格指数/成交日期时的价格指数=可比实例在估价时点时的价格。

【例3-5】 某宗房地产2015年6月的价格为1 800元/m²，现需将其调整到2015年10月。已知该宗房地产所在地区的同类房地产2015年4月至10月的价格指数分别为79.6,74.7,76.7,85.0,89.2,92.5,98.1(以2013年1月为100)。试计算该宗房地产2015年10月的价格。

【解】 该宗房地产2015年10月的价格计算如下：

$$1\,800\times98.1\div76.7=2\,302.2(\text{元}/\text{m}^2)$$

②采用环比价格指数进行交易日期调整的公式为：

可比实例在成交日期时的价格×成交日期的下一时期的价格指数×再下一时期的价格指数×…×估价时点时的价格指数=可比实例在估价时点时的价格。

【例3-6】 某宗房地产2015年6月的价格为2 000元/m²，现需将其调整到2015年10月。已知该宗房地产所在地区的同类房地产2015年4月至10月的价格指数分别为99.6,94.7,96.7,105.0,109.2,112.5,118.1(均以上个月为100)。试计算该宗房地产2015年10月的价格。

【解】 该宗房地产2015年10月的价格计算如下：

$$2\,000\times\frac{105.0}{100}\times\frac{109.2}{100}\times\frac{112.5}{100}\times\frac{118.1}{100}=3\,046.8(\text{元}/\text{m}^2)$$

(2)价格变动率法　价格变动法有逐期递增或递减的价格变动率和期内平均上升或下降的价格变动率2种。

①采用逐期递增或递减的价格变动率进行交易日期调整的公式为：

可比实例在成交日期时的价格×$(1+\text{价格变动率})^{\text{期数}}$=可比实例在估价时点的价格。

②采用期内平均上升或下降的价格变动率进行交易日期调整的公式为：

可比实例在成交日期时的价格×(1±价格变动率×期数)=可比实例在估价时点时

的价格。

【例 3-7】 为评估某宗房地产 2015 年 9 月末的价格,选取了下列可比实例:成交价格 3 000 元/m^2,成交日期 2014 年 10 月末。另调查获知 2014 年 6 月末至 2015 年 2 月末该类房地产的价格平均每月比上月上涨 1.5%,2015 年 2 月末至 2015 年 9 月末平均每月比上月上涨 2%。试对该可比实例的价格进行交易日期调整。

【解】 对该宗实例的价格进行市场状况调整,是将该价格调整到 2015 年 9 月末,即

$$3\,000\times(1+1.5\%)^4\times(1+2\%)^7=3\,658(\text{元}/\text{m}^2)$$

【例 3-8】 需要评估某房地产于 2014 年 3 月 1 日的价格,在采用市场比较法的估价中,所选取的某一可比实例成交于 2013 年 4 月 30 日,价格为人民币 15 000 元/m^2。经市场调查分析,该类房地产以人民币为基准的价格 2013 年间平均每月上涨 15%,2014 年间平均每月下跌 0.5%。试对该可比实例进行交易日期修正。

【解】 $15\,000\times(1+1.5\%\times8)\times(1-0.5\%\times2)=16\,632(\text{元}/\text{m}^2)$

市场状况调整的价格指数或变动率,应选用房地产价格指数或变动率。因为房地产价格指数或变动率能全面反映引起房地产价格变化的因素。房地产价格指数或变动率可细分为:①全国房地产价格指数或变动率;②某地区房地产价格指数或变动率;③全国某类房地产价格指数或变动率;④某地区某类房地产价格指数或变动率。由于不同地区、不同用途或不同类型的房地产,其价格变动的方向和程度并不相同(如处在衰落旧城区的房地产和处在新兴开发地段上的房地产,其价格变动的方向和程度就是不相同的),所以,针对具体的可比实例,对其价格进行交易日期调整,不是任何类型的房地产价格指数或变动率都可采用,而最适用的是可比实例所在地区的同类房地产的价格指数或变动率。

3.5.1.3 房地产状况修正

1. 房地产状况修正的含义

进行房地产状况修正是把可比实例房地产在其自身状况下的价格,修正为在估价对象房地产状况下的价格。可比实例房地产状况应是其成交价格所对应或反映的房地产状况而不是它在估价时点或其他时候的状况。

(1)区位状况修正的内容　区位状况是对房地产价格有影响的房地产区位因素的状况。进行区位状况修正是将可比实例房地产在其区位状况下的价格,修正为在估价对象房地产区位状况下的价格。

区位状况修正的内容主要包括位置(坐落)、交通、环境、配套设施等。配套设施是指属于可比实例、估价对象实物以内的部分,包括基础设施和公共服务设施。对于住宅来说,公共服务设施主要是指教育、医疗卫生、文化体育、商业服务、金融、邮电等公共建筑的完备程度。对于某一层商业用房而言,楼层还是其重要的区位因素。例如,商业用房的地下一层、地上一层、二层、三层等之间的价格或租金水平差异很大。一般来说,地上一层的价格或租金最高,其他层的价格或租金较低,一般不到地上一层价格或租金的 60%。对于某一套住房而言,楼层、朝向都是其重要的区位因素。住房的楼层影响到采光、视野(或景观)、空气以及顶层是否独享屋面使用权、地上一层是否可独享室外一定面积空地的使用权等。住房的朝向主要影响到采光。中国处在北半球,南向是阳光最充足的方位,一般认为“南方为上,东方次之,西又次之,北不良”,因此,住房最好是坐北朝南。在实际估价中,

对住房的朝向应尽量细化,如分为南北向、南向、东南向、西南向、东西向、东向、西向、东北向、西北向、北向。

(2)权益状况修正的内容　权益状况是对房地产价格有影响的房地产权益因素的状况。进行权益状况修正,是将可比实例房地产在其权益状况下的价格,修正为在估价对象房地产权益状况下的价格。由于在选取可比实例时要求可比实例的权利性质应与估价对象的权利性质相同,所以,在可比实例的权利性质与估价对象的权利性质相同的前提下,权益状况比较、修正的内容主要包括:土地使用年限,城市规划限制条件(如容积率)等影响房地产价格的因素。在实际估价中,遇到最多的是土地使用年限修正,其修正的具体方法参见本书第六章“收益法”的有关内容。

(3)实物状况修正的内容　实物状况是对房地产价格有影响的房地产实物因素的状况。进行实物状况修正,是将可比实例房地产在其实物状况下的价格,修正为在估价对象房地产实物状况下的价格。实物状况比较、修正的内容很多,对于土地来说,主要包括面积大小、形状、地势、地质条件、基础设施完备程度(属于可比实例、估价对象之内的部分)和土地平整程度等影响房地产价格的因素;对于建筑物来说,主要包括建筑规模、建筑结构、设备、装饰装修、究竟布局、工程质量、完损程度等影响房地产价格的因素。

2. 房地产状况调整的思路和方法

(1)房地产状况调整的思路　如果可比实例房地产状况对于估价对象房地产状况,则应对可比实例价格做减价调整;反之,则应做增价调整。具体思路是:

①确定对估价对象这类房地产的价格有影响的房地产状况方面的各种因素,包括区位方面的、权益方面的和实物方面的因素。

②判定估价对象房地产和可比实例房地产在这些因素方面的状况。

③将可比实例房地产与估价对象房地产在这些因素方面的状况逐一进行比较,找出它们之间差异所造成的价格差异程度。

④根据价格差异程度对可比实例价格进行调整。

(2)房地产状况调整的方法

①房地产状况调整的方法主要有百分率法和差额法。

a. 采用百分率法进行房地产状况调整的一般公式为:

可比实例在其房地产状况下的价格×房地产状况调整系数=可比实例在估价对象房地产状况下的价格。

b. 采用差额法进行房地产状况调整的一般公式为:

可比实例在其房地产状况下的价格±房地产状况调整数额=可比实例在估价对象房地产状况下的价格。

在百分率法中,房地产状况调整系数应以估价对象房地产状况为基准来确定。假设可比实例在其房地产状况下的价格比在估价对象房地产状况下的价格高低的百分率为$\pm R$(当可比实例在其房地产状况下的价格比在估价对象房地产状况下的价格高时,为$+R$;低时,为$-R$),即

可比实例在其房地产状况下的价格$\times 1/(1\pm R)$=可比实例在估价对象房地产状况下的价格,

或者 可比实例在其房地产状况下的价格×100/(100±R×100)=可比实例在估价对象房地产状况下的价格

式中:1/(1±R)或100/(100±R×100)是房地产状况调整系数。

②具体进行房地产状况调整的方法,有直接比较调整和间接比较调整2种。

a. 直接比较调整。第一,确定若干个因素对房地产价格有影响的房地产状况方面的因素,如分为10个因素。第二,根据每个因素对房地产价格的影响程度确定其权重。第三,以估价对象的房地产状况为基准(通常将其在每个因素方面的分数定为100分),将可比实例的房地产状况与估价对象的房地产状况逐个因素进行比较、评分。如果在某个因素方面可比实例的房地产状况比估价对象的房地产状况差,则所得的分数就低于100,反之就高于100。第四,将累计所得的分数转化为调整价格的比率。第五,利用该比率对可比实例价格进行调整。采用直接比较进行房地产状况调整的表达式为:

可比实例在其房地产状况下的价格×100/( )=可比实例在估价对象房地产状况下的价格。

上式中,括号内应填写的数字,为可比实例房地产状况相对于估价对象房地产状况的得分。

b. 间接比较修正。与直接比较修正相似,所不同的是不以估价对象的房地产状况为基准,而是另设想一个标准房地产状况,以此标准房地产状况为基准(通常将其在每个因素方面的分数定为100分),将估价对象及可比实例的房地产状况均与它逐个因素进行比较、评分,如果估价对象、可比实例的房地产状况比标准房地产状况差,则所得的分数就低于100分;反之就高于100分。将累计所得的分数转化为调整价格的比率,利用该比率对可比实例价格进行调整。采用间接比较进行房地产状况调整的表达公式为:

可比实例在其房地产状况下的价格×100/(标准化修正)×(房地产状况调整)/100=可比实例在估价对象房地产状况下的价格

上式中,位于分母的括号内应填写的数字为可比实例房地产状况相对于标准房地产状况的得分,位于分子的括号内应填写的数字为估价对象房地产状况相对于标准房地产状况的得分。

3.5.2 土地评估价格修正系数

1. 交易情况修正

在土地评估中,选取的可比实例的成交价格是实际发生的,它可能是正常的,也可能是不正常的。由于要求评估的估价对象土地的价值是客观合理的,所以,如果可比实例的成交价格是不正常的,则应将它修正为正常的。具体修正方法同房地产评估中交易情况的修正。

2. 估价日期修正

土地估价时,选取的交易实例的交易日期与待估土地的评估基准日往往有一段时间差,在这一期间,土地市场可能发生变动,土地价格可能升高或降低,因此,需要根据地价指数的变动，将交易实例土地价格修正为评估基准日的土地价格。具体修正计算同前面的房地产市场状况调整。

3. 区域因素比较与修正

在土地评估中，需考虑进行修正的区域因素有商业繁华程度、交通便捷度、环境优劣度、公共设施完备度等。区域因素是影响不动产价格的重要因素。进行区域因素修正是市场比较法的难点和关键之一。

交易实例土地与待估土地如果不是处于同一地区，应将交易实例土地所处地区与待估土地所处地区的区域因素加以比较，找出由于区域因素的差别而产生的交易实例。如果交易实例土地与待估土地处在同一地区，则不必进行此项修正。区域因素影响程度的确定在实务上比较困难，往往依赖于评估师的经验与判断。在具体操作上，一般都把区域因素列成规范化表格，在具体评估一宗地时直接应用即可。修正比率的确定可以采用直接或间接的打分法。如果待估对象所处的区域环境优于可比实例所处区域环境的标准，则必须对可比实例的价格进行往高方向的修正；反之，则必须进行往低方向的修正。具体修正公式为：

待估对象所处区域下的价格＝可比实例价格×区域因素修正系数。

①用直接比较法的修正公式为：

$$待估对象所处区域下的价格=可比实例价格\times\frac{100}{(\quad)}$$

②用间接比较法的修正公式为：

待估对象所处区域下的价格＝可比实例价格×标准化系数×区域因素修正系数

$$待估对象所处区域下的价格=可比实例价格\times\frac{100}{(\quad)}\times\frac{(\quad)}{100}$$

在直接比较法的修正公式中，如果可比实例的区域因素优于待估对象的区域因素，则修正指数大于100，如果可比实例的区域因素劣于待估对象的区域因素，则修正指数小于100。

4. 个别因素比较与修正

土地评估中的个别因素主要包括面积大小和形状、设施状况、平整程度、地势、地质、水文等。因素修正是否适当，对土地价格评估也有很大影响。将交易实例土地与待估土地的个别因素加以比较，找出由于个别因素的差别而引起的交易实例土地与待估土地价格的差异，对交易实例土地价格进行修正。

个别因素修正与区域因素一样，主要依赖于评估师的经验与判断，修正比率可以采用直接或间接的打分法。如果待估对象土地所处的个别条件优于可比实例土地的个别条件，则必须对可比实例进行往高方向的修正；反之，则必须进行往低方向的修正。具体修正的公式为：

经个别因素修正后的可比实例价格＝可比实例价格×个别因素修正系数

①用直接比较法的修正公式为：

$$经个别因素修正后的可比实例价格=可比实例价格\times\frac{100}{(\quad)}$$

②用间接比较法的修正公式为：

经个别因素修正后的可比实例价格=可比实例价格×标准化系数×个别因素修正系数

$$\text{经个别因素修正后的可比实例价格}=\text{可比实例价格}\times\frac{100}{(\quad)}\times\frac{(\quad)}{100}$$

在直接比较法的修正公式中，如果可比实例土地的个别因素优于待估对象土地的个别因素，则修正指数大于100，如果可比实例的个别因素劣于待估对象的个别因素，则修正指数小于100。

5. 土地使用权年期修正

土地使用权年期是指土地交易中契约约定的土地使用权年限。土地使用权年期的长短，直接影响可利用土地并获相应土地收益的年限。如果土地的年收益确定以后，土地的使用期限越长，土地的总收益越多，土地利用效益也越高，土地的价格也会因此提高。因此，通过土地使用权年期修正，可以消除由于使用期限不同所造成的价格上的差别。土地年期修正系数按下式计算：

$$K=[1-1/(1+r)^m]/[1-1/(1+r)^n]$$

式中：K—将比较案例年期修正到待估宗地使用年期的年期修正系数；

r—土地还原利率；

m—待估宗地的使用权年期；

n—比较案例的使用权年期。

因此，年期修正后地价=比较案例价格×K。

【例3-9】 若选择的比较案例成交地价每平方米为500元，对应使用权年期为30年，而待估宗地出让年期为20年，土地还原率为8%，则年期修正如下：

【解】 年期修正后的地价$=500\times[1-1/(1+8\%)^{20}]/[1-1/(1+8\%)^{30}]$

$=436.06$(元/m²)

6. 容积率修正

容积率是指建筑物的总建筑面积与整个宗地面积之比。容积率的大小直接影响土地利用程度的高低。一般来说，容积率越高，土地利用效益就越高，从而地价也就相应地提高。所以在评估地价时要进行容积率的修正，通过容积率修正，消除由于容积率的不同而造成的地价水平的差异。容积率修正可采用下式计算：

容积率修正后的交易案例价格=比较宗地价格×待估宗地容积率修正/比较案例容积率修正。

3.5.3 进行各项因素修正的有关规定

在进行交易情况、市场状况、区位状况、实物状况、权益状况以及土地评估中的区域因素、个别因素修正时，应符合下列规定。

①分别对可比实例成交价格的修正或调整幅度不宜超过20%，共同对可比实例成交价格的修正和调整幅度不宜超过30%。

②经修正和调整后的各个可比实例价格中，最高价与最低价的比值不宜大于1.2。

③经修正和调整后的各个可比实例价格中，最高价与最低价的比值不宜大于1.2。

④当因估价对象或市场状况特殊，无更合适的可比实例替换时，应在估价报告中说明并陈述理由。

3.5.4 求取比准价格

每个可比实例的成交价格经过上述各项修正、调整之后，都会相应地得到一个比准价格。例如，有5个可比实例，经过各项修正、调整之后，就会得到5个比准价格。但这些比准价格可能是不完全相同的，因此需要将它们综合成一个比准价格，以此作为市场法的测算结果。同常选用简单算术平均、加权算术平均等方法计算比准价格。

1. 简单算术平均数

简单算术平均数是将修正、调整出的各个价格直接相加，再除以这些价格的个数，所得的数即为综合出的一个价格。设 $V_1, V_2, V_3, \cdots, V_n$ 为修正、调整出的 n 个价格，则其简单算术平均数的计算公式如下：

$$V = \frac{V_1 + V_2 + V_3 + \cdots + V_n}{n} = \frac{1}{n}\sum_{i=1}^{n} V_i$$

【例3-10】 通过3个可比实例修正、调整出的3个价格分别为5 200元/m²、5 600元/m²和5 300元/m²。试采用“简单算术平均数”综合出一个价格。

【解】 采用“简单算术平均数”综合出的价格为：

(5 200＋5 600＋5 300)/3＝5 367(元/m²)

2. 加权算术平均数

加权算术平均数是在把修正、调整出的各个价格综合成一个价格时，考虑到每个价格的重要程度不同，先赋予每个价格不同的权数或权重，然后综合出一个价格。通常对于与估价对象不动产最类似的可比实例不动产所修正、调整出的价格，赋予最大的权数或权重，反之，赋予最小的权数或权重。设 $V_1, V_2, V_3, \cdots V_n$ 为修正、调整出的 n 个价格，$f_1, f_2, f_3, \cdots f_n$ 依次为 $V_1, V_2, V_3, \cdots V_n$ 的权数，则其加权算术平均数依下列公式求取：

$$V = \frac{V_1 f_1 + V_2 f_2 + V_3 f_3 + \cdots + V_n f_n}{f_1 + f_2 + f_3 + \cdots + f_n} = \frac{\sum_{i=1}^{n} V_i f_i}{\sum_{i=1}^{n} f_i}$$

【例3-11】 在例3-9中，如果赋予3个价格的权数分别为0.5、0.3、0.2，试采用“加权算术平均数”综合出一个价格。

【解】 采用“加权算术平均数”综合出的价格为：

5 200×0.5＋5 600×0.3＋5 300×0.2＝5 340(元/m²)

3.6 应用实例

上述比较法的内容进行归纳总结可知，比较法是根据在估价对象同一供求范围内且成交日期与估价时点接近的类似房地产的成交价格来求取估价对象的价值。因此，首先，要从现实的房地产市场中搜集大量交易实例，并针对具体的估价对象、估价时点和估价目的，从中选取一定数量、符合一定条件的可比实例。然后，对这些可比实例的成交价格依次进行算、修正和调整——“换算”即建立价格可比基础，它是将可比实例的成交价格处理为口径一致、相互可比；“修正”即交易情况修正，它是将可比实例实际而可能是不正常的成交价格修正为正常的市场价格；“调整”包括交易日期调整和房地产状况调整，其中，交易日期调整是将可比实例在其成交日期时的价格调整为在估价时点时的价格，房地产状况调整是将可比实例在其房地产状况下的价格调整为在估价对象房地产状况下的价格。最后，将这些经过换算、修正、调整后的若干个可比实例价格，采用平均数、中位数或众数等方法综合出一个价格，便得到了估价对象的价值。

【例 3-12】 为评估某写字楼 2015 年 10 月 1 日的正常市场价格，在该写字楼附近地区调查选取了 A、B、C 3 宗类似写字楼的交易实例作为可比实例，有关资料见表 3-2。

表 3-2 可比实例情况

项目	可比实例 A	可比实例 B	可比实例 C
成交价格	5 000(元人民币/m²)	650(美元/m²)	5 500(元人民币/m²)
成交日期	2015 年 1 月 1 日	2015 年 3 月 1 日	2015 年 7 月 1 日
交易情况/%	+2	+5	−3
房地产状况/%	−8	−4	+6

在表 3-2 的交易情况中，正(负)值表示可比实例的成交价格高(低)于其正常价格的幅度；房地产状况中，正(值)表示可比实例的房地产状况优(劣)于估价对象的房地产状况导致的价格差异幅度。另假设人民币与美元的市场汇率 2015 年 3 月 1 日为 1：8.4，2015 年 10 月 1 日为 1：8.3；该类写字楼以人民币为基准的市场价格 2015 年 1 月 1 日至 2015 年 2 月 1 日基本保持不变，2015 年 2 月 1 日至 2015 年 5 月 1 日平均每月比上月下降 1%，以后平均每月比上月上升 0.5%。试利用上述资料测算该写字楼 2015 年 10 月 1 日的正常市场价格，具体步骤如下：

1. 计算公式

比准价格＝可比实例成交价格×交易情况修正系数×交易日期调整系数×房地产状况调整系数

2. 求取比准价格 V_A

$$V_A=5\,000\times\frac{100}{100+2}\times(1-1\%)^3\times(1+0.5\%)^5\times\frac{100}{100-8}=5\,300.51(\text{元}/\text{m}^2)$$

3. 求取比准价格 V_B

$$V_B=650\times8.4\times\frac{100}{100+5}(1-1\%)^2\times(1+0.5)^5\times\frac{100}{100-4}=5\,442.93(\text{元}/\text{m}^2)$$

4. 求取比准价格 V_C

$$V_C=5\,500\times\frac{100}{100-3}\times(1+0.5)^5\times\frac{100}{100+6}=5\,429.79(\text{元}/\text{m}^2)$$

5. 将上述 3 个比准价格的简单算术平均数作为市场法的测算结果，则

估价对象价格(单价)＝(5 300.51＋5 442.93＋5 429.79)/3＝5 391(元/m²)

【例 3-13】 某市有一待估宗地 G 需要评估其 2016 年 9 月 15 日的市场价格。现收集到与待估宗地条件类似的 6 块宗地和该市的地价指数,具体情况见表 3-3 和表 3-4。

表 3-3 各个宗地的具体情况

宗地	成交价/(元/m^2)	交易时间	交易情况/%	区域因素/%	个别因素/%	容积率	土地剩余使用年期
A	6 800	2015 年 8 月 10 日	+1	0	+1	1.3	37
B	6 100	2014 年 10 月 5 日	0	0	−1	1.1	37.5
C	7 000	2015 年 12 月 15 日	+5	−2	−2	1.4	38
D	6 800	2015 年 10 月 15 日	0	+5	+2%	1.0	39
E	7 500	2016 年 2 月 15 日	−1	0	+2	1.6	39
F	7 000	2016 年 5 月 15 日	0	+1	0	1.3	39.5
G		2016 年 9 月 15 日	0	0	0	1.1	40

表 3-4 地价指数表

时间	2015 年 8 月 10 日	2014 年 10 月 5 日	2015 年 12 月 15 日	2015 年 10 月 15 日	2016 年 2 月 15 日	2016 年 5 月 15 日	2016 年 9 月 15 日
指数	100	103	107	110	108	107	112

另据调查,该市此类用地容积率与地价的关系比为:当容积率在 1～1.5 时,容积率每增加 0.1,单位地价比容积率为 1.0 时的地价增加 5%;超过 1.5 时,超出部分的容积率每增加 0.1,单位地价比容积率为 1.0 时的地价增加 3%。对交易情况、区域因素、个别因素的修正,都是案例宗地与被估宗地比较,表 3-3 中,"负号"表示案例宗地条件比待估宗地差,"正号"表示案例宗地条件优于待估宗地,数值大小代表对宗地地价的修正幅度,还原利率为 8%。请指出哪些可比实例可以使用?并计算待估宗地价格。

【解】 因为可比实例 A、B 与评估基准日相距 1 年以上,不适宜作为可比实例,因此,将它们剔除。根据上面的已知条件,得出容积率地价指数表,具体如表 3-5 所示。

表 3-5 容积率地价指数表

容积率	1.0	1.1	1.2	1.3	1.4	1.5	1.6
地价指数	100	105	110	115	120	125	128

$$\text{可比实例 C} = 7\,000 \times \frac{100}{105} \times \frac{112}{107} \times \frac{100}{98} \times \frac{100}{98} \times \frac{105}{120} \times \frac{1-\frac{1}{(1+8\%)^{40}}}{1-\frac{1}{(1+8\%)^{38}}}$$

$$= 6\,421(\text{元}/m^2)$$

$$\text{可比实例 D} = 6\,800 \times \frac{100}{100} \times \frac{112}{110} \times \frac{100}{105} \times \frac{100}{102} \times \frac{105}{100} \times \frac{1-\frac{1}{(1+8\%)^{40}}}{1-\frac{1}{(1+8\%)^{39}}}$$

$$= 6\,828(\text{元}/m^2)$$

$$可比实例E = 7\,500 \times \frac{100}{99} \times \frac{112}{108} \times \frac{100}{100} \times \frac{100}{98} \times \frac{105}{128} \times \frac{1-\frac{1}{(1+8\%)^{40}}}{1-\frac{1}{(1+8\%)^{39}}}$$

$$=6\,616(元/m^2)$$

$$可比实例F = 7\,000 \times \frac{100}{100} \times \frac{112}{107} \times \frac{100}{101} \times \frac{100}{100} \times \frac{105}{115} \times \frac{1-\frac{1}{(1+8\%)^{40}}}{1-\frac{1}{(1+8\%)^{39.5}}}$$

$$=6\,650(元/m^2)$$

评估结果:4个计算结果比较接近,取其算术平均值作为评估结果。所以,待估宗地价格为:(6 421+6 828+6 616+6 650)÷4=6 629(元/m^2)

复习思考题

1. 简答题

(1)何为比较法?其理论依据是什么?

(2)比较法的适用对象和条件是什么?

(3)搜集交易案例的途径有哪些?

(4)选取比较案例应符合哪些条件?

(5)如何建立价格可比基础?

(6)造成实际成交价格与正常成交价格存在差异的原因有哪些?

2. 单项选择题

(1)为评估某宗房地产2012年10月13日的价格,选取了可比实例甲,其成交价格为6 000元/m^2,成交日期为2011年11月13日。经调查获知2011年6月至2012年10月该类房地产的价格平均每月比上月上涨1%。对可比实例甲进行交易日期修正后的价格为(　　)元/m^2。

A. 3 214　　B. 3 347　　C. 3 367　　D. 3 458

(2)判定某可比实例的成交价格比正常价格低6%,则交易情况修正系数为(　　)。

A. 0.060　　B. 0.094 0　　C. 1.060　　D. 1.064

(3)某可比实例的成交价格为2 400元/m^2,建筑面积100 m^2,首期付款12万元,其余半年后支付8万元,1年后支付4万元。已知年利率为10%,则该可比实例的实际价格为(　　)元/m^2。

A. 2 290.91　　B. 2 326.41　　C. 2 344.16　　D. 2 308.66

(4)某套住宅的套内建筑面积价格为2 600元/m^2,已知使用面积58 m^2,套内建筑面积为67 m^2,应分摊的共有建筑面积为6 m^2。该套住宅的建筑面积价格为(　　)元/m^2。

A. 2 600.00　　B. 2 386.30　　C. 2 832.84　　D. 3 003.45

(5)在进行房地产状况修正时,应注意可比实例的房地产状况是(　　)的房地产状况。

A. 估价时点　　B. 搜集该可比实例时

C. 进行房地产状况修正时　　D. 成交价格所反映

(6)某房地产价格分2期支付,首期付款50万元,余款80万元在第8个月一次付清,当时月利率1%。该房地产的实际价格为(　　)万元。

A. 81　　B. 124　　C. 130　　D. 134

(7)某宗房地产交易中,买方支付给卖方29万元,买卖中涉及的税费均由卖方负担。据悉,该地区房地产买卖中应由卖方和买方缴纳的税费分别为正常成交价格的5%和3%,则该宗房地产交易的正常成交价格为(　　)万元。

A. 28.13　　B. 28.2　　C. 29.0　　D. 29.9

(8)某宗房地产1998年2月15日的价格为1 000美元/m^2,汇率1美元=8.26元人民币。该类房地产以美元为基准的价格月递减0.4%。则其1998年10月15日的价格为(　　)元人民币/m^2。1998年10月15日的汇率假定为1美元=8.29元人民币。

A. 7 999　　B. 7 967　　C. 7 996　　D. 8 028

3. 计算题

(1)为评估某住宅楼的价格,估价人员在该住宅楼附近地区调查选取了A、B、C、D、E共5类似住宅的交易实例,其有关资料,如表3-6所示。

表3-6　5类交易实例

项目		实例A	实例B	实例C	实例D	实例E
成交价格/(元/m^2)		5 100	5 800	5 200	5 300	5 000
交易时间		2016年11月30日	2017年6月30日	2017年1月31日	2015年7月31日	2017年5月31日
交易情况/%		+2	+21	0	0	−3
房地产状况/%	区位状况	0	−3	+3	+1	0
	权益状况	−2	0	+2	−1	−1
	交易实物	−4	−5	−2	+2	+1

表3-6中,交易情况,房地产状况中的各正、负值都是按直接比较所得结果。其中,房地产状况中的三方面因素产生的作用程度相同。另据调查得知:从2015年7月1日至2016年1月1日该类住宅楼市场价格每月递增1.5%,其后至2012年11月1日则每月递减0.5%,而从2016年11月1日至2017年4月30日的市场价格基本不变,以后每月递增1%、试利用上述资料根据估价相关要求选取最合适的3个交易实例作为可比实例,并估算该住宅楼2017年8月31日的正常单价(如需计算平均值,请采用简单算术平均)。

(2)某套住宅不动产交易价格是300万元,首付90万元,向银行按揭150万元,贷款年利率为6%,期限为10年,剩下的60万元开发商同意采用分期付款,1年后支付,若资金折现率为8%,则成交日期一次性付清的价格是多少?

Chapter 4

第4章 收益法

本章学习内容及要求：通过学习，熟悉收益法的含义、适用对象及条件，掌握收益法的计算公式及其应用，掌握净收益的测算方法，熟悉资本化率及收益率的确定方法，熟悉投资组合与剩余技术的有关计算，了解几种收益乘数法的概念。

4.1 收益法概述

4.1.1 收益法的含义

1. 收益法的定义

收益法又称收益资本化法、收益还原法，是预测估价对象的未来收益，然后利用报酬率或资本化率、收益乘数将其转换为价值来求取估价对象价值的方法。

2. 收益法的本质

收益法的本质是以不动产的预期收益能力为导向求取估价对象的价值。

3. 收益法的分类

(1)按资本化方式对收益法的分类　根据将未来预期收益转换为价值的方式不同，即资本化方式不同，收益法分为直接资本化法和报酬资本化法。

直接资本化法是将估价对象未来某一年的某种预期收益除以适当的资本化率或者乘以适当的收益乘数来求取估价对象价值的方法。收益乘数法是将未来某一年的某种预期收益乘以适当的收益乘数来求取估价对象价值的方法，是直接资本化法的一种。

报酬资本化法是预测估价对象未来各期的净收益(净现金流量)，选用适当的报酬率(折现率)将其折算到估价时点后相加来求取估价对象价值的方法。报酬资本化法，即现金流量折现法，是不动产的价值等于其未来各期净收益的现值之和。

(2)按收益时间对报酬资本化法的分类　对报酬资本化法在评估时考虑收益期限的长短，区分为全剩余寿命模式和持有加转售模式。

对收益期限不是很长，且各年净收益很好预测的不动产，可以采用全剩余寿命模式，而对于收益期限较长、难以预测该期限内各年净收益时，宜选用持有加转售模式。

4.1.2　收益法的理论依据

收益法是以预期原理为基础的。预期原理说明决定不动产当前价值的，重要的不是过去的因素而是未来的因素。具体地说，不动产当前的价值，通常不是基于其历史价格、开发成本或者过去的市场状况，而是基于市场参与者对其未来所能带来的收益或满足程度等的预期。

1. 收益法的基本思想

由于不动产的寿命长久，占用收益性不动产不仅现在能够获得收益，而且可以期望在未来持续获得收益。

购买收益性不动产可以视为一种投资：投资者购买收益性不动产的目的是为了获得不动产未来所能产生的收益，是以现在的一笔资金去换取未来的一系列资金。

对投资者来说，将资金用于购买不动产获取收益，与将资金存入银行获取利息所起的作用是相同的。一宗不动产的价格就相当于这样一笔资金，如果将该笔资金存入银行，也会带来与该宗不动产所产生的收益相等的收入。即

$$\text{某笔资金} \times \text{利率} = \text{不动产的净收益}$$

这笔资金就是该宗不动产的价格。则有

$$\text{不动产价格} = \text{净收益} / \text{利息率}$$

例如，假设某人有一处不动产，每年可产生 40 万元的净收益，同时此人有 400 万元货币，以 10%的年利息率存入银行，每年可得到与这宗不动产等额的收益(即每年获得 40 万元的利息)，则对该人来说，理论上这宗不动产与 400 万元的货币等价，即值 400 万元。

2. 普遍适用的收益法原理

将估价时点视为现在，那么在现在购买一宗有一定期限收益的不动产，预示着在其未来的收益期限内可以源源不断地获取净收益，如果现在有一笔资金可与这未来一定期限内的净收益的现值之和等值，则这笔资金就是该宗不动产的价格。

3. 收益性房地产价值的影响因素

收益性不动产的价值就是其未来净收益的现值之和，该价值的高低主要取决于：①未来净收益的大小——未来净收益越大，不动产价值就越高，反之就越低；②获得净收益期限的长短——获得净收益期限越长，不动产价值就越高，反之就越低；③获得净收益的可靠性——获得净收益越可靠，不动产价值就越高，反之就越低。

4.1.3　收益法的适用的对象、条件和操作步骤

1. 收益法适用对象

收益法适用的对象是有收益或有潜在收益的不动产。如住宅(特别是公寓)、写字楼，

旅馆、商店、餐馆、游乐场、影剧院、停车场、加油站、标准厂房(用于出租的)、仓库(用于出租的)、农地等。它不限于估价对象本身现在是否有收益,只要估价对象所属的这类不动产有获取收益的能力即可。收益法不适用无收益的项目,如行政办公楼、学校、公园等公用、公益性房地产的估价。

2. 收益法估价具备的条件

收益法评估出的价值取决于人们对未来的预期,那么错误和非理性的预期就会得出错误的评估价值。因此,收益法适用的条件是不动产未来的收益和风险都能够较准确地量化。

3. 收益法的操作步骤

①搜集并验证与估价对象未来预期收益有关的数据资料。

②预测估价对象的未来收益(如净收益)。

③求取报酬率或资本化率、收益乘数。

④选用适宜的收益法公式计算收益价格。

4.2 收益法公式

4.2.1 报酬资本化法

1. 最一般化公式

(1)报酬资本化法最一般化的公式

$$V=\frac{A_1}{(1+R_1)}+\frac{A_2}{(1+R_1)(1+R_2)}+\frac{A_3}{(1+R_1)(1+R_2)(1+R_3)}+\cdots$$

$$+\frac{A_n}{(1+R_1)(1+R_2)(1+R_3)\cdots(1+R_n)}$$

$$=\sum_{i=1}^{n}\frac{A_i}{\prod_{j=1}^{i}(1+R_j)}$$

式中:$A_1,A_2,A_3,\cdots,A_n$—分别为不动产相对于估价时点而言的未来第1期,第2期,第3期,…,第n期的净收益;

$R_1,R_2,R_3,\cdots,R_n$—分别为不动产相对于估价时点而言的未来第1期,第2期,第3期,…,第n期的收益率;

V—不动产在估价时点的收益价格;

n—不动产的收益期限,是自估价时点起至未来可获收益的时间,通常为收益年限。

(2)对上述公式做补充说明如下

①实际上,上述公式是收益法基本原理的公式化,是收益法的原理公式,主要运用于理论分析。

②在实际估价中，一般假设报酬率长期维持不变，即 $R_1=R_2=R_3=\cdots=R_n$，则上述公式可简化为：

$$V=\frac{A_1}{1+R}+\frac{A_2}{(1+R)^2}+\frac{A_3}{(1+R)^3}+\cdots+\frac{A_n}{(1+R)^n}$$
$$=\sum_{i=1}^{n}\frac{A_i}{(1+R)^i}$$

③当上述公式中的 A_i，每年不变或按一定规则变动及 n 为有限年或无限年的情况下，可以导出后面的各种公式。所以，后面各种公式实际上是上述公式的特例。

④报酬资本化法公式均是假设净收益相对于估价时点发生在期末。实际估价中如果净收益发生的时间相对于估价时点不是在期末，例如在期初或期中，则应对净收益或者对公式做相应调整。例如，净收益发生在年初为 $A_{初}$，则将其转换为发生在年末的公式为：

$$A_{末}=A_{初}(1+R)$$

⑤公式中 A,R,n 的时间单位是一致的，通常为年，也可以是月、季等。例如，房租通常按月收取，基于月房租求取的是月净收益。实际中，如果 A,R,n 的时间单位不一致，例如 A 的时间单位为月而 R 的时间单位为年，则应对净收益或者对报酬率或者对公式做相应调整。

2. 净收益每年无变化公式

当每年的净收益保持不变的时候，按收益年限的区别，可以分为收益年限为无限年和有限年 2 种情况。不管是哪种情况，固定净收益、收益率和收益年限分别用 A,R,n 表示，其中，正常情况下，R 为大于“0”。

(1)收益年限为无限年情况的公式

当收益年限为无限年时，根据收益法最一般的公式我们可以导出：

$$V=\frac{A_1}{1+R}+\frac{A_2}{(1+R)^2}+\frac{A_3}{(1+R)^3}+\cdots+\frac{A_{n-1}}{(1+R)^{n-1}}+\frac{A_n}{(1+R)^n}$$

对上述公式进行求和，我们可以推导出收益年限为无限年时的公式：

$$V=\frac{A}{R}$$

此公式的假设前提是：①净收益每年不变为 A；②报酬率大于“0”为 R；③收益期限 n 为无限年。

【例 4-1】 某宗不动产预期未来每年可获得净收益 10 万元，收益年限假设为无限年，该类房地产的收益率为 10%，试计算该宗不动产的收益价格。

【解】 该宗不动产的收益年限为无限年，未来每年获得的净收益为 10 万元，净收益无变化，该宗不动产的收益价格计算如下：

$$V=\frac{A}{R}=\frac{10}{10\%}=100(\text{万元})$$

(2)收益年限为有限年情况的公式

当收益年限为有限年时，同样通过收益法最一般的公式推导出：

$$V=\frac{A_1}{1+R}+\frac{A_2}{(1+R)^2}+\frac{A_3}{(1+R)^3}+\cdots+\frac{A_{n-1}}{(1+R)^{n-1}}+\frac{A_n}{(1+R)^n}$$

对上述公式求和，推导出收益年限为有限年时的公式为：

$$V=\frac{A}{R}\left[1-\frac{1}{(1+R)^n}\right]$$

此公式的假设前提是：①净收益每年不变为 A；②报酬率大于"0"为 R；③收益期限 n 为有限年。

比较收益年限为无限年和有限年的 2 个公式可以发现，收益年限为无限年的公式其实就是对收益年限为有限年公式当 n 为无穷大时求极限。

【例 4-2】 某宗商业不动产，其土地是以政府有偿出让的方式获取的，使用年限为 40 年，目前已使用 8 年，预计正常市场条件下，该不动产以后每年可以获得净收益 10 万元，同类不动产的收益率为 10%。试计算该宗不动产的收益价格。

【解】 该宗不动产的收益年限为有限年即 40－8＝32 年，未来每年获得的净收益为 10 万元，净收益无变化。该宗不动产的收益价格计算如下：

$$V=\frac{A}{R}\left[1-\frac{1}{(1+R)^n}\right]=\frac{10}{10\%}\left[1-\frac{1}{(1+10\%)^{32}}\right]=95.26(\text{万元})$$

【例 4-3】 有甲、乙 2 宗房地产，甲房地产的收益年限为 50 年，单价 2 000 元/m²，乙房地产的收益期限为 30 年，单价 1 800 元/m²。假设报酬率均为 6%，试比较该两宗房地产价格的高低。

【解】 要比较该两宗房地产价格的高低，需要将它们先转换为相同年限下的价格。为了计算方便，将它们都转换为无限年下的价格：

$$\text{甲房地产 } V_\infty=\frac{V_{50}}{K_{50}}=2\,000\div\left[1-\frac{1}{(1+6\%)^{50}}\right]=2\,114.81(\text{元}/\text{m}^2)$$

$$\text{乙房地产 } V_\infty=\frac{V_{30}}{K_{30}}=1\,800\div\left[1-\frac{1}{(1+6\%)^{30}}\right]=2\,179.47(\text{元}/\text{m}^2)$$

通过上述处理之后知道，乙房地产的价格名义上低于甲房地产的价格，实际上却高于甲房地产的价格。

3. 净收益前若干年有变化

(1)收益期限为有限年的情况

$$V=\sum_{i=1}^{n}\frac{A_i}{(1+R)^i}+\frac{A}{R(1+R)^t}\left[1-\frac{1}{(1+R)^{n-t}}\right]$$

式中：$A_1, A_2, \cdots, A_t$—分别为不动产相对于估价时点而言的未来第 1 年，第 2 年，…，第 t 年净收益；

A—分别为不动产相对于估价时点而言的未来第 t 年后各年的净收益；

R—不动产相对于估价时点而言的收益率；

n—不动产的收益年限。

此公式的假设前提是：①净收益在未来的前 t 年有变化，在 t 年后无变化为 A；②报酬率不等于"0"为 R；③收益期限为有限年 n。

(2)收益期限为无限年的情况

$$V=\sum_{i=1}^{n}\frac{A_i}{(1+R)^i}+\frac{A}{R(1+R)^t}$$

式中：A_i—不动产相对于估价时点而言的未来 t 期内第 i 期的净收益。

此公式的假设前提是：①净收益在未来的前 t 年有变化，在 t 年后无变化为 A；②报酬率不等于 0 为 R；③收益期限为无限年。

一般来说，假设净收益每年不变来估价，有时未免太片面；而如果根据净收益每年都有变化的实际情况来估价，又不大可能(除非收益年限较短)。为了解决这个矛盾，一般是根据估价对象的经营状况和市场环境，对其在未来 3～5 年或可以预测的更长时期的净收益做出估计，并且假设从此以后的净收益将不变，然后对这两部分净收益进行折现处理，计算出不动产的价格。特别是像商店、旅馆、餐饮、娱乐之类的不动产，在建成后的前几年由于试营业等原因，收益可能不稳定，更适宜采用这种方式进行估价。

【例 4-4】 某宗商业不动产建成于 2004 年年底，收益年限为 40 年；2005 年底至 2008 年底可获取净收益分别为 80 万元，85 万元，91 万元，98 万元；预计从 2009 年年底至 2013 年底可获得净收益分别为 103 万元，108 万元，116 万元，125 万元，132 万元；从 2014 年年底起每年可获得的净收益将稳定在 130 万元；该类商业不动产的资本还原化率为 9%。试利用上述资料测算该宗不动产 2008 年年底的收益价格。

【解】 该题主要是注意过去收益与未来收益的问题，价格是站在估价时点来看未来净收益的现值之和。在弄清了这个问题的基础上，该宗不动产在 2008 年年底的收益价格测算如下：根据条件我们知道，在估价时点上，该宗商业不动产的净收益在未来 5 年有变化，此后稳定在 130 万元，收益年限为有限年。

$$V=\sum_{i=1}^{n}\frac{A_i}{(1+R)^i}+\frac{A}{R(1+R)^t}\left[1-\frac{1}{(1+R)^{n-t}}\right]$$

式中：$A_1=103$ 万元，$A_2=108$ 万元，$A_3=116$ 万元，$A_4=125$ 万元，$A_5=132$ 万元，$A=130$ 万元，$n=40-4=36$(年)，$t=5$ 年，$R=9\%$

$$V=\frac{103}{1+9\%}+\frac{108}{(1+9\%)^2}+\frac{116}{(1+9\%)^3}+\frac{125}{(1+9\%)^4}+\frac{132}{(1+9\%)^5}$$
$$+\frac{130}{9\%(1+9\%)^5}\left[1-\frac{1}{(1+9\%)^{40-4}}\right]=1\,323.2(\text{万元})$$

【例 4-5】 若例 4-4 中其他条件不变，改变收益年限为无限年，试测算该宗不动产 2008 年底的收益价格。

【解】 根据条件我们知道，在估价时点上，该宗商业不动产的净收益在未来 5 年有变化，此后稳定在 130 万元，收益年限为无限年。

$$V=\sum_{i=1}^{n}\frac{A_i}{(1+R)^i}+\frac{A}{R(1+R)^t}$$

式中：$A_1=103$ 万元，$A_2=108$ 万元，$A_3=116$ 万元，$A_4=125$ 万元；$A_5=132$ 万元，$A=130$ 万元，$t=5$ 年，$R=9\%$

$$V=\frac{103}{1+9\%}+\frac{108}{(1+9\%)^2}+\frac{116}{(1+9\%)^3}+\frac{125}{(1+9\%)^4}+\frac{132}{(1+9\%)^5}+$$
$$+\frac{130}{9\%(1+9\%)^5}=1\,388(\text{万元})$$

4. *净收益按等差数列方式递增*

净收益按等差数列方式递增的公式具体有 2 种情况：一是收益期限为有限年；一是收

益期限为无限年。

(1)收益期限为有限年

$$V=\frac{A}{1+R}+\frac{A+b}{(1+R)^2}+\frac{A+2b}{(1+R)^3}+\cdots+\frac{A+(n-2)b}{(1+R)^{n-1}}+\frac{A+(n-1)b}{(1+R)^n}$$

经推导得：

$$V=\left(\frac{A}{R}+\frac{b}{R^2}\right)\left[1-\frac{1}{(1+R)^n}\right]-\frac{b}{R}\times\frac{n}{(1+R)^n}$$

式中：b——净收益逐年递增的数额，如净收益未来第1年为A，则未来第2年为$(A+b)$，未来第3年为$(A+2b)$，依此类推，未来第n年为$[A(n-1)b]$。

此公式的假设前提是：①净收益未来第1年为A，此后每年按一定数额b逐年递增；②报酬率不等于0为R；③收益期限为有限年n。

(2)收益期限为无限年

$$V=\frac{A}{R}+\frac{b}{R^2}$$

此公式的假设前提是：①净收益未来第1年为A，此后每年按一定数额b逐年递增；②报酬率不等于0为R；③收益期限为无限年n。

【例4-6】 某宗不动产预期未来第1年的净收益为20万元，此后每年的净收益会在上一年的基础上增加4万元，收益年限为30年，该类不动产的收益率为9%。试测算该宗不动产的收益价格。

【解】 根据条件该不动产的净收益为按等差数列递增的情况，且收益年限为30年，计算如下：

$$\begin{aligned}V&=\left(\frac{A}{R}+\frac{b}{R^2}\right)\left[1-\frac{1}{(1+R)^n}\right]-\frac{b}{R}\times\frac{n}{(1+R)^n}\\&=\left(\frac{20}{9\%}+\frac{4}{(9\%)^2}\right)\left[1-\frac{1}{(1+9\%)^{30}}\right]-\frac{4}{9\%}\times\frac{30}{(1+9\%)^{30}}=562(\text{万元})\end{aligned}$$

【例4-7】 若例4-6中其他条件不变，改变收益年限为无限年，试测算该宗不动产的收益价格。

【解】 $V=\left(\frac{A}{R}+\frac{b}{R^2}\right)=\frac{20}{9\%}+\frac{4}{(9\%)^2}=716(\text{万元})$

5. *净收益按等差数列方式递减*

净收益按一定比例递减的公式只有收益期限为有限年一种，公式为：

$$V=\left(\frac{A}{R}-\frac{b}{R^2}\right)\left[1-\frac{1}{(1+R)^n}\right]+\frac{b}{R}\times\frac{n}{(1+R)^n}$$

此公式的假设前提是：①净收益未来第1年为A，此后每年按一定数额b逐年递减；②报酬率不等于0为R；③收益期限为有限年n。

需要注意的是，这种情况收益年限只能是有限年，且$n\leqslant\frac{A}{b}+1$，因为当$n\geqslant\frac{A}{b}+1$时，第n年的净收益小于或等于0。这可以通过令第n年的净收益小于或等于0推导出，即：$A-(n-1)b\leqslant 0$，得到：$n\geqslant\frac{A}{b}+1$。

此后各年的净收益均为负值，任何一个“经济人”在$\left(\frac{A}{b}+1\right)$年后都不会再经营下去。

【例 4-8】 某宗不动产预期未来第一年的净收益为 30 万元，此后每年的净收益会在上一年的基础上减少 3 万元，收益年限为 10 年，该类不动产的收益率为 9%。试测算该宗不动产的收益价格。

【解】 根据条件该不动产的净收益为按等差数列递减的情况，且收益年限为 10 年，计算如下：

$$V=\left(\frac{A}{R}-\frac{b}{R^2}\right)\left[1-\frac{1}{(1+R)^n}\right]+\frac{b}{R}\times\frac{n}{(1+R)^n}$$

$$=\left(\frac{30}{9\%}-\frac{3}{(9\%)^2}\right)\left[1-\frac{1}{(1+9\%)^{10}}\right]+\frac{3}{9\%}\times\frac{10}{(1+9\%)^{10}}=119.4(\text{万元})$$

6. *净收益按等比数列方式递增*

推导净收益按等比数列方式递增情况下的收益法公式前，先做如下的假设：净收益按一定比率 g 递增；收益率 R 不等于净收益逐年递增的比率 $g$$\left(\text{当 } R=g \text{ 时}, V=A\times\frac{1}{1+R}\right)$。

根据收益法的最一般公式，可以推导出此种情况下的公式原型：

$$V=\frac{A}{1+R}+\frac{A(1+g)}{(1+R)^2}+\frac{A(1+g)^2}{(1+R)^3}+\cdots+\frac{A(1+g)^{n-2}}{(1+R)^{n-1}}+\frac{A(1+g)^{n-1}}{(1+R)^n}$$

(1)收益期限为有限年

对上述公式求和化简：

$$V=\frac{A}{R-g}\left[1-\left(\frac{1+g}{1+R}\right)^n\right]$$

上式即为净收益按等比数列方式递增情况下，收益年限为有限年的收益法公式。

(2)收益期限为无限年

当收益年限为无限年时，收益法公式即对上式当 n 为无穷大时求极限，即

$$V=\frac{A}{R-g}$$

当收益年限 n 为无穷大时，上述公式原型从数学角度来看，R 应该大于 g，如果 g 大于，V 就会无穷大。但这种情况在实际估价中是不可能出现的，因为任何不动产的净收益都不可能以极快的速度无限递增下去，另外较快的速度递增通常意味着较大的风险，从而将要求提高风险溢价。

【例 4-9】 某宗不动产预期第 1 年的净收益为 18 万元，以后每年的净收益会在上一年的基础上增长 2%，该不动产的使用年限为 40 年，同类不动产的收益率 9%，试计算该宗不动产的收益价格。

【解】 该宗不动产的净收益变化是按等比数列方式递增的，使用年限为 40 年，计算如下：

$$V=\frac{A}{R-g}\left[1-\left(\frac{1+g}{1+R}\right)^n\right]=\frac{18}{9\%-2\%}\left[1-\left(\frac{1+2\%}{1+9\%}\right)^{40}\right]=239(\text{万元})$$

【例 4-10】 若例 4-8 中其他条件不变，该不动产的使用年限为无限年，试计算该宗不动产的收益价格。

【解】 该宗不动产的净收益变化是按等比数列方式递增的，使用年限为无限年，计算如下：

$$V=\frac{A}{R-g}=\frac{18}{9\%-2\%}=257(\text{万元})$$

7. 净收益按等比数列方式递减

推导净收益按等比数列方式递减情况下的收益法公式前，先做如下的假设：净收益按一定比率 g 递减；报酬率 R 大于 0。

根据收益法的最一般公式，可以推导出此种情况下的公式原型：

$$V=\frac{A}{1+R}+\frac{A(1-g)}{(1+R)^2}+\frac{A(1-g)^2}{(1+R)^3}+\cdots+\frac{A(1-g)^{n-2}}{(1+R)^{n-1}}+\frac{A(1-g)^{n-1}}{(1+R)^n}$$

(1)收益期限为有限年

对上述公式求和化简：

$$V=\frac{A}{R+g}\left[1-\left(\frac{1-g}{1+R}\right)^n\right]$$

上式即为净收益按等比数列方式递增情况下，收益年限为有限年的收益法公式。

(2)收益期限为无限年

当收益年限为无限年时，收益法公式即对上式当 n 为无穷大时求极限，即

$$V=\frac{A}{R+g}$$

净收益为有效毛收入减运营费用。如果有效毛收入与运营费用逐年递增或递减的比率不等，也可以利用净收益按一定比率递增或递减的公式计算估价对象的收益价格。例如，假设有效毛收入逐年递增的比率为 g_i，运营费用逐年递增的比率为 g_e，收益年限为有限年，则计算公式原型为：

$$V=\frac{I-E}{1+R}+\frac{I(1+g_i)-E(1+g_i)}{(1+R)^2}+\frac{I(1+g_i)^2-E(1+g_e)^2}{(1+R)^3}+\cdots$$
$$+\frac{(1+g_i)^{n-2}-E(1+g_e)^{n-2}}{(1+R)^{n-1}}+\frac{(1+g_i)^{n-1}-E(1+g_e)^{n-1}}{(1+R)^n}$$

对上述公式求和化简：

$$V=\frac{A}{R-g_i}\left[1-\left(\frac{1+g_i}{1+R}\right)^n\right]-\frac{E}{R-g_e}\left[1-\left(\frac{1+g_e}{1+R}\right)^n\right]$$

式中：I—有效毛收入；E—运营费用。

同理，有效毛收入与运营费用逐年递减的比率不等或者一个逐年递增另一个逐年递减，其计算公式都能较容易地推导出来。其中，收益年限为无限年期的计算公式为：

$$V=\frac{I}{R\pm g_i}-\frac{E}{R\pm g_e}$$

式中：有效毛收入逐年递增时，g_i 前取“－”，逐年递减时，g_i 前取“＋”；运营费用逐年递增时，g_e 前取“－”，逐年递减时，g_e 前取“＋”。

对于其他有规则的变动情形的收益法公式，我们同样可以从收益法最一般的公式出发，根据收益变动的规则，对用收益法最一般公式表达的式子进行简化求和，即可得到该

种有规则变动的收益法公式。

【例 4-11】 某宗不动产预期第一年的净收益为 18 万元，以后每年的净收益会在上一年的基础上减少 2%，该不动产的使用年限为 40 年，同类不动产的收益率 9%，试计算该宗不动产的收益价格。

【解】 该宗不动产的净收益变化是按等比数列方式递减的，使用年限为 40 年，计算如下：

$$V=\frac{A}{R+g}\left[1-\left(\frac{1-g}{1+R}\right)^{n}\right]$$

$$=\frac{18}{9\%+2\%}\left[1-\left(\frac{1-2\%}{1+9\%}\right)^{40}\right]=161.3(\text{万元})$$

【例 4-12】 预计某宗不动产未来第一年的有效毛收入为 20 万元，运营费用为 12 万元，此后每年的有效毛收入会在上一年的基础上增长 5%，运营费用增长 3%，收益年限可视为无限年，该类不动产的收益率为 8%。试计算该宗不动产的收益价格。

【解】 该宗不动产的收益价格计算如下：

$$V=\frac{I}{R-g_i}-\frac{E}{R-g_e}=\frac{20}{8\%-3\%}-\frac{12}{8\%-3\%}=426.7(\text{万元})$$

8. 预知未来若干年后价格的公式

预测房地产未来 t 年期间的净收益分别为 $A_1, A_2, A_3, \cdots, A_t$，第 t 年末的价格为 V_t，则其现在的价格为：

$$V=\sum_{i=1}^{n}\frac{A_i}{(1+R)^i}+\frac{V_t}{(1+R)^t}$$

此公式的假设前提是：①已知房地产在未来第 t 年末的价格为 V_t（或第 t 年末的市场价值或第 t 年末的残值。当购买房地产的目的是为了持有一段时间后转售时，则 V_t 为预期的第 t 年末转售时的价格减去销售税费后的净值，简称期末转售收益）；②已知房地产未来 t 年（含第 t 年）的净收益为 A_i，（简称期间收益）；③期间收益和期末转售收益具有相同的报酬率 R。

预知未来若干年后价格的公式，一是适用于房地产目前的价格难以知道，但根据发展前景比较容易预测其未来的价格或未来价格相对于当前价格的变化率时，特别是在某地区将会出现较大改观或房地产市场行情预计有较大变化的情况下；二是对于收益期限较长的房地产，有时不是按其收益期限来估价，而是先确定一个合理的持有期，然后预测持有期间的净收益和持有期末的价值，再将它们折为现值。

【例 4-13】 某宗房地产现行的价格为 2 000 元/m²，年净收益为 200 元/m²，报酬率为 10%，现获知该地区将兴建一座大型的现代化火车站，该火车站将在 6 年后建成投入使用，到那时该地区将达到该城市现有的火车站地区的繁华程度。在该城市现有火车站地区，同类房地产的价格为 5 000 元/m²。据此估计新火车站建成投入使用后，新火车站地区该类房地产的价格将达到 5 000 元/m²。请计算获知兴建火车站后该宗房地产的价格。

【解】 获知兴建火车站后该宗房地产的价格计算如下：

$$V=\frac{A}{R}\left[1-\frac{1}{(1+R)^n}\right]+\frac{V_t}{(1+R)^t}=\frac{200}{10\%}\left[1-\frac{1}{(1+10\%)^6}\right]+\frac{5\,000}{(1+10\%)^6}=3\,693(\text{元}/\text{m}^2)$$

可见,该宗房地产在获知兴建火车站之后,价格由 2 000 元/m^2 上涨到 3 693 元/m^2。

【例 4-14】 某出租的旧办公楼的租约尚有 2 年到期,在此最后 2 年的租期中,每年可收取净租金 80 万元。到期后要拆除作为商业用地,预计作为商业用地的价值为 1 100 万元,拆除费用为 50 万元,该类房地产的报酬率为 10%。请计算该办公楼的价值。

【解】 该旧办公楼的价值求取如下:

$$V=\frac{A}{R}\left[1-\frac{1}{(1+R)^n}\right]+\frac{V_t}{(1+R)^t}=\frac{80}{10\%}\left[1-\frac{1}{(1+10\%)^2}\right]+\frac{1\,100-50}{(1+10\%)^2}=1\,006.6(\text{元}/\text{m}^2)$$

4.2.2 直接资本化法

直接资本化法是将估价对象未来某一年的某种预期收益除以适当的资本化率或者乘以适当的收益乘数转换为价值的方法。其中,将未来某一年的某种预期收益乘以适当的收益乘数转换为价值的方法,称为收益乘数法。未来某一年的某种预期收益一般选用第一年的,选取的收益类型一般有毛租金、潜在毛收入、有效毛收入和净收益等。

资本化率是不动产的某种收益与其价格的比率,即

$$\text{资本化率}=\frac{\text{年收益}}{\text{价格}}$$

利用资本化率将年收益转换为价值的直接资本化法,常用的是下列公式:

$$V=\frac{NOI}{R}$$

式中:V—房地产价格;NOI—房地产未来第一年的净收益;R—资本化率。

因此,资本化率的具体计算公式为:

$$R=\frac{NOI}{V}$$

收益乘数是房地产的价格除以其某种年收益所得的倍数,即

$$\text{收益乘数}=\frac{\text{价格}}{\text{年收益}}$$

利用收益乘数将年收益转换为价值的直接资本化法公式为:

$$\text{不动产价值}=\text{年收益}\times\text{收益乘数}$$

4.2.3 几种收益乘数法

对应着不同种类的年收益,收益乘数具体有毛租金乘数、潜在毛收入乘数、有效毛收入乘数和净收益乘数。相应地,收益乘数法有毛租金乘数法、潜在毛收入乘数法、有效毛收入乘数法和净收益乘数法。

1. 毛租金乘数法

毛租金乘数法是将估价对象未来某一年或某一月的毛租金乘以相应的毛租金乘数转换为价值的方法,即

$$不动产价值=毛租金\times毛租金乘数$$

毛租金乘数是市场上的价格除以其毛租金所得的倍数，即

$$毛租金乘数=\frac{价格}{毛租金}$$

毛租金乘数也是经常所讲的“租售价比”。当采用月租金转换为价值时，要采用通过月租金与价格的关系求得的毛租金乘数；当采用年租金转换为价值时，要采用通过年租金与价格的关系求得的毛租金乘数。

(1)毛租金乘数法有下列优点　①方便易行，在市场上较容易获得不动产的价格和租金资料；②相对合理，在同一市场上，相似不动产的租金和价格同时受到相同的市场力量及非市场力量的影响。

(2)毛租金乘数法的缺点如下　①忽略了不动产租金以外的收入；②忽略了不同不动产的空置率和运营费用差异。

(3)毛租金乘数法的用途　该方法一般用于土地或出租型住宅(特别是公寓)的估价。由于其计算方法比较粗糙，往往作为市场法或其他收益法的一个部分。

2. 潜在毛收入乘数法

潜在毛收入乘数法是将估价对象某一年的潜在毛收入乘以潜在毛收入乘数转换为价值的方法，即

$$不动产价值=潜在毛租金\times潜在毛租金乘数$$

潜在毛收入乘数是市场上不动产的价格除以其年潜在毛收入所得的倍数，即

$$潜在毛租金乘数=\frac{价格}{潜在毛租金}$$

与毛租金乘数法相比，潜在毛收入乘数法相对全面一些，它考虑了不动产租金以外的收入，但同样没有考虑不动产的空置率和运营费用的差异。如果估价对象与可比实例不动产的空置率差异是暂时的，并且运营费用比率相似，则使用潜在毛收入乘数法是一种简单可行的方法。但总体来说，该方法也比较粗糙，适用于估价对象资料不充分或精度要求不高的估价。

3. 有效毛收入乘数法

有效毛收入乘数法是将估价对象某一年的有效毛收入乘以有效毛收入乘数转换为价值的方法，即

$$不动产价值=有效毛收入\times有效毛收入乘数$$

有效毛收入乘数是不动产的价格除以其年有效毛收入所得的倍数，即

$$有效毛收入乘数=\frac{价格}{有效毛收入}$$

有效毛收入乘数法的优点是它不仅考虑了不动产租金以外的收入，还考虑了不动产的空置率。因此，当估价对象与可比实例不动产的空置率有较大差异，而且这种差异预计还将继续下去时，则使用有效毛收入乘数法比使用潜在毛收入乘数法更为合适，因为投资者在估算不动产价值时，是会考虑空置率的差异的。该方法的缺点是没有考虑运营费用的差异，因而也只用于粗略的估价。

4. 净收益乘数法

净收益乘数法是将估价对象某一年的净收益乘以净收益乘数转换为价值的方法，即

不动产价值＝净收益×净收益乘数

净收益乘数是不动产的价格除以其年净收益所得的倍数，即净收益乘数$=\dfrac{\text{价格}}{\text{净收益}}$

净收益乘数法能提供更可靠的价值测算。由于净收益乘数与资本化率是互为倒数的关系，通常很少直接采用净收益乘数法形式，而采用资本化率将净收益转换为价值的形式，即$V=\dfrac{NOI}{R}$。

4.3 净收益的测算

运用收益法估价(无论是报酬资本化法还是直接资本化法)，需要预测估价对象的未来收益。可用于收益法中转换为价值的未来收益主要有4种：①潜在毛收入；②有效毛收入；③净运营收益；④税前现金流量。税前现金流量是从净收益中扣除抵押贷款还本付息额后的数额。

4.3.1 净收益测算的基本原理

收益性房地产获取收益的方式，主要有出租和营业两种。据此，净收益的测算途径可分为两种：一是基于租赁收入测算净收益；二是基于营业收入测算净收益。前一种情况下的收益法被称为投资法，后一种情况下的收益法被称为利润法。租赁收入测算净收益的收益法是收益法的典型形式。

1. 基于租赁收入测算净收益的基本公式

净收益＝潜在毛收入－空置等造成的收入损失－运营费用＝有效毛收入－运营费用

运营费用与会计上的成本费用有所不同，是从估价角度出发的，不包含房地产抵押贷款还本付息额、会计上的折旧额、房地产改扩建费用和所得税。对于寿命比整体建筑物经济寿命短的构件设备、装饰装修等的折旧费应包含在运营费用中，会计上的折旧额是指建筑物折旧和土地取得费用的摊销，房地产改扩建费用如果能大大提高房地产的价值，则属于假设开发法估价的范围。收益法估价是假设房地产改扩建费用与其所带来的房地产价值增加额相当，两者相抵消，因此，不将它作为运营费用的一部分。

运营费用与有效毛收入相比得到的是运营费用率。净收益率是指净收益占有效毛收入的比率。两者关系互补，净收益率＝1－运营费用率。

2. 基于营业收入测算净收益

有些收益性房地产通常不是以租赁方式而是以营业方式获取收益的，如旅馆、娱乐中心、加油站等。这些收益性房地产的净收益测算与基于租赁收入的净收益测算，主要有如下2个方面的不同：一是潜在毛收入或有效毛收入变成了经营收入；二是要扣除归属于其他资本或经营的收益，如商业、餐饮、工业、农业等经营者的正常利润。基于租金收入测算

净收益由于归属于其他资本或经营的收益在房地产租金之外，即实际上已经扣除，所以就不再扣除归属于其他资本或经营的收益。

4.3.2 几种收益类型房地产净收益的求取

1. 出租的房地产净收益求取

出租的房地产其净收益通常为租赁收入扣除由出租人负担的费用后的余额。租赁收入包括租金收入和租赁保证金或押金的利息收入。出租人负担的费用是出租人与承租人约定或按惯例由出租人负担的部分。出租人负担的费用，根据真正的房租构成因素（地租、房屋折旧费、维修费、管理费、投资利息、保险费、房地产税、租赁费用、租赁税费和利润），一般为其中的维修费、管理费、保险费、房地产税、租赁费用、租赁税费。

但在实际中，房租可能包含真正的房租构成因素之外的费用，也可能不包含真正的房租构成因素的费用，除了上述所提及的可能由出租人负担的费用以外，还可能负担水费、电费、燃气费、供暖费、通信费、有线电视费、家具设备折旧费等。但是在实际的房地产租赁中，通常是按照租赁双方在租赁合同中约定的项目决定所要扣除的费用项目。例如，实际情况是水电、煤气、供暖等相关费用应由承租人负担，则该项费用就不应该扣除其余的像维修费、房地产税等应由出租人负担的，在求取净收益的时候，就应该扣除。

因此，如果现实中出租人负担的费用项目多，则租金就会高一些，反之则会低一些。

2. 营业的房地产净收益求取

营业的房地产的最大特点是房地产所有者同时又是经营者，房地产租金与经营者利润没有分开。

①商业经营的房地产应根据经营资料测算净收益，净收益为商品销售收入扣除商品销售成本、经营费用、商品销售税金及附加、管理费用、财务费用和商业利润。

②工业生产的房地产，应根据产品市场价格以及原材料、人工费用等资料测算净收益，净收益为产品销售收入扣除生产成本、产品销售费用、产品销售税金及附加、管理费用、财务费用和厂商利润。

③农地净收益的测算是由农地平均年产值（全年农产品的产量乘以单价）扣 除种苗费、肥料费、人工费、畜工费、机工费、农药费、材料费、水利费、农舍费、农具费、税费、投资利息、农业利润等。

3. 自用或尚未使用的房地产净收益求取

自用或尚未使用的房地产可以根据同一市场上有收益的类似房地产的有关资料按上述相应的方式测算净收益或者通过类似房地产的净收益直接比较得出净收益。

4. 混合的房地产净收益求取

对于现实中包含上述多种收益类型的房地产，其净收益视具体情况采用下列方式之一求取：一是把费用分为固定费用和变动费用，将测算出的各种类型的收入分别减去相应的变动费用，予以加总后再减去总的固定费用。二是先测算各种类型的收入，再测算各种类型的费用，然后将两者相减。三是把它看成是各种单一收益类型房地产的简单组合，先分别求取各自的净收益，然后予以加总。

4.3.3 求取净收益应注意的问题

1. 房地产的收益可分为有形收益和无形收益

有形收益是由房地产带来的直接货币收益，无形收益是指房地产带来的间接利益，在求取净收益时不仅要包括有形收益，还要考虑各种无形收益。无形收益通常难以货币化，因而在计算净收益时难以考虑，但可以通过选取较低的报酬率或资本化率来考虑无形收益。同时值得注意的是，如果无形收益已通过有形收益得到体现，则不应再单独考虑，以免重复计算。

2. 实际收益和客观收益

房地产的收益可分为实际收益和客观收益。实际收益是在现状下实际取得的收益，一般来说它不能直接用于估价。客观收益是排除了实际收益中属于特殊的、偶然的因素之后所能得到的一般正常收益，一般来说只有这种收益才可以作为估价的依据。所以，估价中采用的潜在毛收入、有效毛收入、运营费用或者净收益，除了有租约限制的以外，都应采用正常客观的数据。有租约限制的，租赁期限内的租金应采用租约约定的租金（简称租约租金，又叫称为实际租金），租赁期限外的租金应采用正常客观的市场租金。

收益法的一种变通形式是“成本节约法”。当一种权益或资产并不产生收入，可以帮助所有者避免原本可能发生的成本时，就可以采用这种方法评估其价值。该方法的实质是某种权益或资产的价值等于其未来有效期内可以节约的成本的现值。承租人权益价值评估是这种方法的一种典型。承租人权益的价值等于剩余租赁期限内租约租金与同期市场租金的差异经折现后的现值。如果租约租金低于市场租金，则承租人权益就有价值；反之，如果租约租金高于市场租金，则承租人权益就是负价值。

同一宗房地产，有租约限制下的价值、无租约限制下的价值和承租人权益的价值三者之间的关系为：有租约限制下的价值＝无租约限制下的价值-承租人权益的价值

【例4-15】 某商店的土地使用期限为40年，向2011年10月1日起计算，合同约定不可续期。该商店共有两层，每层可出租面积各为200 m^2。一层于2012年10月1日租出，租赁期限为5年，可出租面积的月租金为180元/m^2，且每年不变；二层现暂空置。附近类似商场一、二层可出租面积的正常月租金为200元/m^2和120元/m^2，运营费用率为25%。该类房地产的出租率为100%，报酬率为9%。请计算该商场2015年10月1日带租约出售时的正常价格。

【解】 该商场2015年10月1日带租约出售时的正常价格测算如下：

(1)商店一层价格的测算

租赁期限内年净收益＝200×180(1－25%)×12＝32.40(万元)

租赁期限外年净收益＝200×200(1－25%)×12＝36.00(万元)

$$V=\frac{32.40}{1+9\%}+\frac{32.40}{(1+9\%)^2}+\frac{36.00}{(1+9\%)^3}\left[1-\frac{1}{(1+9\%)^{40-4-2}}\right]=375.69(\text{万元})$$

(2)商店二层价格的测算

年净收益 ＝ 200 × 120 × (1 － 25%) × 12 ＝ 21.60(万元)

$$V=\frac{21.60}{9\%}\left[1-\frac{1}{(1+9\%)^{40-4}}\right]=229.21(\text{万元})$$

该商店的正常价格＝商店一层的价格＋商店二层的价格

＝375.69＋229.21＝604.90(万元)

3. 乐观估计、保守估计和最可能估计

估价师应当要求估价师同时给出净收益的三种估计，除了评估房地产抵押价值应采用保守估计值外，其他目的的估价都应采用最可能估计。

【例 4-16】 某公司 3 年前与一写字楼所有权人签订了租赁合同，租用其中 500 m^2 的面积，约定租赁期限为 10 年，月租金固定不变，为 75 元/m^2。现市场上类似写字楼的月租金为 100 元/m^2，假设折现率为 10%，请计算目前承租人权益的价值。

【解】 选用下列公式计算目前承租人权益的价值：

$$V=\frac{A}{R}\left[1-\frac{1}{(1+R)^n}\right]$$

根据题意已知：$A=(100-75)\times500\times12=150\ 000$(元)，$R=10\%$，$n=10-3=7$(年)

将上述数字代入公式中计算如下：

$$V=\frac{150\ 000}{10\%}\left[1-\frac{1}{(1+10\%)^7}\right]=73.03(\text{万元})$$

4.3.4 收益期限和收益流模式的确定

1. 收益期限的确定

收益期限是估价对象自估价时点起至预期未来可以获取收益的时间。它应根据建筑物剩余经济寿命和土地使用权剩余期限来确定。建筑物剩余经济寿命是自估价时点起至建筑物经济寿命结束的时间。土地使用权剩余期限是自估价时点起至土地使用期限结束的时间。建筑物剩余经济寿命与土地使用权剩余期限可能同时结束，也可能不是同时结束，归纳起来有以下 3 种情况：①两者同时结束；②建筑物剩余经济寿命早于土地使用权剩余期限结束；③建筑物剩余经济寿命晚于土地使用权剩余期限结束。

在建筑物剩余经济寿命与土地使用权剩余期限同时结束的情况下，收益期限为建筑物剩余经济寿命或者土地使用权剩余期限。

在建筑物剩余经济寿命早于土地使用权剩余期限结束的情况下，房地产的价值等于以建筑物剩余经济寿命为收益期限计算的房地产价值，加上建筑物剩余经济寿命结束后的剩余期限土地使用权在估价时点的价值。建筑物剩余经济寿命结束后的剩余期限土地使用权在估价时点的价值，等于整个剩余期限的土地使用权在估价时点的价值，减去以建筑物剩余经济寿命为使用期限的土地使用权在估价时点的价值。例如，某宗收益性房地产的建筑物剩余经济寿命为 30 年，土地使用权剩余期限为 40 年，求取该房地产现在的价值时，可先求取该房地产 30 年收益期限的价值，然后加上 30 年后的 10 年使用期限土地使用权在现在的价值。该 30 年后的 10 年使用期限土地使用权在现在的价值，等于现在 40 年使用期限的土地使用权价值减去现在 30 年使用期限的土地使用权价值。

在建筑物剩余经济寿命晚于土地使用权剩余期限结束的情况下，分为在出让合同中未约定不可续期和已约定不可续期2种情况:对于在出让合同中未约定不可续期的,房地产的价值等于以土地使用权剩余期限为收益期限计算的房地产价值,加上土地使用权剩余期限结束时建筑物的残余价值折算到估价时点时的价值;对于在出让合同已约定不可续期的,以土地使用权剩余期限为收益期限,选用相应的收益期限为有限年的公式计算房地产的价值。

2. 收益流模式的确定

未来净收益流属于下列哪种类型,就选用相应的报酬资本化法公式进行计算:①每年基本上固定不变;②每年基本上按某个固定的数额递增或递减;③每年基本上按某个固定的比率递增或递减;④其他有规则变动的情形。

在实际估价中使用最多的是净收益每年不变的公式,其净收益A的求取方法有下列几种:①"过去数据简单算术平均法"(过去3～5年);②"未来数据简单算术平均法"(过去3～5年);③"未来数据资本化公式法"。通过调查、预测估价对象未来若干年的净收益,一般是3～5年的净收益,然后利用报酬资本化法演变出公式求取不变的净收益。

4.4　报酬率和资本化率的确定

4.4.1　报酬率

1. 报酬率的实质

投资回收是指所投入的资本的回收,即保本;投资回报是指所投入的资本全部回收之后所获得的额外资金,即报酬。投资回报中是不包含投资回收的,报酬率为投资回报与所投入的资本的比率。即报酬率＝投资回报/所投入的资本。从全社会来看,报酬率与投资风险正相关,风险大的投资,其报酬率也高,反之则低。认识到了报酬率与投资风险的关系,实际上就在观念上把握住了求取报酬率的方法,即所应选用的报酬率,应等同于与获取估价对象产生的净收益具有同等风险投资的报酬率。在不同地区、不同时期、不同用途或不同类型的房地产,同一类型的房地产的不同权益、不同收益类型,由于风险不同,所以其报酬率也不相同,因此在估价中并不存在一个统一不变的报酬率。

2. 报酬率的求取方法

(1)累加法　累加法是将报酬率视为包含无风险报酬率和风险补偿率两大部分,然后分别求出每一部分,再将它们相加。累加法的一个基本公式为:

报酬率＝无风险报酬率＋投资风险补偿＋管理负担补偿＋缺乏流动性补偿－投资带来的优惠。

累加法通常采用简化的公式:报酬率＝无风险报酬率＋风险报酬率。

一般无风险报酬率是选取国债利率或银行存款利率。无风险报酬率和具有风险性房地产的报酬率,一般是名义报酬率,即已经包含了通货膨胀的影响。所以,上述公式可以写成:

报酬率＝无风险报酬率＋风险系数×(行业平均收益率－无风险报酬率)。

(2)市场提取法　市场提取法是搜集同一市场上3宗以上类似房地产的价格、净收益等资料，选用相应的报酬资本化法公式，求出报酬率。

①在 $V=\dfrac{A}{R}$时，通过 $R=\dfrac{A}{V}$来求取 Y；

②在 $V=\dfrac{A}{R}\left[1-\dfrac{1}{(1+R)^n}\right]$时，通过$\dfrac{A}{R}\left[1-\dfrac{1}{(1+R)^n}\right]-V=0$ 来求取 R，不过要用试错法和线性内插法。

市场提取法求取的报酬率是人们头脑中过去而非未来的风险判断，它可能不是估价对象未来各项收益风险的可靠指针。

(3)投资报酬率排序插入法　报酬率是典型投资者在房地产投资中所要求的回报率。具有同等风险的任何投资的报酬率应该是相似的，所以，可通过同等风险投资的报酬率来求取估价对象的报酬率。报酬率排序插入法的操作步骤和内容如下：

①调查、搜集估价对象所在地区的房地产投资、相关投资及其报酬率和风险程度的资料，如各种类型的银行存款的利率、政府债券的利率、公司债券的利率、股票的报酬率及其他投资的报酬率等。

②将所搜集的不同类型投资的报酬率按从低到高的顺序排列，制成图表。

③将估价对象与这些类型投资的风险程度进行分析比较，考虑管理的难易、投资的流动性以及作为资产的安全性等，判断出同等风险的投资，确定估价对象风险程度应落的位置。

④根据估价对象风险程度所落的位置，在图表上找出对应的报酬率，从而就确定出了所要求取的报酬率。确定报酬率时都含有主观性。

4.4.2　资本化率

1. 资本化率

资本化率是房地产的某种年收益与其价格的比率，即资本化率＝年收益/价格。

利用资本化率将年收益转换为价值的直接资本化法，常用的是下列公式：价格＝年收益/资本化率。

利用市场提取法求取资本化率的公式为：资本化率＝年收益/价格。

收益乘数是房地产价格除以其某种年收益所得的倍数，即收益乘数＝价格/年收益。则房地产价值＝年收益×收益乘数。

2. 几种收益乘数

对应着不同种类的年收益，收益乘数具体有毛租金乘数、潜在毛收入乘数、有效毛收入乘数和净收益乘数。相应地，收益乘数法有毛租金乘数法、潜在毛收入乘数法、有效毛收入乘数法和净收益乘数法。

(1)毛租金乘数法的优点　①方便易行，在市场上较容易获得房地产的价格和租金资料；②由于在同一市场上，相似房地产的租金和价格同时受相同的市场力量影响，因此毛租金乘数是一个比较客观的数值；③避免了由于多层次测算可能产生的各种误差的累计。

(2)毛租金乘数法的缺点　①忽略了房地产租金以外的收入；②忽略了不同房地产的空置率和运营费用的差异。

(3)毛租金乘数法的用途　该方法一般用于土地或出租型住宅(特别是公寓)的估价。

但由于它的计算方法比较粗糙，往往作为市场法或其他收益法的一个部分。

与毛租金乘数法相比，潜在毛收入乘数法相对全面一些，它考虑了房地产租金以外的收入，但同样没有考虑房地产的空置率和运营费用的差异。该方法也比较粗糙，适用于估价对象资料不充分或精度要求不高的估价。

有效毛收入乘数法的优点是不仅考虑了房地产租金以外的收入，还考虑了房地产的空置率。因此，当估价对象与可比实例房地产的空置率有较大差异，而且这种差异预计还将继续下去时，则使用有效毛收入乘数比使用潜在毛收入乘数更为合适。因为在估算房地产价值时，投资者是会考虑空置率的差异的。该方法的缺点是没有考虑运营费用的差异，因而也只用于做粗略的估价。

净收益乘数法能提供更可靠的价值测算。由于净收益乘数与资本化率是互为倒数的关系，通常很少直接采用净收益乘数法形式，而采用资本化率将净收益转换为价值的形式。

3. *资本化率和收益乘数的求取方法*

资本化率和收益乘数都可以采用市场提取法，通过市场上近期交易的与估价对象的净收益流模式（包括净收益的变化、收益年限的长短）等相同的许多类似房地产的有关资料（由这些资料可求得年收益和价格）求取。

综合资本化率（R_0）还可以通过净收益率（NIR）与有效毛收入乘数（EGIM）之比、资本化率与报酬率的关系（见后面“资本化率与报酬率的区别和关系”）及投资组合技术求取。通过净收益率与有效毛收入乘数之比求取综合资本化率的公式为：

综合资本化率＝净收益率/有效毛收入乘数

4.4.3 资本化率与报酬率的比较

资本化率和报酬率都是将房地产的净收益转换为价值的比率，但两者是有很大区别的。资本化率是在直接资本化法中采用的，是直接将房地产的净收益转换为价值的比率；报酬率是在报酬资本化法中采用的，是通过折现的方式将房地产的净收益转换为价值的比率。资本化率是房地产某一年的净收益与房地产价值的比率（通常用未来第一年的净收益除以价值来计算），仅仅表示从净收益到价值的比率，并不明确地表示获利能力；报酬率则是用来除一连串的未来各期净收益，以求得未来各期净收益现值的比率。在报酬资本化法中，如果净收益流模式不同，具体的计算公式就有所不同。

（1）在净收益每年不变且持续无限年的情况下，报酬资本化法的公式为：

$$V=\frac{A}{R}\text{，式中：资本化率为 }R\text{。}$$

（2）在净收益每年不变但收益年限为有限年的情况下，报酬资本化法的公式为：

$$V=\frac{A}{R}\left[1-\frac{1}{(1+R)^n}\right]\text{，式中：资本化率为 }R\div\left[1-\frac{1}{(1+R)^n}\right]\text{。}$$

（3）在净收益每年按一定比率递增且持续无限年的情况下，报酬资本化法的公式为：

$$V=\frac{A}{R-g}\text{，式中：资本化率为 }R-g\text{。}$$

由以上公式可知，报酬率与净收益本身的变化、与获得净收益的期限的长短等无直接关系。而资本化率与净收益本身的变化,与获得净收益期限的长短等有直接关系。

4.5 投资组合与剩余技术

在收益法中,报酬率和资本化率都可以从不动产的物理构成(土地与建筑物)或资金构成(抵押贷款与自有资金)中求出各构成部分的报酬率和资本化率或将其报酬率和资本化率运用到各构成部分上以测算其价值。

4.5.1 投资组合

1. 土地与建筑物的组合

在实际评估中,由于评估对象可能是不动产价值,也可能是土地价值或者建筑物价值,采用的资本化率有可能不同。相应的3种资本化率分别是综合资本化率、土地资本化率、建筑物资本化率。

综合资本化率是求取不动产价值时应采用的资本化率。土地资本化率是求取土地价值时应采用的资本化率。建筑物资本化率是求取建筑物价值时应采用的资本化率。综合资本化率、土地资本化率、建筑物资本化率三者虽然有严格区分,但又是相互联系的。如果能从可比实例不动产中求出其中两种资本化率,便可利用下列公式求出另外一种资本化率,综合资本化率、土地资本化率和建筑物资本化率三者的关系。其公式如下:

$$R_0=\frac{R_L L+R_B B}{L+B}\text{或}R=R_L x+R_B y$$

$$R_L=\frac{R_0(L+B)-R_B B}{L}$$

$$R_B=\frac{R_0(L+B)-R_L L}{B}$$

式中:R_0—综合资本化率;R_L—土地资本化率;R_B—建筑物资本化率;x—土地价值占房地产价值的比率;y—建筑物价值占房地产价值的比率,$x+y=100\%$;L—土地价值;B—建筑物价值。

【例4-17】 某宗不动产的建筑物价值占不动产价值的比例为60%,土地价值占不动产价值的比例为40%,由可比实例不动产中所求出的建筑物资本化率为9%,土地资本化率为7%,试计算综合资本化率。

【解】 综合资本化率计算如下:

$$R_0=R_L x+R_B y=40\%\times7\%+60\%\times9\%=8.2\%$$

2. 抵押贷款与自有资金的组合

房地产市场与金融市场紧密联系的现代社会,购买房地产的资金通常由2部分构成:一部分为抵押贷款,另一部分为自有资金。由于抵押贷款通常是分期偿还的,所以抵押贷款与自有资金的组合通常不是利用抵押贷款利率和自有资金报酬率来求取房地产的报酬率,而是利用抵押贷款常数和自有资金资本化率来求取综合资本化率,具体是综合资本化

率为抵押贷款常数与自有资金资本化率的加权平均数,即

$$R_0 = M \times R_M + (1 - M) \times R_E$$

式中:R_0—综合资本化率;M—贷款价值比率,即抵押贷款金额占房地产价值的比率,一般介于60%~90%;R_M—抵押贷款常数:R_E—自有资金资本化率。

抵押贷款常数一般采用年抵押贷款常数,它是每年的偿还额(还本付息额)与抵押贷款金额(抵押贷款本金)的比率。如果抵押贷款是按月偿还的,则年抵押贷款常数是将每月的偿还额乘似12,然后除以抵押贷款金额;或者将月抵押贷款常数(每月的偿还额与抵押贷款金额的比率)乘以12。在分期等额本息偿还贷款的情况下,抵押贷款常数的计算公式为:

$$R_M = \frac{Y_M(1 + Y_M)^n}{(1 + Y_M)^n - 1} = Y_M + \frac{Y_M}{(1 + Y_M)^n - 1}$$

式中:Y_M—抵押贷款收益率,即抵押贷款利率(i);n—抵押贷款期限。

其实这就是年还款等额/抵押贷款金额。自有资金资本化率是从净收益中扣除抵押贷款还本付息额后的数额(税前现金流量)与自有资金额的比率,通常为未来第1年的税前现金流量与自有资金额的比率,可以由可比实例房地产的税前现金流量除以自有资金额而得到。综合资本化率必须同时满足贷款者对抵押贷款常数的要求和自有资金投资者对税前现金流量的要求。

4.5.2 剩余技术

剩余技术是当已知整个房地产的净收益,而某一构成部分的价值和各构成部分的资本化率或报酬率时,从整个房地产的净收益中扣除归属于已知构成部分的净收益,求出归属于另一构成部分的净收益,再将它除以相应的资本化率或选用相应的报酬率折现,得出房地产中未知构成部分的价值的方法。此外,把求得的未知构成部分的价值加上已知构成部分的价值还可得到整个房地产的价值。剩余技术主要有土地剩余技术和建筑物剩余技术,另外还有自有资金剩余技术和抵押贷款剩余技术。

1. 土地剩余技术

土地剩余技术是土地与地上建筑物共同产生收益,但如果采用收益法以外的方法(如成本法)能求得建筑物的价值时,则可利用收益法公式求得归属于建筑物的净收益,然后从土地与地上建筑物共同产生的净收益中扣除归属于建筑物的净收益,得到归属于土地的净收益,再除以土地资本化率或选用土地报酬率折现,即可求得土地的价值。

(1)直接资本化法的土地剩余技术公式

$$L = \frac{A_0 - R_B B}{R_L}$$

土地价值 =(房地产净收益 − 建筑物价值 × 建筑物资本化率)/ 土地资本化率

(2)报酬资本化法的土地剩余技术公式

$$L = \frac{A_0 - R_B B}{R_L}\left[1 - \frac{1}{(1 + R_L)^n}\right]$$

式中:A_0—房地产净收益;n—土地收益年限。

土地剩余技术在土地难以采用其他估价方法估价时,是有效的方法。例如,城市商业

区内的土地，有时没有可参照的土地交易实例，难以采用市场法估价，成本法往往也不适用，但存在着大量的房屋出租、商业经营行为，此时可以采用土地剩余技术估价。另外，在需要对附有旧建筑物的土地进行估价时，虽然采用市场法可求得设想该旧建筑物不存在时的空地价值，但对于因附有旧建筑物而导致的土地价值降低应减价多少，市场法通常难以解决，这时如果运用土地剩余技术便可以求得。

2. 建筑物剩余技术

建筑物剩余技术与土地的剩余技术类似，建筑物剩余技术对于检验建筑物相对于土地是否规模过大或过小很有用处。此外，它还可用来测算建筑物的折旧。将建筑物的重新购建价格减去运用建筑物剩余技术求取的建筑物价值即为建筑物的折旧。

3. 自有资金剩余技术

自有资金剩余技术是已知抵押贷款金额求取自有资金权益价值的剩余技术。它是先根据从市场上得到的抵押贷款条件（包括贷款金额、贷款利率、贷款期限等）计算出年还本付息额，再把它从净收益中扣除，得到自有资金权益的剩余收益，然后除以自有资金资本化率就可以得到自有资金权益价值。自有资金剩余技术的计算公式为：

自有资金权益价值=(房地产净收益－抵押贷款金额×抵押贷款常数)/自有资金资本化率

4. 抵押贷款剩余技术

抵押贷款剩余技术是已知自有资金数量求取抵押贷款金额或价值的剩余技术。它是从净收益中减去在自有资金资本化率下能满足自有资金的收益，得到属于抵押贷款部分的收益，然后除以抵押贷款常数得到抵押贷款金额或价值。抵押贷款剩余技术的计算公式为：

抵押贷款金额=(房地产净收益－自有资金权益价值×自有资金资本化率)/抵押贷款常数

抵押贷款剩余技术假设投资者愿意投在房地产上的自有资金数量已确定，并且假设投资者需要从房地产中得到特定的自有资金资本化率也已确定，而贷款金额则取决于可作为抵押贷款偿还额的剩余现金流量和抵押贷款常数。

在正常情况下，抵押贷款剩余技术不适用于对已设定其他特定抵押的房地产进行估价，因为这时剩余的现金流量不完全归自有资金投资者所有，它还必须先偿还原有抵押贷款的债务。

在实际评估中，还要注意名义净收益与名义报酬率或名义资本化率相匹配，实际净收益与实际报酬率或实际资本化率相匹配，税前净收益与税前报酬率或税前资本化率相匹配，税后净收益与税后报酬率或税后资本化率相匹配，自有资金净收益与自有资金报酬率或自有资金资本化率相匹配，等等。

4.6 收益法的应用

【例 4-18】 某房地产占地面积 250 m^2，建筑面积 300 m^2，2005 年 1 月 1 日起获得该宗地 70 年土地使用权。地上建筑 2006 年 1 月 1 日建成投入使用，耐用年限 70 年。建筑物原值 800 元/m^2，残值率为 1%。在同一供需圈内，类似房地产的正常租金水平为 6 000 元/月，押金 1 万元。押金运用收益 4%，资本化率为 8%。租金损失按每年 1 个月租金收入计。

税费包括房产税、营业税、城市维护建设税和教育费附加，四税合计为年租金的17.5%。管理费按年租金收入的3%计提。维修费和保险费均按建筑物原值的2%计提。试依据上述资料，评估该房地产2009年1月1日的收益价格。

【解】 由题意，运用收益法进行估价。

(1)潜在毛收入＝6 000×12＋10 000×4%＝72 400(元)

(2)有效毛收入＝72 400－6 000＝66 400(元)

(3)运营费用＝税费＋管理费＋维修及保险费

＝6 000×11×17.5%＋6 000×11×3%＋800×300×2%×2＝23 130(元)

(4)年净收益＝有效毛收入－运营费用＝66 400－23 130＝43 270(元)

(5)该房地产2009年1月1日的收益价格 P 为：

$$P=\frac{43\,270}{8\%}\times\left[1-\frac{1}{(1+8\%)^{66}}\right]=537\,509(\text{元})$$

【例4-19】 海星公司于2015年11月1日以13 428万元在A市购买了一栋写字楼，总建筑面积为15 000 m^2，占用土地面积为12 480 m^2，该写字楼除10 000 m^2 自用外，其余部分用于出租。2017年11月1日海星公司为核实资产，需对该土地使用权价格进行评估。

经调查，该写字楼所占土地为2013年11月1日取得的国有出让土地，出让年期为50年，写字楼于2014年11月1日建成，当时建筑造价为每建筑平方米2 300元，房屋耐用年限为60年，残值率为2%。该写字楼现时出租部分的月租金为每建筑平方米60元，比市场同类物业平均月租金低5元，市场平均空置率为10%，出租经营过程中的营业税为年租金的5%，维修费为重置价的2%，管理费为年租金的3%(以实有建筑面积计算，不考虑空置)，年保险费为重置价的0.2%，房产税为原造价70%的1.2%。目前该类物业的建筑造价为每平方米2 500元，房屋还原利率及土地还原利率分别为8%和6%。请根据上述资料测算该土地于2017年11月1日的单位面积地价、楼面地价和总地价。

【解】

(1)审题　①明确题目要求。本题要求得到待估宗地在估价日期的单位地价和总地价，即要求计算2种形式的土地价格。②梳理有关资料。可将题目提供资料分为2类：一是有关估价对象资料，审题时需留意估价日期、估价对象范围(是否含地上建筑物)、权力状况、土地出让时间及出让年期等地价影响因素；二是市场调查资料。本题主要给出了同类物业的客观收益和运营费用，建筑物的重置价格等资料，审题时需留意所给资料的具体说明；还要注意题目中给出哪两种还原利率，这对确定解题思路至关重要。③审查关键内容，考虑资料取舍。本题所给资料较多，既有房屋实际造价，又有房屋重置价格；既有写字楼的实际租金，又有市场客观租金。审题时要考虑哪些资料能用，哪些资料不能用，做出初步判断。另外，本题对各项出租费用(如管理费、保险费、房产税等)的费率取值基数做了详细说明，审题时应注意。

(2)方法选择　本题提供了写字楼的客观收益和运用费用，建筑物重置价格，房屋还原利率、土地还原利率等相关参数，可采用收益法评估。

(3)解题思路　由于题目中并未直接给出土地的收益费用资料，需从房地纯收益中剥离出土地纯收益，再采用适当的收益还原法公式计算土地价格。具体思路为从房地总收益中扣除房地总费用得到房地总收益；根据房屋重置价格计算房屋现值，结合房屋还原利率计算房屋纯收益；从房地纯收益中扣除房屋纯收益得到土地纯收益；根据土地纯收益、土地还原利率计算剩余使用年限下的土地价格。

(4)适用公式　$土地价格=\frac{土地纯收益}{土地还原利率}\times\left[1-\frac{1}{(1+土地还原利率)^{土地收益年限}}\right]$

$$土地纯收益=房地纯收益-房屋纯收益$$

$$房屋纯收益=房屋现值\times房屋还原利率$$

(5)计算步骤

①选择计算方法。根据题意，估价对象为有收益土地，适用于收益法评估。

②计算房地产年总收益。采用客观租金，写字楼自用部分也应计算收益。即

房地产建筑面积月租金＝60＋5＝65(元/m^2)

房地产年总收益＝建筑面积月租金×月份数×建筑面积×(1－空置率)

＝65×12×15 000×(1－10％)＝1 053(万元)

③计算房地产年总费用。

年营业税＝房地产年总收益×5％＝1 053×5％＝52.65(万元)

年管理费＝房地产实有建筑面积年总租金×3％＝65×12×15 000×3％＝35.1(万元)

年维修费＝重置价×2％＝2 500×15 000×2％＝75(万元)

年保险费＝重置价×0.2％＝2 500×15 000×0.2％＝7.5(万元)

年房产税＝原造价×70％×1.2％＝2 300×15 000×70％×1.2 ％＝28.98(万元)

(这里取原造价，即 2 300 元/m^2)

房屋年折旧费＝(房屋重置价－残值)÷49×15 000

＝(2 500－0)÷49×15 000＝76.53(万元)(残值为零)

房地产年总费用＝营业税＋管理费＋维修费＋保险费＋房产税＋房屋年折旧费

＝52.65＋35.1＋75＋7.5＋28.98＋76.53＝275.76(万元)

④计算房地产年纯收益。房地产年纯收益＝总收益－总费用

＝1 053－275.76＝777.24(万元)

⑤计算房屋现值。房屋现值＝房屋重置价－房屋年折旧费×已使用年限

＝2 500×15 000－76.53×3＝3 520.41(万元)

⑥计算房屋年纯收益。房屋年纯收益＝房屋现值×房屋还原利率

＝3 520.41×8％＝281.63(万元)

⑦计算土地年纯收益。土地年纯收益＝房地产年纯收益－房屋年纯收益

＝777.24－281.63＝495.61(万元)

⑧计算 2017 年 11 月 1 日的土地使用权价格。

$$土地使用权价格=\frac{土地年纯收益}{土地还原利率}\times\left[1-\frac{1}{(1+土地还原利率)^n}\right]$$

$$=\frac{495.61}{6\%}\times\left[1-\frac{1}{(1+6\%)^{50-4}}\right]=7\,694(万元)$$

$$单位面积地价=76\ 940\ 000\div 12\ 480$$
$$=6\ 165(元/m^2)$$
$$楼面地价=76\ 940\ 000\div 150\ 00=5\ 129(元/m^2\ 建筑面积)$$

复习思考题

1. 单项选择题

(1)某旅店占地面积 150 m^2,建筑面积 200 m^2,月正常经营性收入为 45 000 元,月经营总费用、建筑物纯收益均为 15 000 元,若土地还原率取 10%,则该旅社所使用土地的单价为(　　)元/m^2。

A. 10 000　　B. 12 000　　C. 20 000　　D. 25 000

(2)建筑物净收益=(　　)×建筑物资本化率(净收益每年不变且持续无限年期)。

A. 建筑物重置价格　B. 建筑物现值　C. 土地价格　D. 房地产价格

(3)收益法中所指的收益是(　　)。

A. 估价时点前一年的收益　　B. 估价时点前若干年的平均收益

C. 估价时点以后的未来预期正常收益　　D. 估价时点前最高盈利年份的收益

(4)用收益法评估某宗房地产的价格时,除有租约限制的以外,应选取(　　)净收益作为估价依据。

A. 类似房地产的客观　　B. 类似房地产的实际

C. 类似房地产的最高　　D. 类似房地产的最低

(5)收益法适用的条件是房地产的(　　)。

A. 收益能够量化　　B. 风险能够量化

C. 收益或风险其一可以量化　　D. 收益和风险均能量化

2. 简答题

(1)何谓收益法?收益法的理论依据及适用条件是什么?

(2)列举收益法的各种计算公式及其应用条件。

(3)土地资本化率、建筑物资本化率、综合资本化率三者的含义及相互关系如何?

3. 计算题

(1)某房地产的收益年限为 70 年,预测未来 3 年的净收益分别为 30 万元、35 万元、40 万元,从第 4 年起,每年的净收益将稳定在 45 万元左右,如果资本化率为 10%,则该房地产的收益价格是多少?

(2)某房地产建成于 2014 年年底,此后收益年限为 70 年,2015 年年底至 2017 年年底分别获得净收益 65 万元、70 万元、75 万元,预计 2018 年年底至 2020 年年底可分别获得净收益 80 万元、85 万元、90 万元,从 2021 年年底开始每年可获得的净收益稳定在 95 万元。购买该类房地产通常可得到银行 70%的抵押贷款,抵押贷款年利率为 8%,自有资本要求的收益率为 12%,试利用上述资料评估该房地产 2016 年年底的收益价格。

Chapter 5

第5章
成 本 法

本章学习内容及要求：通过学习，熟悉成本法的含义、基本原理、适用对象及条件，熟悉不动产价格构成，掌握成本法的计算公式及其应用，掌握重新构建价格的求取方法，熟悉建筑物折旧的确定方法。

5.1 成本法概述

5.1.1 成本法的含义

成本法是求取估价对象在估价时点的重新购建价格和建筑物折旧，然后将重新购建价格减去建筑物折旧来求取估价对象价值的方法。所谓重新购建价格是指假设在估价时点重新取得全新状况的估价对象的必要支出，或者重新开发建设全新状况的估价对象的必要支出和应得利润。成本法也可以说是以不动产价格各个构成部分的累加为基础来求取不动产价值的方法。成本法也称为积算法，求得的价值也称为积算价格。成本法的本质是以不动产的重新开发建设成本为导向求取不动产的价值。

5.1.2 成本法的基本原理

成本法的理论依据是生产费用价值论——商品的价格是依据其生产所必需的费用而决定。具体又可以分为从卖方的角度来看和从买方的角度来看。从卖方的角度来看，不动产的价格是基于其过去的“生产费用”，重在过去的投入，具体一点讲，是卖方愿意接受的最低价格，不能低于他为开发建设该房地产已花费的代价，如果低于该代价，他就要亏本。从买方的角度来看，不动产的价格是基于社会上的“生产费用”，类似于“替代原理”，具体而言，就是买方愿意支付的最高价格，不能高于他所预计的重新开发建设该房地产所需花费的代价，如果高于该代价，他还不如自己开发建设(或者委托另外的人开发建设)。例如，当房地产为土地与建筑物合成体的房地时，买方在确定其购买价格时，通常会这样考虑：如果自己另外购买一块类似土地的现时价格是多少，然后在该块土地上建造类似的建筑物的现时费用又是多少，此两者之和，即为自己所愿意支付的最高价格。如果该房地产中的建筑物还是全新的，通常还要考虑建筑物的折旧，即还要减价。

由上可见，一个是不低于开发建设已经花费的代价，一个是不高于预计重新开发建设所需花费的代价，买卖双方可以接受的共同点必然是正常的代价(包含正常的费用、税金和利润)。因此，估价人员便可以根据开发建设估价对象所必需的支出和应获得的利润为基础来求取估价对象的价值。

5.1.3 成本法适用的对象和条件

1. 成本法适用的估价对象

新近开发建设完成的房地产(简称新开发的房地产)、可以假设重新开发建设的现有房地产(简称旧的房地产)、正在开发建设的房地产(即在建工程)、计划开发建设的房地产，都可以采用成本法估价。对于那些很少发生交易而限制了比较法的运用，又没有经济收益或没有潜在经济收益而限制了收益法运用的房地产，例如，学校、医院、体育场馆、行政办公楼、军队营房等以公益、公用为目的的房地产，特别适用成本法估价。化工厂、钢铁厂、发电厂等独特设计或者只针对个别使用者的特殊需要而开发建设的房地产，以及单纯的建筑物或者其装饰装修部分，通常也是采用成本法估价。

在房地产保险(包括投保和理赔)及其他房地产损害赔偿中，往往也是采用成本法估价。因为在保险事故发生后或其他损害中，房地产的损毁通常是建筑物的局部，需要将其恢复到原状；对于发生建筑物全部损毁的，有时也需要采取重新建造的办法来解决。另外，在房地产市场不够活跃或者类似房地产交易实例较少的地区，难以采用市场法估价时，通常只好采用成本法估价。

2. 成本法估价需要具备的条件

在实际采用成本法估价时，房地产的价格直接取决于其效用而非花费的成本，成本的增加一定要对效用的增大有所作用才能构成价格。换一个角度讲，房地产成本的增加并不一定能增加其价值，投入的成本不多也不一定说明其价值不高。价格等于“成本加平均利润”是在长时期内平均来看的，并且需要具备以下 2 个条件：一是自由竞争(即可以自由进退的市场)，二是该种商品本身可以大量重复生产。

另外，在采用成本法进行估价时，还需要注意以下 3 个问题：一是应采用客观成本而不是实际成本。在采用成本法估价时，需要将房地产成本区分为实际成本和客观成本。实际成本也称为个别成本，是指某个具体的房地产开发商的实际花费。客观成本也称为正常成本，是指假设重新开发建设时大多数房地产开发商的一般花费。二是应在客观成本的基础上结合市场供求分析进行调整。当房地产市场供大于求时，应在客观成本的基础上调低评估价值；供小于求时，应在客观成本的基础上调高评估价值。三是应在客观成本的基础上结合选址、规划设计等的分析进行调整。现实中有一些选址不当或者规划设计不合理等造成不符合市场需要的房地产，极端的例子是在没有人流的地方建造的商场。在这种情况下虽然无论是什么人来建造该商场客观上都需要那么多成本，但该商场却没有那么高的价值。因此，在运用成本法评估这类房地产价值时还应进行适当的减价调整。

成本法估价还要求房地产估价师具有较丰富的建筑工程、建筑材料、设备、装饰装修、工程造价等方面的专业知识。成本法评估出的价值一般是房地产所有权的价值，在中国可视为房屋所有权和在估价时点剩余使用期限的土地使用权的价值。

5.1.4 成本法估价的操作步骤

成本法估价的操作步骤：①弄清估价对象不动产价格构成，搜集相关资料；②测算重新购建价格；③测算折旧；④求取计算价格。

5.2 不动产价格构成

运用成本法估价时，我们需要知道不动产价格的构成。不动产价格的实际构成极其复杂，不同地区、不同时期、不同类型的不动产，其价格构成可能不同。另外，不动产价格构成还取决于对构成项目的划分。划分的标准或角度不同，价格构成内容也会不同。在实际运用成本法估价时，不论不动产价格的构成如何，最关键的是要调查、掌握当地从取得土地一直到建筑物竣工验收合格交付使用乃至完成销售的全过程中，所涉及的税费种类、支付标准及支付时间。既不能重复也不能漏项，在此基础上再针对估价对象的实际情况确定其价格构成并测算各构成项目的金额。

下面以“取得房地产开发用地进行房屋建设，然后销售所建成的商品房”这种典型的房地产开发经营方式为例，并从便于测算各构成项目的金额的角度，来划分不动产价格构成。在这种情况下，不动产价格通常由七大项构成：①土地取得成本；②开发成本；③管理费用；④投资利息；⑤销售费用；⑥销售税费；⑦开发利润。

5.2.1 土地取得成本

土地取得成本是指取得房地产开发用地所需的费用税金等。在完善的市场经济下，土地取得成本一般是由购买土地的价款和在购买时由开发商缴纳的各种税费（契税、交易手续费等）构成。在目前，土地取得成本的构成根据房地产开发用地取得的途径，可分为下列 3 种。

1. 通过市场购买取得

土地取得成本包括土地使用权购买价格（用市场法、基准地价修正法、成本法取得）和买方缴纳的税费。

2. 通过征收集体土地取得

土地取得成本包括在征用中发生的费用(土地补偿费、安置补助费、地上附着物和青苗的补偿费、社会保障费用以及征地管理费、耕地占用税、耕地开垦费和新菜地开发建设基金)和土地使用权出让金等。

3. 通过城市房屋拆迁取得的

土地取得成本包括城市房屋拆迁中发生的费用(被拆迁房屋的房地产市场价格、被拆迁房屋室内自行装饰装修的补偿金额、搬迁补助费、安置补助费、拆迁非住宅房屋造成停产停业的补偿费和房屋拆迁管理费、房屋拆迁服务费、房屋拆迁估价费、房屋拆除和渣土清运费)和土地使用权出让金等。

5.2.2 开发成本

开发成本是指在取得房地产开发用地后进行土地开发和房屋建设所需的直接费用、税金等,在理论上可以将其划分为土地开发成本和建筑物建造成本。在实际中主要包括下列几项。

1. 勘察设计和前期工程费

对于土地取得成本中含有的房屋拆除费和场地平整费用的,则在此就不应设有或只有部分场地平整费用。根据各地此项费用所占建安工程费用的比例,一般取建安工程费用的6%~8%。

2. 房屋建筑安装工程费

它包括建造商品房及附属工程所发生的土建工程费用、安装工程费用和装饰装修工程费用。建安工程费一般根据建设标准、结构和建筑材料的选用等方面确定,采用的方法包括类似工程预算法、概算指标法和概算定额法。

3. 基础设施建设费

它包括所需的道路、给水、排水、电力、通信、燃气、热力、有线电视等设施的建设费用。由于各城市各类用地相应的基础设施建设费的计算标准不同,分别各情况计取。

4. 公共配套设施建设费

它包括所需的非营业性的公共配套设施的建设费用。如幼儿园、医院、文化活动中心、社区服务、市政公用等非营业性设施的建设。此项费用根据公共配套设施建设的完善程度来计算,一般为300~500元/m^2。

5. 其他工程费

如工程监理费、竣工验收费。

6. 开发期间的税费

它包括开发过程中的有关税收和地方政府或其有关部门收取的费用,如绿化建设费、人防工程费等。一般按照建安工程费的一定比例计算。

5.2.3 管理费用

管理费用是指为了组织和管理不动产开发经营活动所必需的费用,包括房地产开发商的人员工资及福利费、办公费、差旅费等，可总结为土地取得成本与开发成本之和的一定比率。所以，在估价时管理费用通常可按土地取得成本与开发成本之和乘以 3%～5% 来测算。

5.2.4 销售费用

销售费用是指预售和销售开发完成后的不动产所需的费用，包括广告宣传费、样板房或样板间建设费、销售人员费用或者销售代理费等。销售费用通常是按售价乘以一定比率来测算，如取售价的 2%～3%。

5.2.5 投资利息

此处的投资利息与会计上的财务费用不同，包括土地取得成本、开发成本、管理费用和销售费用的利息。而不仅仅是借款的利息和手续费。销售税费和开发利润不应作为投资利息的计算基数。

计算投资利息的基础工作是估算开发期，在成本法中，开发期的起点一般是取得不动产开发用地的日期，终点是估价对象开发完成的日期，也即估价时点。若估价对象是现房的一般是假设估价对象由估价时点时竣工验收完成的。估算开发期也可以采用类似于市场法的方法，即通过类似房地产已发生的开发期的比较、修正和调整来求取。

确定开发期后各项成本和费用均应按照它们在估价时点的正常水平来估算，而不是按照它们在过去发生时的实际或正常来估算。在确定计算期时，起点是该项费用发生的时点，终点是建设期结束时止，一般不考虑预售和延迟销售的情况。为了计算方便，一般假设土地取得成本在开发期初一次性投入，开发成本、管理费用和销售费用在整个建设期内均匀发生的并具体视为集中发生在该时间段的期中。从估价的角度来看，不动产开发商自有资金应得的利息也要与其应获得的利润分开，不能算作利润。

此外，在计算利息时，计息方式有单利和复利 2 种。一般采用复利的计算方式，并考虑计算周期的选择，同时要区分名义利率和实际利率的关系，准确计算项目的利息。

5.2.6 销售税费

销售税费是指预售未来开发完成的不动产或者销售开发完成后的不动产应由卖方缴纳的税费，可分为下列两类。

1. 销售税金及附加，简称“两税一费”

营改增之前，为营业税、城市维护建设税级教育费附加(大约为售价的 5.5%)；营改增以后，为增值税、城市维护建设税级教育费附加。

2. 其他销售税费

这包括应由卖方负担的印花税、交易手续费等。而不包括由买方负担的契税。也不包括应由卖方缴纳的土地增值税、企业所得税。在估价时通常是按售价乘以一定比率来测算。

5.2.7 开发利润

开发利润是指房地产开发商开发房地产所获得的利润。现实中的开发利润是一种结果,是由销售收入(售价)减去各种成本、费用和税金后的余额。而在成本法中,"售价"是未知的,是需要求取的,开发利润则是需要事先测算的,所以,运用成本法估价需要先测算出开发利润。测算开发利润应掌握下列几点:

①开发利润是土地增值税、企业所得税前的,简称为税前利润,开发利润=开发完成后的房地产价值-土地取得成本-开发成本-管理费用-投资利息-销售费用-销售税费。

②开发利润是该类房地产开发项目在正常条件下开发商所能获得的平均利润,而不是个别开发商最终获得的实际利润,也不是个别开发商所期望获得的利润。

③开发利润通常按照一定基数乘以相应平均利润率来计算。开发利润的计算基数和相应的利润率有下列 4 种:

a. 计算基数=土地取得成本+开发成本,相应的利润率可称为直接成本利润率,即

直接成本利润率=开发利润/(土地取得成本+开发成本)。

b. 计算基数=土地取得成本+开发成本+管理费用+销售费用,相应的利润率可称为投资利润率,即

投资利润率=开发利润/(土地取得成本+开发成本+管理费用+销售费用)。

c. 计算基数=土地取得成本+开发成本+管理费用+销售费用+投资利息,相应的利润率可称为成本利润率,即

成本利润率=开发利润/(土地取得成本+开发成本+管理费用+投资利息+销售费用)。

d. 计算基数=开发完成后的房地产价值(售价),相应的利润率可称为销售利润率,即

销售利润率=开发利润/开发完成后的房地产价值。

开发利润=(土地取得成本+开发成本+管理费用+销售费用+投资利息+销售税费+开发利润)×销售利润率。公式变形得到:

开发利润=(土地取得成本+开发成本+管理费用+销售费用+投资利息+销售税费)×销售利润率/(1-销售利润率)。

④利润率是通过大量调查、了解同一市场上类似房地产开发项目的利润率得到的。在测算开发利润时要注意计算基数与利润率的匹配,即采用不同的计算基数,应选用相对应的利润率;反过来,选用不同的利润率,应采用相对应的计算基数,不能混淆。从理论上讲,同一个不动产项目的开发利润,无论是采用哪种计算基数与其相对应的利润率来测算,所得的结果都是相同的。

5.3 成本法基本公式

成本法最基本的公式为:积算价格=重新购建价格-建筑物折旧。

上述公式可以根据下列 3 类估价对象而具体化：①新开发的土地；②新建的房地产（此处指房地、建筑物两种情况）；③旧的房地产（此处指房地、建筑物 2 种情况）。

新开发的土地和新建的房地产采用成本法估价一般不扣除折旧，但应考虑其工程质量、规划设计、周围环境、房地产市场状况等而予以适当的增减价调整。例如，运用成本法评估某在建工程的价值，即使该在建工程确实花了较多费用，但在房地产市场不景气时，要予以减价调整。

5.3.1 适用于新开发土地的基本公式

新开发土地包括征收农地后进行“三通一平”等基础设施建设和平整场地后的土地，城市房屋拆迁并时行基础设施改造和平整场地后的土地，填海造地，开山造地等。在这些情况下，成本法的基本公式为：

新开发土地价格＝取得待开发土地的成本＋土地开发成本＋管理费用＋投资利息＋销售费用＋销售税费＋开发利润＋土地增值收益。

这个公式又可以用图 5-1 形象地表示。

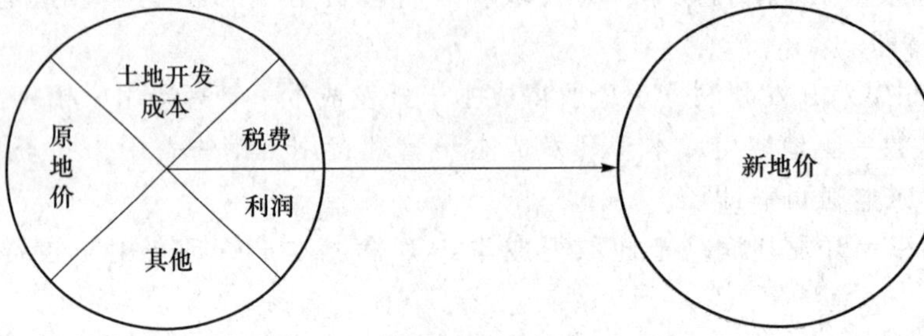

图 5-1 地价构成

上述新开发土地的基本公式，在具体情况下还会有具体形式。例如，成片开发完成后的熟地（如新开发区土地）的分宗估价公式如下：

新开发区某宗土地的单价＝（取得开发区用地的总成本＋土地开发总成本＋总管理费用＋总投资利息＋总销售费用＋总销售税费＋总开发利润＋土地增值收益）/（开发区用地总面积×开发完成后可转让土地面积的比率）×用途、区位、年期等因素调整系数。

上式中：①土地增值收益＝（取得开发区用地的总成本＋土地开发总成本＋总管理费用＋总投资利息＋总销售费用＋总销售税费＋总开发利润）×土地增值率。

②开发完成后可转让土地面积的比率＝开发完成后可转让土地总面积/开发区用地总面积×100％。

③用途、区位等修正，根据待估宗地在区域内的位置和宗地条件，进行这些因素的修正。

④对于有限年期的土地，要进行土地使用年期的修正。年期修正的公式为：

$$K = 1 - \frac{1}{(1+R)^n}$$

式中：K—土地使用年期修正系数；R—为土地还原率；n—为土地使用年期。

a. 当土地增值是以有限年期的土地市场价格与成本价格的差额确定时，年期修正已在增值收益中体现，不再另行修正。

b. 当土地增值是以无限年期的土地市场价格与成本价格的差额确定时，土地增值与成本价格一道进行年期修正。

c. 当待估宗地为以出让土地时，应进行剩余使用年期修正。

根据上述各步的修正调整后，最终确定成本逼近法的计算结果。如果采用成本法测算的是某一小区（或开发区）的平均土地价格，还应考虑小区的土地利用率或可出让土地的比率，进行公共设施的占地面积和公用面积的分摊，因为这些公共设施的占地面积（如道路、公共绿地等）是不能卖出去的，其土地价格和有关土地开发的投资成本应分摊到可出让的土地中。计算公式如下：

$$可出让土地的平均单价=土地总平均单价\times\frac{该宗土地面积}{可出让的土地面积}$$

实际测算时通常分为下列三大步骤进行：①计算开发区全部土地的平均价格。②计算开发区可转让土地的平均价格。这是用第一步计算出的平均价格除以可转让土地面积的比率。③计算开发区某宗土地的价格。这是将第二步计算出的平均价格，根据宗地的规划用途、具体位置、使用年限、容积率等做适当的增减调整。

新开发区土地的分宗估价，成本法是一种有效的方法。因为新开发区在初期，房地产市场一般还未形成，土地收益也还没有。

【例 5-1】 某成片荒地面积 2 km²，取得该荒地的代价为 1.2 亿元，将其开发成“五通一平”熟地的开发成本和管理费用为 2.5 亿元，开发期为 3 年，贷款年利率为 8%，销售费用、销售税费和开发利润分别为可转让熟地价格的 2%、5.5%和 10%，开发完成后可转让土地面积的比率为 60%。试求该荒地开发完成后可转让熟地的平均单价（假设开发成本和管理费用在开发期内均匀投入）。

【解】 求取该荒地开发完成后可转让熟地平均单价的过程如下：

该荒地开发完成后可转让熟地的总价＝取得该荒地的总代价＋土地开发总成本＋总管理费用＋总投资利息＋总销售费用＋总销售税费＋总开发利润

＝取得该荒地的总代价＋土地开发总成本＋总管理费用＋总投资利息＋可转让熟地的总价×销售费用、销售税费和开发利润的比率

得出：该荒地开发完成后可转让熟地的总价＝（取得该荒地的总代价＋土地开发总成本＋总管理费用＋总投资利息）/（1－销售费用、销售税费和开发利润的比率）

该荒地开发完成后可转让熟地的平均单价＝（取得该荒地的总代价＋土地开发总成本＋总管理费用＋总投资利息）/（1－销售费用、销售税费和开发利润的比率）×可转让熟地总面积

＝（取得该荒地的总代价＋土地开发总成本＋总管理费用＋总投资利息）/［（1－销售费用、销售税费和开发利润的比率）×该荒地总面积×可转让土地面积的比率］

$$=\frac{120\,000\,000\times(1+8\%)^{3}+250\,000\,000\times(1+8\%)^{1.5}}{[1-(2.2\%+5.5\%+10\%)]\times 2\,000\,000\times 60\%}$$

$$=436(元/m^{2})$$

5.3.2 适用于新建房地产的基本公式

1. 在新建房地产的情况下

在新建房地的情况下成本法的基本公式为：

新建房地价格＝土地取得成本＋土地开发成本＋建筑物建造成本＋管理费用＋投资利息＋销售费用＋销售税费＋开发利润

2. 在新建建筑物的情况下

在新建建筑物的情况下，上述公式中，不含土地取得成本、土地开发成本及应归属于土地的管理费用、投资利息、销售费用、销售税费和开发利润，即

新建建筑物价格＝建筑物建造成本＋管理费用＋投资利息＋销售费用＋销售税费＋开发利润

在实际运用成本法评估新建房地产价格中，一般是模拟房地产开发商的房地产开发过程，在本章第2节房地产价格构成的基础上，根据估价对象和当地的实际情况，对上述公式进行具体化，然后进行价格测算。

5.3.3 适用于旧房地产的基本公式

1. 评估旧房地产的情况下

在旧房产地的情况下，成本法的基本公式为：

旧房地产价格＝房地产的重新购建价格－建筑物的折旧

或者　旧房地产价格＝土地的重新购建价格＋建筑物的重新购建价格－建筑物的折旧。

在上述公式中，必要时还应扣除由于旧建筑物的存在而导致的土地价值减损。

2. 评估旧建筑物的情况下

评估旧建筑物的情况下，成本法的基本公式为：

旧建筑物价格＝建筑物的重新购建价格－建筑物的折旧

5.4 重新购建价格的求取

5.4.1 重新购建价格的含义

重新购建价格是指假设在估价时点重新取得全新状况的估价对象的必要支出或者重新开发建设全新状况的估价对象的必要支出和应得利润。前者可以理解为重新购买后者可以理解为重新生产。理解其含义应特别记住下列3点：①重新购建价格是估价时点时的价格。②重新购建价格应是客观的价格。③建筑物的重新购建价格应是全新状况下的价格，未扣除折旧；土地的重新购建价格是在估价时点状况下的价格，而土地的增价、减价

因素一般已考虑在土地的重新购建价格中。

5.4.2 重新购建价格的求取思路

1. 房地重新购建价格的求取思路

成本法估价时对包含土地和建筑物的估价对象，应选择具体估价路径，并应符合下列规定：

①应根据估价对象状况和土地市场状况，选择房地合估路径或房地产分估路径，并应优先选择房地合估路径。

②当选择房地合估路径时，应把土地当作原材料，模拟房地产开发过程，测算房地产重置成本或重建成本进行估价。

③选择房地分估路径时，应把土地和建筑物分别作为独立的物，分别测算土地重置成本、建筑物重置成本或重建成本。

选择房地合估路径的是模拟房地产开发商的房地产开发过程；而选择房地分估路径的，适用于土地市场上可以能直接在其上进行房屋建设的小块熟地交易为主的情况，或者有关成本、费用、税金、利润，特别是基础设施建设费、公共配套设施建设费较容易在土地和建筑物之间进行划分或分摊的情况。

2. 土地重新购建价格的求取思路

求取土地的重新购建价格，通常是假设该土地上没有建筑物，除此之外的状况均维持不变，然后采用市场法、基准地价修正法或成本逼近法等求取该土地的重新购置价格。这种求取思路特别适用于城市建成区内难以求取重新开发成本的土地。

3. 建筑物重新购建价格的求取思路

求取建筑物的童新购建价格，通常是假设该建筑物所占用的土地已经取得，并且该土地为没有该建筑物的空地，但除了没有该建筑物之外，其他状况均维持不变，然后在该土地上建造与该建筑物相同或者具有同等效用的全新建筑物的必要支出和应得利润也可以设想将该全新建筑物发包给建筑承包商（建筑施工企业）建造，由建筑承包商将能直接使用的全新建筑物移交给发包人，这种情况下发包人应支付给建筑承包商的全部费用，再加上发包人的其他必要支出（管理费用、销售费用、投资利息、销售税费等）及发包人的应得利润。

5.4.3 建筑物重新购建价格的求取方式

建筑物的重新购建价格有重置价格和重建价格 2 种。

1. 重置价格又称重置成本(replacement cost)

它是指采用估价时点时的建筑材料、建筑构配件、建筑设备和建筑技术等，在估价时点时的国家财税制度和市场价格体系下，重新建造与估价对象建筑物具有同等效用的全新建筑物所必需的支出和应获得的利润。

2. 重建价格又称重建成本(reproduction cost)

它是采用与估价对象建筑物相同的建筑材料、建筑构配件、建筑设备和建筑技术等，在估价时点时的国家财税制度和市场价格体系下，重新建造与估价对象建筑物相同的全新建筑物所必需的支出和应获得的利润。可将这种重新建造方式可形象地理解为“复制”。因此，进一步来说重建价格，是在原址，按照原规模和原建筑形式，使用与原有建筑材料、建筑构配件和建筑设备相同的新的建筑材料、建筑构配件和建筑设备，采用原建筑技术和工艺等，在估价时点的国家财税制度和市场价格体系下，重新建造与原有建筑物相同的全新建筑物所必需的支出和应获得的利润。上述两种重新建造方式往往得出的重新购建价格不同。有特殊保护价值的建筑物，如人们看重的有特殊建筑风格的建筑物，适用重建价格。

一般建筑物适用重置价格。因年代久远、已缺乏与旧建筑物相同的建筑材料、建筑构配件和建筑设备或因建筑技术和建筑标准改变等，使“复制”有困难的建筑物，一般只有使用重置价格。重置价格的出现是技术进步的必然结果，同时也是“替代原理”的体现。由于技术进步，使原来的许多设计、工艺、原材料、结构等都已过时落后或成本过高。而采用新材料、新技术等，不仅功能更加完善，成本也会降低，所以，通常重置价格要比重建价格低。

5.4.4 建筑物重新购建价格的求取方法

建筑物的重新购建价格可以采用市场法、成本法求取，也可以通过政府或其授权部门公布的房屋重置价格或不动产市场价格扣除基中可能包含的土地价格来求取。其基本求取公式有：

建筑物重新购建价格＝建筑安装工程费＋专业费用＋管理费用＋销售费用＋投资利息＋销售税费＋开发利润。具体方法如下。

1. 单位比较法

单位比较法是以估价对象建筑物为整体，选取某种与该建筑物造价密切相关的计量单位为比较单位，通过调查、了解估价时点类似建筑物的这种单位造价，并对其做适当的修正、调整，再加上相应的专业费、管理费用、销售费用、投资利息、销售费用和开发利润来求取建筑物重新购建价格的方法。这种方法实质上是市场法，这是一种常用、简便迅速的方法，但比较粗略。单位比较法主要有单位面积法和单位体积法，主要是两者的计量单位不同。

(1)单位面积法　它是根据当地近期建成的类似建筑物的单位面积造价，对其做适当的修正、调整，然后再加上相应的专业费、管理费用、销售费用、投资利息、销售费用和开发利润后，乘以估价对象建筑物的面积来估算建筑物的重新购建价格。

【例 5-2】 某幢房屋的建筑面积为 300 m^2，该类用途、建筑结构和档次的房屋的单位建筑面积造价为 1 200 元/m^2。试估算该房屋的造价。

【解】 待估房屋的造价为：300×1 200＝360 000(元)

(2)单位体积法　单位体积法与单位面积法相似，它是根据当地近期建成的类似建筑物的单位体积造价，对其做适当的修正、调整，然后再加上相应的专业费、管理费用、销售费用、投资利息、销售费用和开发利润后，乘以估价对象建筑物的体积来估算建筑物的重新购建价格。这种方法主要适用于造价与体积关系较大的建筑物，如储油罐、地下油库等。

【例 5-3】 某建筑物的体积为 500 m^3，该类用途、建筑结构和档次的建筑物单位体积造价为 600 元/m^3。试估算该建筑物的造价。

【解】 该建筑物的造价为：500×600＝300 000(万元)

在现实房地产估价中，往往将建筑物划分为不同的用途、建筑结构或等级，制作不同时期的造价表，以供求取某个具体建筑物的造价时使用。此表的格式，可参见表5-1。

表5-1　各种建筑物的造价表

项目	基准日期/年　月　日		价格/(元/m²)		
	钢结构	钢筋混凝土结构	砖混结构	砖木结构	简易结构
普通住宅					
高档住宅					
别墅					
大型商场					
中小商店					
办公楼					
宾馆					
标准厂房					
仓库					
影剧院					
体育馆					
加油站					
其他					

2. 分部分项法

分部分项法是先假设将估价对象建筑物分解为各个独立构件或分部分项工程，然后测算各个独立构件或分部分项工程的数量，再调查、了解估价时点各个独立构件或分部分项工程的单位价格或成本，最后将各个独立构件或分部分项工程的数量乘以相应的单位价格或成本后相加，来求取建筑物造价，再加上相应的专业费、管理费用、销售费用、投资利息、销售费用和开发利润后，乘以估价对象建筑物的面积来估算建筑物的重新购建价格的方法。表5-2为某建筑物造价构成表。

表5-2　为某建筑物造价构成表

项目	数量/m²	单位成本/(元/m²)	成本/元
基础工程	150	200	30 000
墙体工程	160	400	64 000
楼地面工程	150	200	30 000
屋面工程	150	300	45 000
给排水工程			25 000
供暖工程			15 000
电气工程			20 000
合计			229 000
承包商间接费、利润、税金		0.08	18 320
工程承发包价格			247 320
开发商管理费、利息和税费		0.2	49 464
重新构建价格			296 784

在运用分部分项法估算建筑物的重新购建价格时，需要注意如下 2 点：①应结合各个构件或分部分项工程的特点使用计量单位，有的要用面积，有的要用体积，有的要用长度，有的要用容量(千瓦、千伏安)，例如，基础工程的计量单位通常为体积，墙面抹灰工程的计量单位通常为面积，楼梯栏杆工程的计量单位通常为延长米；②既不要漏项也还要重复计算，以免造成测算不准。

3. 工料测量法

工料测量法是先假设将估价对象建筑物分解还原为建筑材料、建筑构配件和建筑设备，然后测算重新建造该建筑物所需要的建筑材料、建筑构配件、建筑设备的单价和人工费标准，接着将各种建筑材料、建筑构配件、建筑设备和数量和人工时数乘以相应的单价和人工费材料后相加，最后加上相应的专业费、管理费用、销售费用、投资利息、销售费用和开发利润来求取建筑物重新购建价格的方法。

工料测量法的优点是详细、准确，缺点是比较费时、费力并需有其他专家(建筑师、造价工程师)的参与，它主要用于有历史价值的建筑物重新购建价格的求取。采用工料测量法测算建筑物重新购建价格的一个简化例子，见表 5-3。

表 5-3 工料测量法

项目	数量	单价/元	成本/元
现场准备			3 000
水泥			6 500
砂石			5 000
砖块			12 000
木材			7 000
瓦面			3 000
铁钉			200
人工			15 000
税费			1 000
其他			5 000

4. 指数调整法

指数调整法是利用有关价格指数或变动率，将估价对象建筑物的原始价值调整到估价时点时的价值来求取建筑物造价，在加上相应的专业费、管理费用、销售费用、投资利息、销售费用和开发利润来求取重新购建价格的方法。这种方法主要用于检验其他方法的测算结果。

将原始价值调整到估价时点的价值的具体方法，与市场法中交易日期调整的方法相同。

5.5 建筑物折旧的测算

5.5.1 建筑物折旧的含义和原因

1. 建筑物折旧的含义

建筑物折旧应是各种原因造成的建筑物价值减损，并应等于建筑物在价值时点的重

置成本或重建成本减去建筑物在价值时点的市场价值。即

建筑物折旧＝建筑物重新购建价格－建筑物市场价值

建筑物的重新购建价格表示建筑物在全新状况下所具有的价值，将其减去建筑物折旧相当于减价调整，其所得的结果则表示建筑物在估价时点状况下所具有的价值。

估价上的建筑物折旧与会计上的建筑物折旧，虽然都称为折旧并有一定的相似之处，但因两者的内涵不同而有着本质上的区别。

2. 建筑物折旧的原因

根据引起建筑物折旧的原因，建筑物折旧可以分为物质折旧、功能折旧和经济折旧三个方面。

(1)物质折旧　物质折旧又称为有形损耗，是指建筑物在实体上的老化、磨损、损坏所造成的建筑物价值损失。它可以进一步归纳为4个方面：①自然经过的老朽；②正常使用的磨损，工业用途的建筑物分为受腐蚀和不受腐蚀的；③意外破坏的损毁，包括自然方面和人为方面；④延迟维修的损坏残存。

(2)功能折旧　功能折旧又称无形损耗，是指建筑物在功能上的缺乏、落后或过剩造成的建筑物价值损失。造成的原因可能是建筑设计上的缺陷，过去的建筑标准过低，人们的消费观念变更、建筑技术，出现了更好的建筑物，等等。

(3)经济折旧　经济折旧又称外部性折旧，是指建筑物本身以外的各种不利因素所造成的建筑物价值损失。不利因素可能是经济因素(市场供给过量或需求不足)、区位因素(环境改变，包括自然环境恶化、环境污染、交通拥挤、城市规划改变等)，也可能是其他因素(政府政策变化等)。例如，一个高级居住区附近兴建了一座工厂，该居住区的房地产价值下降，这就是一种经济折旧。这种经济折旧一般是永久性的。再如，在经济不景气时期以及高税率、高失业率等，房地产的价值降低，这也是一种经济折旧。但这种现象不会永久下去，当经济复苏后，这种经济折旧也就消失了。

【例5-4】 某旧住宅，测算其重置价格为40万元，地面、门窗等破旧引起的物质折旧为1万元，因户型设计不好、没有独用厕所和共用电视天线等导致的功能折旧为6万元，由于位于城市衰落地区引起的经济折旧为3万元。试求取该旧住宅的折旧总额和现值。

【解】 该旧住宅的折旧总额求取如下：该旧住宅的折旧总额＝1＋6＋3＝10(万元)

该旧住宅的现值求取如下：该旧住宅的现值＝重置价格－折旧＝40－10＝30(万元)

5.5.2 建筑物折旧的求取方法

建筑物折旧的求取方法，可归纳为3类：①年龄—寿命法；②市场提取法；③分解法。

5.5.2.1 年龄—寿命法

年龄—寿命法又称年限法，是根据建筑物的经济寿命、有效年龄或剩余经济年限来求取建筑物折旧的方法。它又可分为直线法和成新折扣法。而建筑物的寿命分为自然寿命和经济寿命。

建筑物的自然寿命是指建筑物从竣工之日起开始到不堪使用时的年数。建筑物的经济寿命是指建筑物从竣工验收合格之日起到建筑物地房地产价值不再有贡献为止的

时间。

建筑物经济寿命应自建筑物竣工时起计算,可在建筑物设计使用年限的基础上,根据建筑物的施工、使用、维护和更新改造等状况及周围环境、房地产市场状况等进行等综合分析判断后确定。非住宅建筑物经济寿命晚于土地使用期限结束,且出让合同等约定土地使用权期间届满后无偿收回土地使用权及地上建筑物的,测算建筑物折旧时,应将建筑物经济寿命替换为自建筑物竣工时起至土地使用权期间届满之日止的时间。

对于收益性房地产来说,就是从建筑物竣工之日开始,在正常市场和运营状态下,房地产产生的收入大于运营费用,即净收益大于0的持续时间。建筑物的经济寿命一般短于其自然寿命,它是由市场决定、相同类型的建筑物在不同地区的经济寿命也可能不同。建筑物在其寿命期间如果经过了翻修、改造等,自然寿命和经济寿命都有可能得到延长。

建筑物的经过年数分为实际年龄和有效年龄。实际年龄是建筑物从竣工验收合格之日起到估价时点时的日历年数。有效年龄是在估价时点的建筑物状况和效用所显示的年龄,应根据建筑物的施工、使用、维护和更新改造等状况,在建筑物实际年龄的基础上进行适当加减调整得出。有效年龄可能短于,也可能长于实际年龄:①建筑物的维修养护正常的,有效年龄与实际年龄相当;②建筑物的维修养护比正常维修养护好或经过更新改造的,有效年龄短于实际年龄;③建筑物的维修养护比正常维修养护差的,有效年龄大于实际年龄。

建筑物的剩余寿命可分为剩余自然寿命和剩余经济寿命。建筑物的剩余自然寿命是其自然寿命减去实际年龄后的寿命,建筑物的剩余经济寿命是其经济寿命减去有效年龄后的寿命。建筑物的有效年龄是从估价时点向过去计算的时间,剩余经济寿命是从估价时点开始到建筑物经济寿命结束为止的时间。两者之和等于建筑物的经济寿命。利用年龄一寿命法求取建筑物折旧时,建筑物的寿命应为经济寿命,年龄应为有效年龄,剩余寿命应为剩余经济寿命。

1. 直线法

年龄—寿命法中最主要的是直线法。每年折旧额是一个常数。它是假设在建筑物的经济寿命期间,每年的折旧额相等。

直线法下建筑物折旧后的价值计算公式:

$$V = C - \frac{C-S}{N} \times t$$

式中:V—建筑物折旧后的价值;C—建筑物重置成本或重建成本;S—建筑物预计净残值,是建筑物的残值减去清理费用后的余额;t—建筑物有效年龄;N—建筑物经济寿命。

直线法的年折旧额计算公式为:

$$D_i = D = \frac{C-S}{N} = \frac{C(1-R)}{N}$$

式中:D_i—第 i 年的折旧额,在直线法的情况下,每年的折旧额 D_i 是一个常数 D;

R—建筑物的净残值率,简称残值率,是建筑物的净残值与其重新购建价格的比率,即

$$R = \frac{S}{C} \times 100\%$$

另外，$(C-S)$称为折旧基数；年折旧额与重新购建价格的比率称为年折旧率。如果用 d 来表示，即 $d=\frac{D}{C}\times 100\%=\frac{C-S}{C\times N}\times 100\%=\frac{1-R}{N}\times 100\%$。

利用上述几个公式可以求出建筑物的年折旧额、折旧总额和现值。

【例 5-5】 某幢房地产的建筑面积为 1 000 m^2，单位建筑面积的重置价格为 3 000 元/m^2，经估价师现场勘察，判定其有效年龄为 10 年，经济寿命为 30 年、残值率为 5%。请用直线法计算该房地产的年折旧额、折旧总额，并计算其现值。

【解】 已知 $C=3\,000\times 1\,000=3\,000\,000$ 元，$R=5\%$，$N=30$ 年，$t=10$ 年

则该房地产的年折旧额 $D=\frac{C-S}{N}=\frac{3\,000\,000\times(1-5\%)}{30}=95\,000$(元)

该房地产的折旧总额 $E_t=D\times t=95\,000\times 10=950\,000$(元)

该房地产的现值 $V=C-E_t=3\,000\,000-950\,000=2\,050\,000$(元)

2. 成新折扣法

成新折扣法是根据建筑物的建成年代、新旧程度等，确定建筑物的成新率，将建筑物的重新构建价格乘以成新率即为建筑物的现值。成新折扣法下建筑物折旧后的价值计算公式：$V=Cq$ 式中：q—建筑物成新率(%)；其他同上。

建筑物成新率的评分标准可借鉴原城乡建设环境保护部于 1984 年 11 月颁布的《房屋完损等级评分标准》。它根据房屋的结构、装修、设备 3 个组成部分的各个项目完好、损坏程度划分为 5 个等级。

(1)完好房　结构构件完好，装修和设备完好、齐全完整，管道畅通，现状良好，使用正常，或虽然个别分项有轻微损坏，但一般经过小修就能修复。

(2)基本完好房　结构基本完好，少量构件有轻微损坏，装修基本完好，油漆缺乏保养，设备、管道现状基本完好。这类房屋经过一般性的维修能正常使用。

(3)一般损坏房　结构一般性的损坏，部分构件有损坏或变形，屋面漏雨，装修局部有破损，油漆老化，设备、管道不够畅通，水卫、电线、管线、器具和零件有部分老化、损坏或残缺。这类房屋需要进行中修或局部大修，更换部件。

(4)严重损坏房　房屋年久失修，结构有明显变形或损坏，屋面严重漏雨，装修严重变形、破坏，油漆老化见底，设备陈旧不齐全，管道严重堵塞，水卫、电线、管道、器具和零部件残缺及严重损坏。这类房屋需要进行大修或翻新、改造。

(5)危险房　承重构件已属危险构件，结构丧失稳定及承载能力，随时有倒塌可能，不能确保使用安全。

建筑物成新率与房屋完损等级的关系如下：完好房的成新率十、九、八成；基本完好房的成新率七、六成；一般损坏房的成新率五、四成；严重损坏房及危险房的成新率三成及三成以下。

在进行具体的估价时，评估人员往往根据房屋的基础、承重结构、维护、楼地面、屋面、门窗、水暖、电照等各部分的现场勘测记录，确定完好分值率并确定相应权重。所以，该方法又称打分成新折扣法。具体公式如下：

成新率＝结构部分得分×G＋装修部分打分×S＋建筑设备部分得分×B

式中：G—结构部分各分部权重；S—装修部分权重；B—建筑设备部分权重。

例如，某评估师经过现场勘查，对某建筑物的主体结构部分、装修部分及设备部分打分见表 5-4。

表 5-4　某建筑物打分表

部位评分					得分	权重	取值
部位		基本情况	标准分	评估分			
主体结构部分	基础	保持完好	40	30	64	0.8	51.2
	墙体	一般完好	40	20			
	屋面	排水畅通	10	8			
	地面	面层完好，水泥地面	10	6			
	G 部分得分		100	64			
装修部分	内外装修	一般完好	40	20	20	0.1	2
	门窗	无	60	0			
	S 部分得分		100	20			
设备部分	水卫等	无	50	0	0	0.1	0
	电	无	50	0			
	B 部分得分		100	0			

经计算，采用打分成新折扣法确定的成新率为：$[64\times0.8+20\times0.1+0\times0.1]\times100\%=53.2\%$

5.5.2.2　市场提取法

采用市场提取法测算建筑物折旧，应先从交易实例中选取不少于 3 个含有与估价对象中的建筑物具有类似折旧状况的建筑物的可比实例，再通过这些可比实例的成交价格减去土地重置成本得到建筑物折旧后的价值，然后将建筑物重置成本或重建成本减去建筑物折旧后的价值得到建筑物折旧。

5.5.2.3　分解法

采用分解法测算建筑物折旧，应先把建筑物折旧分成物质折旧、功能折旧、外部折旧等各个组成部分，分别测算出各个组成部分并应分为可修复和不可修复两类，再分别测算各个组成部分，然后相加得到建筑折旧。修复成本小于或等于修复所能带来的房地产价值增加额的，应为可修复折旧；否则，应作为不可修复折旧。对可修复的，应测算修复成本并将其作为折旧额。分解法求取建筑物折旧的途径有如下几种方式。

1. 物质折旧的求取过程和方法

①将物质折旧项目分为可修复项目和不可修复项目两类。修复是指恢复到新的或相当于新的状况，有时是修理，有时是更换。预计修复所需的费用小于或等于修复所带来的房地产价值的增加额的，是可修复的，即修复所必需的费用≤修复后的房地产价值－修复前的房地产价值。反之，为不可修复的。

(1)可修复项目　对于可修复项目，估算采用最优修复方案使其恢复到新的或相当于新的状况下所必需的费用作为折旧额。

(2)不可修复项目　对于不可修复项目,根据估价时点的剩余使用寿命是否短于整体建筑物的剩余经济寿命,将其分为短寿命项目和长寿命项目两类。短寿命项目是剩余使用寿命短于整体建筑物剩余经济寿命的部件、设备、设施等,它们在建筑物剩余经济寿命期间迟早需要更换,甚至可能更换多次。长寿命项目是剩余使用寿命等于或长于整体建筑物剩余经济寿命的部件、设备、设施等,它们在建筑物剩余经济寿命期间是不需要更换的。

在实际中,短寿命项目与长寿命项目的划分,一般是在其寿命是否短于建筑物经济寿命的基础上作出的,例如,基础、墙体、屋顶、门窗、管网、电梯、空调、卫生设备、装饰装修等的寿命是不同的。短寿命项目分别根据各自的重新购建价格(通常为市场价格、运输费、安装费用之和)、寿命、经过年数或剩余使用寿命,采用年限法计算折旧额。长寿命项目是合在一起,根据建筑物重新购建价格减去可修复项目的修复费用和各短寿命项目的重新购建价格后的余额、建筑物的经济寿命、有效经过年数或剩余经济寿命,采用年限法计算折旧额。将可修复项目的修复费用、短寿命项目的折旧额、长寿命项目的折旧额相加,即为物质折旧额。

【例 5-6】 某建筑物的重置价格为 200 万元,经济寿命为 50 年,有效经过年数为 10 年。其中,门窗等损坏的修复费用为 2 万元;装饰装修的重置价格为 30 万元,平均寿命为 5 年,经过年数为 3 年;设备的重置价格为 60 万元,平均寿命为 15 年,已使用 10 年。残值率假设均为 0。试计算该建筑物的物质折旧额。

【解】 该建筑物的物质折旧额计算如下:

门窗等损坏的修复费用＝2(万元)

装饰装修的折旧额＝30×1/5×3＝18(万元)

设备的折旧额＝60×1/15×10＝40(万元)

长寿命项目的折旧额＝(200－2－30－60)×1/50×10＝21.6(万元)

建筑物的物质折旧额＝2＋18＋40＋21.6＝81.6(万元)

2. 功能折旧的求取方法

将功能折旧分为功能缺乏、功能落后和功能过剩引起的 3 类,并进一步分为可修复的和不可修复的。

(1)可修复的功能缺乏引起的折旧　对于可修复的功能缺乏引起的折旧,在使用缺乏该功能的重置成本下:①估算在估价对象建筑物上增加该功能所必需的费用;②估算该功能如果在建筑物建造时就具有所必需的费用;③将在估价对象建筑物上增加该功能所必需的费用减去该功能如果在建筑物建造时就具有所必需的费用,即增加该功能所超额的费用,作为折旧额。

如果使用具有该功能的重置成本,则减去在估价对象建筑物上增加该功能所必需的费用,便得到了扣除该功能缺乏引起的折旧后的重置成本。

(2)不可修复的功能缺乏引起的折旧　对于不可修复的功能缺乏引起的折旧,可以:①采用“租金损失资本化法”求取缺乏该功能导致的未来每年损失租金的现值之和;②估算该功能如果在建筑物建造时就具有所必需的费用;③将未来每年损失租金的现值之和减去该功能如果在建筑物建造时就具有所必需的费用,作为折旧额。

功能过剩一般是不可修复的。功能过剩引起的折旧首先应包括功能过剩所造成的无效成本。该无效成本可以通过使用重置成本而自动得到消除，但如果使用重建成本则不能消除。以前面讲过的层高过高的厂房为例，因为重置成本将依据5 m而不是6 m层高来估算，而重建成本将依据6 m层高来估算。将功能缺乏引起的折旧额、功能落后引起的折旧额、功能过剩引起的折旧额相加，即为功能折旧额。

3. 外部折旧的求取方法

外部折旧在估价时点时通常是不可修复的，首先应分清它是暂时性的还是永久性的，然后可以根据租金损失的期限不同，采用租金损失资本化法求取未来每年所损失租金的现值之和作为折旧额。需要注意的是，在建工程和新近开发完成的房地产，采用成本法估价的，可不扣除折旧，但对存在减价因素的，应予以相应的减价调整。

5.5.3 求取建筑物折旧应注意的问题

1. 估价上的折旧与会计上的折旧的区别

估价上的折旧注重的是市场价值的真实减损，会计上的折旧注重的是原始价值的分摊、补偿或回收。会计上，资产原值与累计折旧额的差被称作资产的账面价值，它无需与资产的市场价值相一致；在估价上，重新购建价格与折旧总额的差被视为资产的实际价值，它必须与资产的市场价值相一致。但在房地产估价中，并非所有的建筑物折旧问题都是估价上的折旧，如在收益法中需要扣除的建筑物折旧费和土地摊提费（土地取得费用的摊销）就属于会计上的折旧。

2. 土地使用年限对建筑物经济寿命的影响

求取建筑物折旧应注意土地使用年限对建筑物经济寿命的影响。在实际估价中，由于土地是有期限的使用权，建筑物经济寿命结束的时间可能与土地使用年限届满的时间不一致，因此，计算建筑物折旧所采用的经济寿命遇到下列情况时的处理方法有如下几种。

（1）建筑物的经济寿命早于土地使用年限而结束的，应按建筑物的经济寿命计算建筑物折旧

例如，假设是在出让土地上建造的普通商品住宅，土地使用权出让年限为70年，建设期为2年，建筑物经济寿命为50年。在这种情况下，应按照50年（建筑物经济寿命）而不是52(2+50)年、68(50+18)年或70年（土地使用期限）计算建筑物折旧。如再假设是一幢旧办公楼，在其建成15年后补办了土地使用权出让手续，土地使用权出让年限为50年，建筑物经济寿命为60年。在这种情况下，应按照60年（建筑物经济寿命）而不是按照45(60−15)年、50年（土地使用期限）或65(60+5)年计算建筑物折旧。

（2）建筑物经济寿命晚于土地使用期限结束的，分为在土地使用权出让合同中未约定不可续期和已约定不可续期2种情况

①对于在地使用权出让合同中未约定不可续期的，应按照建筑物经济寿命计算建筑物折旧。这样处理的理由：首先，于2007年10月1日正式施行的《物权法》第一百四十九条规定，住宅建设用地使用权期间届满的，自动续期。非住宅建设用地使用权期间届满后的续期，依照法律规定办理。该土地上的房屋及其他不动产的归属，有约定的，按照约定；没有约定或者约定不明确的，依照法律、行政法规的规定办理。其次，在1994年公布的

《中华人民共和国城市房地产管理法》第二十一条规定"土地使用权出让合同约定的使用年限届满,土地使用者未申请续期或者虽申请续期但依照前款规定未获批准的,土地使用权由回家无偿收回",而未规定地上建筑物、其他附着物所有权一并由国家无偿收回,实际上是取消了地上建筑物、其他附着物所有权在土地使用权期满时也由国家无偿取得的原有规定。

②非住宅建筑物经济寿命晚于土地使用期限结束,且出让合同等约定土地使用权期限届满后无偿收回土地使用权及地上建筑物的,测算建筑物折旧时,应将建筑物经济寿命替换为自建筑物竣工时起至土地使用权期间届满之日止的时间。

在土地使用权出让合同中已约定不可续期的情况在实际中比较少见。

5.6 成本法应用中涉及的有关规定

5.6.1 集体土地征收的有关规定

集体土地征收费用是指国家征收农民集体所有的土地所发生的必要支出。根据《中华人民共和国物权法》《中华人民共和国土地管理法》《关于完善征地补偿安置制度的指导意见》(2004 年 11 月 3 日国土资发〔2004〕238 号)等的规定,集体土地征收费用主要有下列几项。

1. 征地补偿安置费

(1)土地补偿费　征收耕地的土地补偿费,为该耕地被征收前 3 年平均年产值的 6～10 倍。征收其他土地的土地补偿费标准,由省、自治区、直辖市参照征收耕地的土地补偿费的标准规定。土地补偿费的计算公式为:

土地补偿费＝被征土地前 3 年平均年产值×补偿倍数

(2)安置补助费　征收耕地的安置补助费,按照需要安置的农业人口数计算。需要安置的农业人口数,按照被征收的耕地数量除以征地前被征收单位平均每人占有耕地的数量计算。每一个需要安置的农业人口的安置补助费标准,为该耕地被征收前 3 年平均年产值的 4～6 倍。但是,每公顷被征收耕地的安置补助费,最高不得超过被征收前 3 年平均年产值的 15 倍。征收其他土地的安置补助费标准,由省、自治区、直辖市参照征收耕地的安置补助费的标准规定。安置补助费的计算公式为:

①(被征土地需安置人数×补偿倍数)≤15 时,总安置补助费＝被征土地前 3 年平均年产值×补偿倍数×被征土地需安置人数。

②(被征土地需安置人数×补偿倍数)＞15 时,总安置补助费＝被征土地前 3 年平均年产值×15。

依照规定支付土地补偿费和安置补助费,尚不能使需要安置的农民保持原有生活水平的,经省、自治区、直辖市人民政府批准,可以增加安置补助费。但是,土地补偿费和安置补助费的总和不得超过土地被征收前 3 年平均年产值的 30 倍。

(3)地上附着物和青苗的补偿费　地上附着物补偿费是对被征收土地上，例如，房屋及其他建筑物(含构筑物)、树木、鱼塘、农田水利设施、蔬菜大棚等给予的补偿费。青苗补偿费是对被征收土地上尚未成熟、不能收获的诸如水稻、小麦、蔬菜、水果等给予的补偿费。可以移植的苗木、花草以及多年生经济林木等，一般是支付移植费；不能移植的，给予合理补偿或作价收购。地上附着物和青苗的补偿标准，由省、自治区、直辖市规定。

(4)安排被征地农民的社会保障费用。

2. 征地管理费

征地管理费是指县级以上人民政府土地管理部门受用地单位委托，采用包干方式统一负责、组织、办理各类建设项目征收土地的有关事宜、由用地单位按照征地费总额(征地补偿安置费用)的一定比例支付的管理费。包干方式有全包方式、半包方式和单包方式3种。

3. 耕地占用税(占用耕地的)

根据《中华人民共和国耕地占用税暂行条例》(1987年4月1日国发〔1987〕27号)的规定，占用耕地建房或者从事其他非农业建设的单位和个人，都是耕地占用税的纳税义务人，应当按照规定缴纳耕地占用税。耕地占用税以纳税义务人实际占用的耕地面积计税，按照规定税额一次性征收。各地耕地占用税的适用税额标准，由各省、自治区、直辖市人民政府在《中华人民共和国耕地占用税暂行条例》规定的税额标准幅度以内，根据本地区的实际情况具体核定。

4. 耕地开垦费(占用耕地的)

国家实行占用耕地补偿制度。非农业建设经批准占用耕地的，按照“占多少，垦多少”的原则，由占用耕地的单位负责开垦与所占用耕地的数量和质量相当的耕地；没有条件开垦或者开垦的耕地不符合要求的，应当按照省、自治区、直辖市的规定缴纳耕地开垦费，专款用于开垦新的耕地。

5. 新菜地开发建设基金(征收城市郊区菜地的)

征收城市郊区的菜地，用地单位应当按照国家有关规定缴纳新菜地开发建设基金。新菜地开发建设基金的缴纳标准，由省、自治区、直辖市规定。

6. 政府规定的其他有关费用

部分省、自治区、直辖市还规定收取防洪费、南水北调费，等等。具体费用、税收项目和收取标准，应根据国家和当地政府的有关规定执行。

5.6.2　城市房屋征收与补偿费用的有关规定

城市房屋征收补偿费用，是指在城市规划区内国有土地上实施房屋征收所发生的必要支出。根据《中华人民共和国物权法》《国有土地上房屋征收与补偿条例》等的规定，城市房屋征收与补偿费用主要有下列几项。

1. 房屋征收补偿安置费

房屋征收补偿安置费由征收人对于被征收人给予征收补偿和安置所发生的全部费用构成，主要包括以下几项。

①被征收房屋价值的补偿。不得低于房屋征收决定公告之日被征收房屋类似房地产的市场价格。被征收房屋的价值，由具有相应资质的房地产价格评估机构按照房屋征收评估办法评估确定。

②因征收房屋造成的搬迁、临时安置的补偿。

③因征收房屋造成的停产停业损失的补偿。

④市、县级人民政府应当制定补助和奖励办法，对被征收人给予补助和奖励。

2. 房屋征收管理费

房屋征收管理费是房屋征收管理部门按照房屋征收补偿安置费用的一定比例向征收人收取的费用，用于房屋征收管理工作(包括征收许可证审批、征收资金监管、征收队伍管理等)。具体收费标准，由各省、自治区、直辖市物价、财政部门制定。

3. 房屋征收服务费

房屋征收服务费是承担房屋征收服务的单位按照房屋征收补安置费用的一定比例向征收人收取的费用。

4. 房屋征收估价费(房地产价格评估费)

房屋征收估价费(房地产价格评估费)是承担房屋征收估价服务的房地产估价机构，向房屋征收估价委托人(征收人)收取的费用。

5. 房屋拆除和渣土清运费

6. 政府规定的其他有关费用

5.6.3 房屋折旧的有关规定

1992年6月5日，建设部、财政部制定的《房地产单位会计制度—会计科目和会计报表》(建综〔1992〕349号印发)对经租房产折旧作了有关规定。这些规定虽然是针对会计上的折旧和“经租房产”，但一些参数，如房屋的耐用年限(寿命)、残值率等，对于估价上求取建筑物的折旧也有参考价值。经租房产折旧的有关规定如下：

1. 计算折旧必须确定房产的价值、使用年限、残值和清理费用

其计算公式为：年折旧额＝原价×(1－残值率)÷耐用年限

2. 经租房产根据房屋结构分为下列4类7等

(1)钢筋混凝土结构　钢筋混凝土结构，全部或承重部分为钢筋混凝土结构，包括框架大板与框架轻板结构等房屋。这类房屋一般内外装修良好，设备比较齐全。

(2)砖混结构一等　部分钢筋混凝土，主要是砖墙承重的结构，外墙部分砌砖、水刷石、水泥抹面或涂料粉刷，并设有阳合，内外设备齐全的单元式住宅或非住宅房屋。

(3)砖混结构二等　部分钢筋混凝土，主要是砖墙承重的结构，外墙是清水墙，没有阳台，内部设备不全的非单元式住宅或其他房屋。

(4)砖木结构一等　材料上等、标准较高的砖木(石料)结构。这类房屋一般是外部有装修处理、内部设备完善的庭院式或花园洋房等高级房屋。

(5)砖木结构二等　结构正规，材料较好，一般外部没有装修处理，室内有专用上、下水等设备的普通砖木结构房屋。

(6)砖木结构三等　结构简单,材料较差,室内没有专用上、下水等设备,较低级的砖木结构房屋。

(7)简易结构　如简易楼、平房、木板房、砖坯房、土草房、竹木捆绑房等。

3. 各种结构房屋的耐用年限

简单地分,可以把房屋的结构类型划分为以下几种:钢筋混凝土结构、砖混结构、砖木结构和简易结构。各种结构房屋的耐用年限一般为以下几种。

(1)钢筋混凝土结构　生产用房50年,受腐蚀的生产用房35年,非生产用房60年。

(2)砖混结构一等　生产用房40年,受腐蚀的生产用房30年,非生产用房50年。

(3)砖混结构二等　生产用房40年,受腐蚀的生产用房30年,非生产用房50年。

(4)砖木结构一等　生产用房30年,受腐蚀的生产用房20年,非生产用房40年。

(5)砖木结构二等　生产用房30年,受腐蚀的生产用房20年,非生产用房40年。

(6)砖木结构三等　生产用房30年,受腐蚀的生产用房20年,非生产用房40年。

(7)简易结构　10年。

4. 房屋残值的规定

房屋残值是指房屋达到使用年限,不能继续使用,经拆除后的旧料价值;清理费用是指拆除房屋和搬运废弃物所发生的费用;残值减去清理费用,即为残余价值,其与房屋造价的比例为残值率。各种结构房屋的残值率一般为以下几种。

(1)钢筋混凝土结构　0。

(2)砖混结构一等　2%。

(3)砖混结构二等　2%。

(4)砖木结构一等　6%。

(5)砖木结构二等　4%。

(6)砖木结构三等　3%。

(7)简易结构　0。

5.7 成本法总结和运用举例

对上述成本法的内容进行总结可知,成本法的典型估价对象是现存土地与建筑物合成体的房地产(即现房),其价值为土地价值加上建筑物的重新购建价格减去建筑物的折旧。其中,土地价值可采用比较法求取,也可采用成本法、基准地价系数修正法求取建筑物的重新购建价格分为重置价格和重建价格,它们视建筑物的重要性而选定,求取方法有单位比较法、分部分项法、工料测量法、类似工程预算法等;建筑物的折旧包括物质折旧、功能折旧和经济折旧,求取方法有年限法、成新折扣法、实际观察法、分解法等。

【例题 5-7】　某宗房地产的土地总面积为1 000 m²,是10年前通过征收农地取得的,当时取得的费用为30万元/亩,现时重新取得该类土地需要的费用为3 600元/m²;地上建筑物总建筑面积2 000 m²,是8年前建成交付使用的,当时的重置成本为每平方米建筑面积800元,现时重置成本为每平方米建筑面积2 500元,估计该建筑物有八成新。试选用所给资料测算该宗房地产的现时总价和单价。

【解】 该题主要是注意重新购建价格应为估价时点时的价格。在搞清楚了此问题的基础上,该宗房地产的价格测算如下:

土地现值=3 600×1 000=3 600 000(元)

建筑物现值=2 500×2 000×80%=4 000 000(元)

估价对象的现时总价=3 600 000+4 000 000=7 600 000(元)

估价对象的现时单价=7 600 000/2 000=3 800(元/m^2)

【例题 5-8】 某开发区拟出让一宗工业用地,出让年限 50 年,土地面积 8 000 m^2,该开发区现已完成"七通一平",土地总面积为 5 km^2,其中,可出让土地面积为 3.5 km^2。根据调查测算,征地过程中发生的土地补偿费、地上附着物补偿费、青苗补偿费及安置补助费平均为 6 万元/亩,土地开发费(含管理费)平均为 2 亿元/km^2,征地过程中发生的其他有关税费约 2 万元/亩,一般征地完成后,"七通一平"的土地开发周期为 2 年,第 1 年土地开发费占全部土地开发费的 40%,每年投资资金为均匀投入,全部土地投资利润率为 20%,银行的年贷款利率为 6.6%,土地增值率为 20%,土地还原率为 7%,试测算该宗地的出让地价。

【解】 估价对象为新开发土地,宜采用成本逼近法评估。

(1)计算土地取得费及税费

土地取得费及税费=(6+2)×10 000÷666.67=120(元/m^2)

(2)计算土地开发费及管理费

土地开发费及管理费=2 亿元/km^2=200.0(元/m^2)

(3)计算投资利息

$$投资利息=120×[(1+6.6\%)^2-1]+200×40\%×[(1+6.6\%)^{1.5}-1]+200×60\%×(1+6.6\%)^{0.5}-1]=28.31(元/m^2)$$

(4)投资利润

投资利润=(120+200)×20%=64(元/m^2)

(5)计算成本价格

成本价格=120+200+28.31+64=412.31(元/m^2)

(6)计算土地增值收益

根据题意,这里土地增值率取 20%,则

土地增值收益=412.31×20%=82.46(元/m^2)

(7)计算全开发区土地单位面积地价

全开发区土地单位面积地价=412.31+82.46=494.77(元/m^2)

(8)计算可出让土地单位面积地价

可出让土地单位面积地价=494.77÷(3.5/5)=706.81(元/m^2)

(9)进行土地使用年期修正

$$50年期土地使用权价格=706.81×[1-1/(1+7\%)^{50}]=682.82(元/m^2)$$

(10)计算出让地价

拟出让宗地土地总价=682.82×8 000=546.26(万元)

【例 5-9】 某建筑物为钢筋混凝土结构，经济寿命为 60 年，有效经过年数为 10 年。经调查测算，现在重新建造全新状态的该建筑物的建造成本为 1 000 万元（建设期为 2 年，假定第 1 年投入建造成本的 60%，第 2 年投入 40%，均为均匀投入），管理费用为建造成本的 3%，年利息率为 6%，销售税费为 50 万元，开发利润为 150 万元。又知其中该建筑的墙、地面等损坏的修复费用为 20 万元；装修的重置价格为 250 万元，平均寿命为 6 年，已使用 3 年设备的重置价格为 100 万元，平均寿命为 10 年，已使用 4 年。假定残值率均为 0，试计算该建筑物的价格。

【解】 本题为单独求取建筑物现值，根据基本公式，首先求取建筑物重置成本，再求取建筑物折旧总额。

1. 求取建筑物重置成本

(1)建造成本＝1 000 万元

(2)管理费用＝1 000×3%＝30(万元)

(3)投资利息＝(1 000＋30)×60%$[(1+6\%)^{1.5}-1]$＋(1 000＋30)×40%×$[1+(6\%)^{0.5}-1]$＝68.63(万元)

(4)销售税费＝50(万元)

(5)开发利润＝150(万元)

(6)建筑物重置成本＝1 000＋30＋68.63＋50＋150＝1 298.63(万元)

2. 计算建筑物折旧额

(1)墙壁、地面等损坏的折旧费＝20(万元)

(2)装修部分的折旧费＝250×3/6＝125(万元)

(3)设备折旧费＝100×4/10＝40(万元)

(4)长寿命项目折旧费＝(1 298.63－20－250－100)×10/60＝154.77(万元)

(5)建筑物折旧总额＝20＋125＋40＋154.77＝339.77(万元)

3. 求取建筑物现值

建筑物现值＝1 298.63－339.77＝958.86(万元)

【例 5-10】 某公司 5 年前以出让方式取得一宗面积 2 000 m^2 的 40 年使用权的土地，于 3 年前建成物业投入使用，总建筑面积为 5 000 m^2。现时重新取得 40 年土地使用权的出让价格为 2 000 元/m^2，重新建造建筑物的建安成本为 600 万元（建筑期为 2 年，第 1 年投入 40%，第 2 年投入 60%，可视为均匀投入），管理费用为建安成本的 3%，年利率为 6%，销售税费为 90 万元，开发利润为 120 万元。门窗、墙面等损坏的修复费用为 8 万元装修的重置价格为 140 万元，平均寿命为 5 年；设备的重置价格为 100 万元，平均寿命为 10 年；假设残值率为零。试计算该不动产现实的价格（土地资本化率为 8%）。

【解】 估价对象中土地和建筑物之间有关成本和费用分配明细，故采用房地分估路径。

1. 求土地重置成本

因该土地使用权为 40 年，已使用了 5 年，故要求土地使用权为 35 年的价格：

$$土地重置成本=2\,000\times0.2\times\left[1-\frac{1}{(1+8\%)^{35}}\right]\Big/\left[1-\frac{1}{(1+8\%)^{40}}\right]=390.94(万元)$$

2. 计算建筑物重置成本

(1)建安成本＝600(万元)

(2)管理费用＝600×3%＝18(万元)

(3)投资利息＝(600＋18)×40%×[$(1+6\%)^{1.5}$－1]＋(600＋18)×60%×[$(1+6\%)^{0.5}$－1]

＝33.54(万元)

(4)销售税费＝90(万元)

(5)开发利润＝120(万元)

建筑物重置成本＝600＋18＋33.54＋90＋120＝861.54(万元)

3. 计算建筑物折旧额

(1)门窗、墙面等损坏的折旧额＝8(万元)

(2)装修部分的折旧额＝140×1/5×3＝84(万元)

(3)设备部分的折旧额＝100×1/10×3＝30(万元)

(4)长寿命项目的折旧额＝(861.54－8－140－100)×1/38×3＝48.44(万元)

建筑物折旧额＝8＋84＋30＋48.44＝170.44(万元)

4. 求不动产的现时价格

该不动产的现时价格＝390.94＋861.54－170.44＝1 082.04(万元)

【例 5-11】 某房产公司 2 年前以 1 000 元/m^2 获得一块地，用途为工业用地，面积为 7 500 m^2。该公司在地块上通过基础设施开发、场地平整、房屋建筑安装、公共配套设施等工程建设，建成钢混结构全新标准厂房，建筑面积 10 000 m^2。经调查，类似土地现实取得费为 1 200 元/m^2，土地取得税费为 4.5%，基础设施开发、场地平整、房屋建筑安装等工程建设成本共投入 2 300 万元(建设期为 2 年，第 1 年投入 60%，第 2 年投入 40%，年度投入可视为均匀投入)，管理费为建设成本的 3%，投资利润率为 20%，银行的年贷款利率为 6.5%，销售税费为 120 万元。试计算该不动产现实的价格。

【解】 估价对象系新建不动产，土地及建筑物上的投入纳入整个开发建设过程，故采用房地合估路径。

1. 房地产重置成本

(1)土地取得费＝7 500×0.12×(1＋4.5%)＝940.5(万元)

(2)建设成本＝2 300(万元)

(3)管理费用＝2 300×3%＝69(万元)

(4)投资利息＝940.5×[(1＋6.5%)2－1]＋(2 300＋60)×60%×[$(1+6.5\%)^{1.5}$－1]

＋(2 300＋69)×40%×[$(1+6.5\%)^{0.5}$－1]＝297.3(万元)

(5)销售税费＝120(万元)

(6)开发利润＝(940.5＋2 300＋69)×20%＝661.9(万元)

房地产重置成本＝940.5＋2 300＋69＋297.3＋120＋661.9＝4 388.7(万元)

2. 建筑物折旧

估价对象系新建不动产，建筑物折旧为 0。

3. 现时价格

该不动产的现时价格＝4 388.7(万元)

复习思考题

1. 简答题

(1)什么是成本法?简述成本法的理论依据和适用范围。

(2)什么是建筑物重建成本与建筑物重置成本?

(3)什么是房屋折旧?影响房屋折旧的因素有哪些?

2. 计算题

(1)某工业区土地开发完成后,拟通过挂牌方式出让。该工业区土地开发程度达到"五通一平"(通路、通水、通信、通电、排水,场地平整),可供出让的土地面积占开发区总土地面积的80%。出让土地使用年限为50年。经调查,该工业区周边地区近3年农作物的年平均亩产值为2 200元/亩,根据当地规定,征地时土地补偿费和安置补助费取法律规定的最高值。青苗及地上物补偿费按当地农作物一年产值补偿。征地过程中的征地管理费按照征地费总额的4%征收;耕地占用税按8元/m^2,耕地开垦费按12元/m^2计收。开发区土地开发程度达到"五通一平"的开发费及管理费平均为7万元/亩,开发周期为18个月,开发费在开发期内均匀投入;土地开发的投资回报率为15%,年贷款利率为6.6%,按月计算利息,土地还原率为6%,50年期工业用地土地市场价格与成本价格的比率为18%。请根据上述资料评估出该工业区挂牌出让土地的底价。

(2)某不动产占地2 000 m^2,容积率为3.0。土地是在2009年4月通过出让方式取得的,出让年限是40年。建筑物是于2010年10月建成使用的。经调查,现在取得类似土地40年使用权的市场价格是1 000元/m^2,同类建筑物重置价格是2 000元/m^2。通过估价师对该建筑物现场鉴定,对门窗等可修复部分进行修复需花费10万元,装修重置价格60万元,经济寿命5年;设备的重置价格为100万元,经济寿命15年。残值率假设为零,报酬率为8%,求该不动产在2013年4月的市场价格。

Chapter 6

第6章 假设开发法

本章学习内容及要求：通过学习，熟悉假设开发法的基本概念、理论依据、适用对象和条件、最佳开发经营方式的选择、传统法和现金流折现法的区别，掌握假设开发法的基本公式、开发价值的计算。

前面已经讲述了比较法、收益法、成本法3种估价方法的原理、理论依据、适用对象和条件、操作步骤及有关计算公式。这三种方法都不相同，3种方法之间相互独立，因此，我们称之为房地产估价的“三大基本方法”。而本章讲述的假设开发法并不是一个独立的、新的方法，其本质上同收益法，形式上是成本法的倒算。

6.1 假设开发法的基本原理

6.1.1 假设开发法的概念

假设开发法也称剩余法、残余法、倒算法、预期开发法等，简单地说就是依据设想的开发方案来评估待开发房地产的价格。具体来说，就是先预测估价对象未来开发完成后的价值，然后减去未来需要投入的、但在估价时点尚未投入的后续开发必要的支出和开发应得的利润等，以此来估算估价对象的客观合理价格或价值的方法。

假设开发法来源于房地产的开发实际，是一种实用的估价方法。假设开发法最早主要用于待开发土地（主要是空地）的估价，是房地产开发商在拿地过程中确定土地最高可接受价格时最常用的估价方法之一。在房地产开发项目的可行性研究中，假设开发法也被广泛采用。此外，当土地价格已确定时，还可用来估测开发项目的预期利润。

由于假设开发法估价是建立在预测的基础之上，而预测包含较多的可变因素，如果不具备相关基础条件，估算结果的准确性将会大打折扣。因此，与其他方法相比较，假设开发法显得相对粗略。不过，当估价对象具有潜在的开发价值，而市场又不够发育、难以采取市场比较法对委估房地产进行估价时，假设开发法几乎是唯一实用的估价方法。

6.1.2 假设开发法的理论依据

假设开发法的理论依据与收益法相同，是预期原理。其基本思想用下列模拟一个典型的房地产开发商思想活动的例子，可以较好地反映出来。

假如，我是一个房地产开发商，同时有一块房地产开发用地，我将愿意以多高的价格来购买它？无疑，我明白自己购买这块土地的目的不是为了真正拥有它，而是要利用它来获取开发利润；我也清楚想得到这块土地的房地产开发商不止我一个，他们都怀有与我一样的动机。这样，我不能企求利用这块土地获得过高的开发利润，否则，在取得这块土地的竞争中我将得不到它，从而会一无所获；但我打算利用这块土地获得的开发利润也不能比别人愿意获得的最低利润少，或者将此资金、时间和精力投到其他方面所能获得的正常利润少，否则，我还不如将此资金、时间和精力投到其他方面（这是基于机会成本的考虑）。因此，我只能期望得到社会上同类或类似房地产开发活动的一般正常利润。而为了取得这块土地，首先要仔细分析它的内、外部状况和条件，例如，位置、四至、面积、形状、地势、地质、基础设施完备程度和场地平整程度、城市规划设计条件、交通条件、周围环境景观等。根据土地的内外部环境和条件，我知道了该地块在城市规划允许的范围内最适宜作何种用途、建筑规模多大、什么档次，例如，是建住宅，还是建写字楼或商场、酒店等。在做了这些调研工作之后，我要预测这个建筑物假如建成后连同土地一起出售，将会卖到多高的价钱；在建造这个建筑物，各项必要的支出将是多少，包括开发成本、管理费用、销售费用、投资利息（无论是自有资金、银行贷款或其他融资方式，都要计算利息，这是基于机会成本的考虑）；此外还要考虑在建造及交易过程中缴纳的有关税费（如购买土地时，应该缴纳的契税、签合同时缴纳的印花税，销售房地产时，缴纳的增值税、城市维护建设税级教育费附加等）以及开发商要获得的必要利润。预测了这些之后，我便知道了愿意为这块土地支付的最高价格是多少。毫无疑问，它等于预测的开发完成后的价值，减去需要支出的各项成本、费用税金以及应当获得的利润之后所剩的数额。

由上面可以看出，假设开发法在形式上是评估新开发的房地产价值的成本法的“倒算法”。两者的主要区别是成本法中的土地价值（土地取得成本）为已知，需要求取的是开发完成后的房地产价值；假设开发法中开发完成后的房地产价值已事先通过预测等方法得到，需要求取的是土地价值（此种方法也是评估土地价值的常用方法之一）。

6.1.3 假设开发法的适用对象和条件

1. 假设开发法的适用对象

从以上分析我们可以看到，假设开发法就是通过对待开发的房地产（如空地、在建工程)进行分析,在规划控制条件下拟定开发建设方案,预测开发完成后可实现的销售价格,然后估算尚需追加的各种投入,以此来倒算待开发房地产的价格。因此,假设开发法适用于具有投资开发或再开发潜力的房地产。所谓具有投资开发或再开发潜力的房地产,具体有以下几种类型。

(1)单纯土地的估价

①土地开发的估价,主要是指将生地、毛地开发成熟地的土地估价。

②待开发建设土地的估价,主要是指在待开发建设的土地(包括生地、毛地、熟地)上进行房地产开发的土地估价,如在熟地上建造商品房并销售。

(2)房地产的估价

①可改变用途的旧房地产的估价,如临街工业厂房转换用途变为商业用房。

②具有装修改造潜力的旧房地产的估价,如旧的写字楼重新装修。

(3)在建工程的估价

所谓在建工程是指正在施工建设的房屋,这些房屋已经开工建设并完成一定的工程量,但尚未达到竣工交付使用条件。

2. 假设开发法的适用条件

运用假设开发法估价需要同时满足以下两方面条件。

(1)主观条件方面

假设开发法因受房地产开发时间长的制约,需要对评估过程中的有关参数进行预测,估价结果的合理性取决于预测的准确性。因建安费、专业费、管理费、销售费用、利息、税费等值的确定相对容易、准确,所以,在实际估价中,假设开发法估价结果的可靠性取决于下列 2 个预测:

①是否根据房地产估价的合法原则和最高最佳使用原则,正确地判断了房地产的最佳开发利用方式(包括用途、规模、档次等)。

②是否根据当地房地产市场行情或供求状况,正确地预测了未来开发完成后的房地产价值。

为了提高预测的精准性,必须遵循以下基本要求:

①待估房地产开发利用方式的确定必须遵循合法原则,这是基本前提。

②在合法原则下,待估房地产开发利用的方式必须是最高、最佳使用,包括其用途、使用强度、建筑物的规模、档次等。

③售价的预测和成本的测算必须符合国家有关政策和标准。

④正确分析房地产市场行情,掌握房地产市场中的有关数据信息,正确预测开发成本和开发完成后的售价。

⑤在开发期间的各项成本,设定是均匀或分段均匀投入的。

⑥开发商的利润和开发成本应该为社会正常平均水平。

(2)客观条件方面

假设开发法估价结果的可靠性,除了取决于估价人员对相关参数的预测精度外,还要求有一个良好的社会经济环境。只有房地产市场比较规范和稳定,预测才能达到一定的精确性。如果外部条件不具备,在运用假设开发法估价时,会使预测的主观性与市场的不稳定性相叠加，使未来的房地产市场变得更加无法确定，从而对未来开发完成后的房地产价值、开发成本和税费等的预测也会更加困难，估算结果的准确性也将大打折扣。具体来说，房地产市场应具备如下条件：

①房地产的投资、开发按市场经济机制来运行。

②要有一整套稳定、健全及长远的房地产政策与法规。

③国家对有关房地产投资与交易的税费有一套稳定、清晰的规定。

④要有一个长远、公开及稳定的政府土地供给（出让）计划。

⑤要有一个完整、公开的房地产信息库。

3. 假设开发法的估价前提

假设开发法的估价前提应根据估价目的和估价对象所处开发建设状态等情况，并应经过分析，选择下列之一。

①业主自行开发前提。

②自愿转让开发前提。

③被迫转让开发前提。

一般评估中，后2种情况比较多。

6.2 假设开发法的计算公式

6.2.1 假设开发法的最基本的公式

待开发房地产价值＝开发完成后的房地产价值－后续开发成本－管理费用－销售费用－投资利息－销售税费－开发利润－投资者购买待开发房地产应负担的税费。

在实际估价中，对于上述公式中具体应减去的项目及其金额，要本着“后续”两字，是设想得到估价对象待开发的房地产以后，到把它开发建设完成，还需要投入的工作及相应的必要支出和应得利润。因此，如果是已经完成的工作及相应的支出和利润，它们已经被包含在估价对象的价值内，不应作为扣除项目。

运用上述公式估价，一定要把握待开发的房地产的状况、开发完成后的房地产状况以及开发完成后房地产的经营方式。

6.2.2 按估价对象和开发完成后的房地产细化的公式

1. 求生地价值的公式

生地是指不具有城市基础设施的土地，该地块已完成土地使用批准手续（如土地使用权出让手续），可用于开发建设，但尚无任何基础设施，如荒地、农地。

(1)适用在生地上进行房屋建设的公式

生地价值＝开发完成后的房地产价值－由生地建成房屋的开发成本－管理费用－销

售费用－投资利息－销售税费－开发利润－取得生地应负担的税费。

(2)适用于将生地开发成熟地的公式

熟地是指具有较完善的城市基础设施且土地平整，能直接在其上进行房屋建设的土地。将生地开发成熟地通常也称为土地开发，计算公式为：

生地价值＝开发完成后的熟地价值－由生地开发成熟地的开发成本－管理费用－销售费用－投资利息－销售税费－土地开发利润－取得生地应负担的税费。

2. 求毛地价值的公式

毛地是指具有一定城市基础设施，但尚未完成房屋拆迁补偿安置的土地。该地块已完成土地使用批准手续(如土地使用权出让手续)，具有一定的基础设施(如五通)，但未进行完成拆迁补偿安置，如城区中某待拆迁改造的地块。

(1)适用于在毛地上进行房屋建设的公式

毛地价值＝开发完成后的房地产价值－由毛地建成房屋的开发成本－管理费用－销售费用－投资利息－销售税费－开发利润－取得毛地应负担的税费。

(2)适用于将毛地开发成熟地的公式

毛地价值＝开发完成后的熟地价值－由毛地开发成熟地的开发成本－管理费用－销售费用－投资利息－销售税费－土地开发利润－取得毛地应负担的税费。

3. 求熟地价值的公式

估价对象为熟地，在熟地上进行房屋建设，其公式为：

熟地价值＝开发完成后的房地产价值－由熟地建成房屋的开发成本－管理费用－销售费用－投资利息－销售税费－开发利润－取得熟地应负担的税费。

4. 求在建工程价值的公式

估价对象为在建工程，将在建工程续建成房屋，其公式为：

在建工程价值＝续建完成后的房地产价值－续建成本－管理费用－销售费用－投资利息－销售税费－续建投资利润－取得在建工程应负担的税费。

在建工程的范围比较广，情况复杂，而且个性差异较大，不同工程之间的可比性较差，因此，对在建工程估价，要建立在对其全面分析、了解的基础上，并准确界定在建工程评估范围，合理确定需要追加投入的各种费用、税费以及续建利润等。

5. 求旧房地产价值的公式

估价对象为旧房，将旧房装饰装修改造成新房(含转换用途)，其公式为：

旧的房地产价值＝装饰装修改造或改变用途后的房地产价值－装修改造成本或改变用途的成本－管理费用－销售费用－投资利息－销售税费－装修改造投资利润－取得旧房地产应负担的税费。

6.2.3　按开发完成后的房地产经营方式细化的公式

房地产的经营方式主要有销售(包括预售、现售)、出租、营业 3 种。根据房地产开发完成后可能的经营使用方式，可将房地产分为出售型房地产、出租型房地产和营业型房地产。对于不同类型的房地产，求取开发完成后的房地产价值的方法是不一样的。对于出售型的，可以直接用市场法结合长期趋势法比较求出，而对于出租型和营业型的，则适合用收益法求取。

1. 适用于开发完成后出售的公式

$$V = M - C$$

式中：V—待开发房地产的价值；M—用市场法或长期趋势法测算的开发完成后的房地产价值；C—后续开发建设的必要支出和应得利润。

2. 适用于开发完成后出租或营业的公式

$$V = N - C$$

式中：N—采用收益法测算的开发完成后的房地产价值。

6.3 现金流折现法和传统法

从以上叙述可以看出，假设开发法的计算公式反映了房地产开发项目全过程中所有的支出与收入，而且公式中的各个收支项目发生在不同的时点，因此，从资金的时间价值角度来划分，假设开发法的计算分为现金流折现法（又称动态法）和传统法（又称静态法）2种方式。

所谓现金流量折现法就是运用折现现金流的方法，将不同时点的现金流量全部折现到同一时间点上，然后再代入公式进行计算，这时公式中所有的项目都对应于估价时点。在现金流量折现法中，投资利息和投资利润都以折现率的形式隐含在折现过程中，不再单独显现。因为现金流量折现法中需要将所有的现金流量进行折现，所以该种法的难点在于折现率的确定。

传统方式它不考虑各项支出、收入发生的时间不同，即不是将它们折算到同一时间上的价值，而是先直接相加减，然后再以单利或复利方式（一般是按复利）分别计算各项目的利息和应得利润。不同的计息项目，计息期是不同的。传统法的难点在于确定计息基础、利率和计息期。

房地产开发持续的时间较长是一个时间段，而不是一个时间点。由于现金流量折现法时间节点清楚，且将所有现金流入和现金流出通过折现都统一到了估价时点，相对来说测算的结果比较精确，更符合估价的要求。根据《房地产估价规范》的要求："应根据估价对象所处开发建设阶段等情况，选择动态分析法或静态分析法，并应优先选用动态分析法。"所以，在实际运用假设开发法时，一般均采用现金流量折现法来进行评估。

【例 6-1】 静态法和动态法的比较

有一块"五通一平"的空地，土地总面积为 1 000 m^2，形状规则，规划用途为商业居住综合，规划容积率≤7.0，规划建筑密度≤5.0，土地使用权年限为 50 年，现要求评估该宗土地 2014 年 4 月的价格。

【解】

1. 选择估价方法

该宗土地为待开发建设上地，可采用假设开发法估价。

2. 选择最佳开发利用方式

土地总面积为1 000 m^2，规划容积率≤7.0，本次评估取7.0，即建筑面积为7 000 m^2，因规划建筑密度≤5.0，根据设计方案，建筑物总层数确定为14层。各层建筑面积均为500 m^2，其中，地上1～2为商店，总面积为1 000 m^2，地上3～14层为住宅，总面积为6 000 m^2。

3. 估计开发建设期

预计共需3年时间完成全部建筑，即到2017年4月完成。

4. 预测开发完成后的房地产总价

开发完成后商业部分即可全部售出，住宅部分的30%在建造完成后即可售出，50%在半年后可售出，20%在1年后才能售出。预计商业楼出售的平均售价为8 000元/m^2，住宅楼出售的平均售价为4 000元/m^2。

5. 估算开发费用及开发利润

根据测算，包括建安费、勘察设计费等在内的开发成本合计为700万元；管理费用为开发成本的6%，年利率为10%，销售费用为楼价的3%，销售税费（即建成销售时由卖方承担的营业税、城市维护建设税、土地增值税等）为楼价的6%，投资利润率为20%。

在未来3年的建设期内，开发费用的投入情况为：第1年需投入50%的开发成本及相应的管理费用，第2年需投入30%的开发成本及相应的管理费用，第3年需投入20%的开发成及相应的管理费用。购买土地需缴纳的契税为地价款的4%，折现率为14%。

6. 计算土地总价、单位地价及楼面地价

分别采用静态法和动态域两种方式进行计算。

（1）静态法计算过程

①开发完成后的房地产总价＝8 000×1 000＋4 000×6 000＝3 200（万元）

②开发成本＝700万元

③管理费用＝开发成本×6%＝700×6%＝42（万元）

④利息。利息的计算一般采用复利计息，其公式如下：

$$利息=(地价+地价\times4\%)\times[(1+10\%)^{3}-1)]+(700+42)\times\{50\%[(1+10\%)^{2.5}-1]+30\%[(1+10\%)^{1.5}-1]+20\%[(1+10\%)^{0.5}-1]\}=0.344\,24\times地价+141.26$$

⑤销售费用＝开发完后的房地产总价×3%＝3 200×3%＝96（万元）

⑥销售税费＝开发完后的房地产总价×6%＝3 200×6%＝192（万元）

⑦购买土地需缴纳的契税＝地价×4%＝0.04×地价

⑧投资利润＝（地价＋购买土地需缴纳的契税＋开发成本＋管理费＋销售费）×20%

＝（地价＋地价×4%＋700＋42＋96）×20%＝0.208×地价＋167.6

⑨求地价。由公式：地价＝开发完成后的房地产价值－后续开发成本－管理费用－销售费用－投资利息－销售税费－开发利润－投资者购买待开发房地产应负担的税费，得出：

$$地价=3\,200-700-42-(0.344\,24\times地价+141.26)-96-192-0.04\times地价-(0.208\times地价+167.6)$$

经计算得出：

土地总价＝1 168.88（万元）

土地单价＝1 168.88×10 000÷1 000＝11 689(元/m^2)

楼面地价＝11 689÷7＝1 170(元/m^2 建筑面积)

(2)动态法计算过程　因评估基准日为 2014 年 4 月,计算过程如下。

①开发完成后的房地产总价:

$$\frac{8\,000 \times 1\,000}{(1+14\%)^{3}} + 4\,000 \times 6\,000 \times \left[\frac{30\%}{(1+14\%)^{3}} + \frac{50\%}{(1+14\%)^{3.5}} + \frac{20\%}{(1+14\%)^{4}}\right] = 2\,068.75(\text{万元})$$

②开发成本:

$$700 \times \left[\frac{50\%}{(1+14\%)^{0.5}} + \frac{30\%}{(1+14\%)^{1.5}} + \frac{20\%}{(1+14\%)^{2.5}}\right] = 601.23(\text{万元})$$

③管理费用＝开发成本×6%＝601.23×6%＝36.07(万元)

④利息。在动态法计算中,投资利息已经隐含在折现过程中,因此,投资利息不再计算。

⑤销售费用＝开发完后的房地产总价×3%＝2 068.75×3%＝62.06(万元)

⑥销售税费＝开发完后的房地产总价×6%＝2 068.75×6%＝124.12(万元)

⑦购买土地需缴纳的契税＝地价×4%＝0.04×地价

⑧投资利润

在动态法计算中,投资利润已经含在折现中,不再单独计算。

⑨求地价

地价＝2 068.75－601.23－36.07－62.06－124.12－(0.04×地价)

经计算得出:

土地总价＝1 197.38(万元)

土地单价＝1 197.388×10 000÷1 000＝11 974(元/m^2)

楼面地价＝11 974÷7＝1 711(元/m^2 建筑面积)

从例中可以看出,静态法不考虑各项支出、收入发生的时间不同,是先直接相加减,然后再分别计算各项目的利息(本例中的计息期只计算至开发完成,比实际应计的计息期短)。利润的计算是采用利润率与相应的基数相乘得到。在静态法中,利息和利润两项都是单独显现出来的;而在动态法中,由于折现率中包含了投资利息和投资利润这两项,因此利息和利润两项都隐含在折现过程中,不再单独显现。

6.4 假设开发法的操作步骤及各项的求取

6.4.1 调查待开发房地产的基本情况

实地查勘估价对象是不动产估价的基本步骤之一,是运用任何一种估价方法估价时都必须做的。在运用假设开发法估价时，勘察委估不动产的主要目的是为了确定该不动产的最佳开发利用方式，因此，勘察的重点要集中在影响开发利用方式的因素方面。

1. 调查土地的位置

土地位置包括土地所在城市的性质、土地所在地区的性质和土地的具体坐落3个方面。弄清楚这些主要是为下一步选择土地的最佳用途服务的。例如，需要评估沈阳市铁西区某块待开发建设的商住综合用地的价格，调查土地的位置就是要弄清沈阳市的性质、地位，铁西区的性质、地位，以及沈阳市政府对铁西区的政策和发展规划等。除此之外，还要弄清楚这块土地在铁西区内部所处的具体位置、周围环境、基础设施配套、交通情况等。

2. 调查土地面积大小、形状、平整程度、基础设施完备程度、地质和水文状况等与土地本身有关的因素

调查这些主要是为估算开发成本、费用等服务。

3. 调查政府的规划限制

对于城市土地而言，“城市规划决定土地价格”，政府的规划限制对土地的价格有直接的影响。同一块土地，如果规划用途、容积率不同，其价格也会不同。因此，实地查勘时必须仔细调查政府的规划限制，包括规定的用途、建筑限高、容积率、建筑密度等，为确定最佳的开发利用方式服务。

4. 调查不动产的各项权利

不动产位置的固定性决定可以转移的并非不动产本身，而是有关该不动产的所有权、使用权等各种权益，实质上评估的也是这些无形的权益价格。不动产的各项权利包括待估不动产的权利性质、使用年限、可否续期，以及对转让、出租、抵押等行为的有关规定等，这些资料主要是为预估未来的售价、租金水平等服务的。

如果估价对象是在建工程，在建工程的特殊性要求评估人员对资料的收集更为严密、全面。不仅要勘察建筑工程的情况，如建筑结构、建筑设计、所使用的材料和设备、施工量等，还要收集权属证明资料，尤其应重视对“施工方出具的工程款支付凭证”等资料的收集，明晰法定优先受偿款项的金额。由于在建工程估价时点不同，工程进度会相差很大，如购买的电梯设备在运输途中还不能列入评估范围，但第2天运抵现场并安装了就应计算其价值。所以，在建工程的现场勘察日期应该与估价时点相一致。勘查现场时要做好详细的记录，如主体框架完成情况、消防喷淋管及电线是否铺设、设备是否安装、墙面是否粉刷、水电增容是否到位等均应记录在案。

6.4.2 选择最佳的开发利用方式

在整个开发过程中，开发利用方式是核心。因为假设开发法是依据假想的开发利用方式来估价的，对同一块土地，设定的开发利用方式不同，其评估得出的价格肯定存在差异。最佳的开发利用方式意味着开发完成后能使开发商获得最高的收益。因此，能否准确地判断市场需求，并在此基础上根据合法原则和最高最佳使用原则选择出最佳的开发利用方式，是应用假设开发法能否评估出合理价格的关键点和难点之一。

选择最佳的开发利用方式，具体包括确定土地的最佳用途、建筑容积率、建筑密度、建

筑高度、建筑装修档次、建筑规模等。其中,最重要的是选择最佳的利用方式(即土地用途)和最适合的利用强度(即建筑容积率)。土地用途的选择,要考虑到土地所处区域的可接受性,以及这种用途的房地产在市场上的需要程度和未来发展趋势,也就是要分析当地市场对该类用途房地产的接受能力。利用强度的选择,主要是考虑在所有具有经济可行性的使用方式中,哪一种方式能使估价对象的价值达到最大。例如,有一块土地,政府规划用途为商业、写字楼或公寓,但实际估价时应该选择哪种用途?土地用途的选择要与房地产市场的需求相结合,并且要有一定的预测。因此,需要调查、分析这块土地所在的城市和地区对商业、写字楼和公寓 3 种物业类型的供求关系及其走向。一方面,如果商业、写字楼的出租率呈下降趋势,表明市场对商业、写字楼的需求开始趋于饱和。另一方面,如果希望能租到或买到公寓住房的人数逐渐增加,而近期能提供的公寓数量又较少时,表明市场上的公寓开始出现了供不应求的局面,这时,可以考虑选择建公寓为该地块的最佳用途。在确定了用途后,还需要确定开发利用强度,是建 30 层还是 33 层?每层的建筑面积是多少?也就是说还需要确定总建筑面积、建筑密度、建筑容积率和建筑总高度等指标参数。

需要强调的是,最佳开发利用方式的选择是建立在合法原则的基础上,最高、最佳使用不是无条件的最高、最佳使用,只能在法律法规、城市规划、土地规划的控制条件范围内选择。

如果估价对象是在建工程,选择最佳的开发利用方式主要就是分析判断目前的建筑工程是否符合该地块的最佳开发利用方向,继续开发是否可行以及继续开发的具体方式。

6.4.3 估算开发经营期

开发经营期包括了开发建设期和经营期。一个房地产项目开发的整个流程,大体上包括以下几个阶段:提出开发设想、可行性研究、申请项目用地、项目设计、征地及拆迁安置、筹措房地产开发资金、建设工程招标、施工、市场营销与策划、交付使用、物业管理等。开发建设期主要是指从开工到竣工所持续的时间。经营期是指房地产市场营销及租售所持续的时间。估算开发经营期的主要目的是为预测建筑物竣工时的价格、建筑费用的投入、利息的负担以及各项收入与支出的折现计算等服务,简而言之,这就是为预测整个开发过程中的现金流量服务。

开发建设期有时是由当地建设部门规定,有时是由开发商自己确定。若不能从上述两方面得到,则应参考市场上开发同类项目所需的时间,由估价人员自行确定。在自行确定开发建设周期时,需要考虑到项目的特点、工程技术要求、估价前提、估价对象所处开发建设状态以及未来房地产市场状况等情况,采用市场比较的方法,根据同一地区、相同类型、同等规模的类似开发项目已有的正常开发建设期来综合确定。对大型开发项目,还应考虑到其分期施工建设和分期投入资金。开发期一般能较准确地估计,但在现实中因某些特殊因素的影响,可能会使开发期延长,如房屋拆迁过程中遇到“钉子户”、基础开挖过程中发现重要的文物等,都可能使开发期延长,甚至项目下马。但这类特殊的、非正常因素在估计开发期时一般不考虑。

运用假设开发法评估，开发经营期的起点是假设取得估价对象（待开发房地产）的时间，即估价时点，终点是预计未来开发完成后的房地产经营结束的日期。房地产经营结束的日期要根据房地产的收益方式来确定：①对于销售型房地产而言，其终点是销售完成；②对于出租型房地产和经营型房地产而言，终点是其经济寿命到期。相对于开发期，经营期（如销售期）通常更难准确估计，因此，在估计经营期时，应充分考虑宏观经济形势和房地产市场的现状，分析房地产市场的走势。

6.4.4　预测开发完成后的房地产价值

开发完成后的房地产价值是指估价对象在未来某个时点开发完成后的市场价值。该市场价值所对应的时点是未来开发完成时，不是过去或现在，也不是取得待开发房地产的时点或估价时点。

开发完成后的房地产价值是通过预测得到的。如前所述，运用假设开发法估价结果的可靠性取决于是否根据当地房地产市场行情或供求状况，正确地预测了未来开发完成后的房地产价值。因此，预测开发完成后的房地产价值时，应基于充分的市场信息来判断未来的楼价。

按房地产开发完成后的利用方式，可分为销售、出租和经营 3 种。这三种情况下，预测开发完成后的房地产价值的思路是不一样的：一种是直接预测售价，另一种是先预测租金，然后通过报酬的资本化将租金还原成售价。

对于习惯出售的不动产，如普通住宅、公寓等，应按当时市场上同类用途、性质和结构的不动产的市场交易价格，不应采用成本法测算，而应采用市场比较法求取其售价，比较的单位一般采用房屋单价。

动态分析法中，折现前开发完成后的价值测算，应符合下列规定：

①应为未来开发完成后的房地产在其开发完成时的价值，但当能预测预计未来开发完成后的房地产预售或延迟销售时，应为在预售或延迟销售时的价值。

②应根据类似房地产未来市场价格变动趋势进行预测。

静态分析法中，开发完成后的价值可为假设未来开发完成后的房地产在价值时点的价值。

6.4.5　后续开发建设的必要支出和应得利润

对后续开发建设的必要支出和应得利润的估算是假设开发法中的重要内容，对上述费用和利润估算的准确程度对假设开发法的估价结果有重要影响。后续开发建设的必要支出和应得利润是将待开发房地产状况。“变成”开发完成后的房地产状况所必须付出的各项成本、费用、税金及应当获得的利润，具体包括后续开发成本、管理费用、销售费用、投资利息、销售税费、开发利润以及取得待开发房地产的税费，都是假设开发法计算中的扣除项，可以统称为“扣除项目”它们的测算方法与成本法中的相同，但要注意以下 2 点区别：①它们本质上应是预测的未来发生时的值，而不是估价时点时的值；②它们是在取得待开发房地产之后到把待开发房地产开发完成的必要支出和应得利润，而不包括取得待开发房地产之前所发生的支出及应得的利润。

投资利息和开发利润只有在传统方法中才需要测算。其中，测算投资利息要把握应计息的项目和计息期的长短。应计息的项目包括：①未知、需要求取的待开发房地产的价值；②取得待开发房地产的税费；③后续开发成本、管理费用和销售费用。销售税费和开发利润一般不计息。一项费用的计息期的起点是该项费用发生的时点，终点通常是开发期结束的时点，一般不考虑预售和延迟销售的情况。另外，值得注意的是，未知、需要求取的待开发房地产的价值是假设在估价时点一次性付清，因此，其计息的起点是估价时点。后续开发成本、管理费用等通常不是集中在一个时点发生，而是在一段时间内(如开发期间或建设期间)连续发生，但计息时通常将其假设为在所发生的时间段内均匀发生，具体视为集中发生在该时间段的期中。发生的时间段通常按年来划分，精确地测算也可按半年、季、月来划分。

取得待开发房地产的税费是假定已经购置了待开发房地产，在购置时应由购置者(买方)缴纳的有关税费，例如，契税、交易手续费等。该项税费是依照税法及中央和地方政府的有关规定，按照待开发房地产价值的一定比例来测算。

6.4.6 进行具体计算

具体计算，因评估对象的不同，开发完成后的房地产状况因市场资料的货的难以而不同，采用的计算公式也不同。

【例 6-2】 有一面积为 3 km^2 的成片荒地需要估价。获知该成片荒地适宜进行“五通一平”的开发后分块有偿转让，可转让土地面积的比率为 60%，附近地区与之位置相当的“小块”“五通一平”的熟地的单价为 900 元/m^2。开发期需要 3 年，将该荒地开发成“五通一平”熟地的开发成本、管理费用等估价为 2.5 亿元/km^2，贷款年利率为 10%，投资利润率为 15%，投资者购买该成片荒地需要缴纳的税费为荒地价格的 4%，土地开发完成后转让过程中需要缴纳的税费为转让价格的 6%。试估算该成片荒地的总价和单价。

【解】 设该成片荒地的总价为 V

该成片荒地开发完成后的总价值＝900×3 000 000×60%＝16.2(亿元)

开发成本和管理费用等的总额＝2.5×3＝7.5(亿元)

投资利息总额＝$(V+V\times 4\%)\times[(1+10\%)3-1)]+7.5\times[(1+10\%)1.5-1]$

$=0.344V+1.153$(亿元)

销售税费＝16.2×6%＝0.972(亿元)

开发利润总额＝$(V+V\times 4\%)\times 15\%+7.5\times 15\%=0.156V+1.125$(亿元)

购买该成片荒地的税费总额＝$V\times 4\%=0.04V$(亿元)

根据上述公式，有 $V=16.2-7.5-(0.344V+1.153)-0.972-(0.156V+1.125)-0.04V$

求得该荒地的总价：$V=3.539$(亿元)

荒地的单价＝353 900 000÷3 000 000＝117.97(元/m^2)

荒地的单价＝353 900 000÷3 000 000＝117.97(元/m^2)

【例 6-3】　某开发商决定购买一宗面积为 1 000 m^2 的未拆迁安置土地进行房地产开发。经过对周围环境和市场状况的调查，该块土地改造后最佳的开发利用方式为写字楼。土地的剩余使用年限为 40 年，规划允许建筑面积为 4 000 m^2。预计总开发时间为 2 年，拆迁安置补偿费和其他土地开发费用为 1 000 万元，于开发建造前投入；建筑安装工程费为 1 000 元/m^2，相关的专业费用为建筑安装工程费的 4%，第 1 年均匀投入 60%的建筑安装工程费和专业费，剩余的建筑安装工程费和专业费于第 2 年均匀投入。预计写字楼建成后即可全部租出，可出租面积为总建筑面积的 70%，预计出租的净收益为每月 80 元/m^2。销售税费为写字楼售价的 8%，购买该宗土地需缴纳的相关税费为地价的 4%。试评估该宗土地的正常购买总价、单价和楼面地价(报酬率为 10%，折现率为 14%)。

【解】　设该宗毛地的总价为 V，首先运用收益法进行测算开发完成后的房地产价格，再通过假设开发法的现金流量折现法，确定估价对象在估价时点的价值。计算开发完成后房地产在估价时点的总价值。其公式为：

待估毛地价＝开发完后的房地产价格－拆迁安置补偿费和其他土地开发费用－建安费－专业费－销售税费－取得土地的税费。

(1)开发完成后的房地产价值为 V_0

$$V_0=\frac{A}{R}\left[1-\frac{1}{(1+R)^{n-t}}\right]\times\frac{1}{(1+R_d)^t}$$

式中：R_d 为折现率；t 为折现年限。

其中，$A=80\times4\,000\times70\%\times12=2\,688\,000$(元)

$$\begin{aligned}V_0&=\frac{A}{R}\left[1-\frac{1}{(1+R)^{n-t}}\right]\times\frac{1}{(1+R_d)^t}\\&=\frac{2\,688\,000}{10\%}\left[1-\frac{1}{(1+10\%)^{40-2}}\right]\times\frac{1}{(1+14\%)^2}\\&=2\,013.03(\text{万元})\end{aligned}$$

(2)拆迁安置补偿费及其他土地开发费用为 1 000 万元。

(3)建安工程费及专业费$=1\,000\times4\,000\times(1+4\%)\times\left[\frac{60\%}{(1+14\%)^{0.5}}+\frac{40\%}{(1+14\%)^{1.5}}\right]$

$=370$(万元)

(4)销售税费总额$=2\,013.03\times8\%=161.04$(万元)

(5)购买该宗土地应负担的税费总额$=V\times4\%=0.04V$(万元)

(6)求该毛地的正常购买价格

$V=2\,013.03-1000-370.48-161.04-0.04V$，解得 $V=462.99$(万元)

毛地单价$=4\,629\,900\div1\,000=4\,629.9$(元/$m^2$)

楼面地价$=4\,629\,900\div4\,000=1\,157.489$(元/$m^2$ 建筑面积)

【例 6-4】　某一宗“七通一平”的熟地，面积为 5 000 m^2，土地剩余使用年限为 65 年，容积率为 2，适宜建造某种类型的普通住宅；预计取得该土地后建造该类普通住宅的开发期为 2 年，建筑安装工程费为建筑面积 800 元/m^2，勘察设计等专业费用及管理费为建筑安装工程费的 12%，第 1 年需要投入 60%的建筑安装工程费、专业费用及管理费，第 2 年需要投入 40%的建筑安装工程费、专业费用及管理费；销售商品住宅时的广告宣传等费用为其售价的 2%，房地产交易中卖方需要缴纳的营业税等为交易价格的 6%，买方购买土地需要缴纳的契税等为交易价格的 3%；预计该商品住宅在建成时可全部售出，售出时的平均价格为建筑面积 2 000 元/m^2。试利用所给资料用现金流量折现法估算该宗土地的总价、单价及楼面地价(折现率为 12%)。

【解】 设该宗熟地的总价为 V

(1)开发后房地产价值的计算

开发后房地产的建筑总面积＝土地总面积×容积率＝5 000×2＝10 000(m^2)

$$开发后房地产的总价值=\frac{2\,000\times10\,000}{(1+12\%)^2}=1\,594.39(万元)$$

(2)建安工程费、专业费及管理费的计算

$$建安工程费、专业费及管理费=800\times10\,000\times(1+12\%)\times\left[\frac{60\%}{(1+12\%)^{0.5}}+\frac{40\%}{(1+12\%)^{1.5}}\right]=810.36(万元)$$

销售税费总额＝1 594.39×(2%＋6%)＝127.55(万元)

购买该宗土地应负担的税费总额＝V×3%＝0.03V(万元)

V＝1 594.39－810.36－127.55－0.03V，解得 V＝637.36(万元)

该熟地的单价＝6 373 600÷5 000＝1 274.72(元/m^2)

楼面地价＝土地单价÷容积率＝1 274.72÷2＝637.36(元/m^2)

【例 6-5】 某在建工程开工于 2014 年 3 月 1 日，拟作为商场和办公综合楼；总用地面积为 3 000 m^2，规划总建筑面积为 12 400 m^2，其中商场总建筑面积为 2 400 m^2，办公楼总建筑面积为 10 000 m^2。土地使用年限为 50 年，从开工之日起计，当时取得土地的地价为楼面地价 800 元/m^2。该项目的正常开发期为 2 年，开发成本为建筑面积 2 500 元/m^2，管理费为开发成本的 3%。至 2014 年 9 月 1 日实际完成了主体结构，已投入 55%的建设费用，剩余 45%的建设费用在其后 1.5 年的建设期内均匀投入。预计该工程建成后商场即可出租。写字楼即可出售。商场可出租面积为建筑面积的 75%，正常出租率为 85%，可出租面积的月租金为 80 元/m^2，出租的运营费用为有效毛收入的 25%；写字楼的售价为 5 000 元/m^2，销售税费为售价的 8%。当地购买在建工程，买方需要缴纳的税费为购买价的 3%。试利用上述资料用现金流量折现法估算该在建工程 2014 年 9 月 1 日的正常购买价格和按规划建筑面积折算的单价(报酬率为 12%，折现率为 15%)。

【解】 设该在建工程的正常购买总价为 V，其计算公式为：

在建工程价格＝开发完后的房地产价格－续建成本－管理费－销售税费－购买在建工程应负担的税费

(1)续建完成后的房地产价值为 V_0，是商场和办公综合楼价值之和。对于写字楼的价值，把销售价值折现为估价时点的价值即可。而商场的价值需首先运用收益法估算收益价格，再通过折现化为估价时点的价值，因此，计算续建完成后该房地产总价值为：

$$写字楼价值=\frac{5\,000\times10\,000}{(1+15\%)^{1.5}}=4\,054.49(万元)$$

$$商场价值=\frac{A}{R}\left[1-\frac{1}{(1+R)^n}\right]\times\frac{1}{(1+R_d)^t}$$

其中，$A=80\times2\,400\times12\times75\%\times85\%\times(1-25\%)=1\,101\,600$(元)

$R=12\%$；$n=50-2=48$(年)；$R_d=15\%$；$t=1.5$ 年，代入上述公式，得

$$\text{商场价值}=\frac{1\,101\,600}{12\%}\left[1-\frac{1}{(1+12\%)^{48}}\right]\times\frac{1}{(1+15\%)^{1.5}}=741.20(\text{万元})$$

写字楼与商场的价值合计 $V_0=4\,054.49+741.20=4\,795.69$(万元)

(2)续建成本及管理费用

$$\text{续建成本及管理费用}=2\,500\times12\,400\times(1-55\%)\times\frac{1}{(1+15\%)^{1.5/2}}\times(1+3\%)=$$

1 293.88(万元)

(3)销售税费

销售税费＝4 054.49×8%＝324.36(万元)

(4)购买该在建工程应负担的税费总额＝$V\times3\%=0.03V$(万元)

(5)该在建工程的正常购买价格

$V=4\,795.69-1\,293.88-324.36-0.03V$，解得 $V=3\,084.99$(万元)

在建工程单价＝3 084.90÷12 400＝2 488(元/m^2)

【例 6-6】 某建筑面积为 6 000 m^2 的旧厂房需要估价。根据其所在地点和周围环境，适宜装修改造成商场出售，并可获得政府批准，但需补交土地使用权出让金等 400 元/m^2(按建筑面积计)，同时取得 40 年的土地使用权。预计装修改造期为 1 年，装修改造费为建筑面积 1 000 元/m^2。装修改造完成后即可全部售出，售价为建筑面积 5 000 元/m^2，销售税费为售价的 8%；购买该旧厂房需要缴纳的税费为其价格的 4%。试利用上述资料用现金税费为售价的 8%；购买该旧厂房需要缴纳的税费为其价格的 4%。试利用上述资料流量折现法估算该旧厂房的正常购买总价和单价(折现率为 12%)。

【解】 设该旧厂房的正常购买总价为 V

装修改造后的总价值 ＝ 6 000 × 5 000 ÷ (1 + 12%) ＝ 2 678.57(万元)

装修改造总费用 ＝ 1 000 × 6 000 ÷ (1 + 12%) ＝ 535.71(万元)

销售税费总额 ＝ 2 678.57 × 8% ＝ 214.29(万元)

购买该旧厂房的税费总额 ＝ $V\times4\%=0.04V$(万元)

需补交土地使用权出让金等的总额 ＝ 400 × 6 000 ＝ 240(万元)

该旧厂房购买总价为：

$V=2\,678.57-240-535.71-214.29-0.04V$，解得 $V=1\,623.63$(万元)

旧厂房单价 ＝ 16 236 300 ÷ 6 000 ＝ 2 706.05(元/m^2)

复习思考题

1. 单项选择题

(1)假设开发法是一种科学实用的估价方法，其基本理论依据是(　　)。

A. 均衡原理　　B. 适合原理　　C. 预期原理　　D. 价值原理

(2)假设开发法是求取估价对象房地产未来开发完成后的价值，减去未来的正常开发成本、(　　)和利润等，以此估算估价对象的客观合理价格或价值的方法。

A. 地价　B. 佣金　C. 税费　D. 造价

(3)用假设开发法计算时，应扣除的项目一般不包括(　　)。

A. 投资利息　B. 销售税费

C. 已经投入的费用　D. 评估毛地价值时的拆迁补偿安置费

(4)用假设开发法的传统方法估算投资利息时，对应计息的项目均作考虑以后，(　　)一般是不计息的。

A. 待开发房地产的价值　B. 开发成本

C. 管理费用　D. 销售税费

(5)下列关于现金流量折现法和传统方法的一些说法中，(　　)是不正确的。

A. 从理论上讲，现金流量折现法估算结果较为精确

B. 现金流量折现法不单独计算投资利息和开发利润

C. 传统方法要计算利息，确定计息期时要考虑延迟销售

D. 现金流量折现法要求折现率既包含安全收益部分，又包含风险收益部分

(6)假设开发法在形式上是(　　)的倒算法。

A. 评估新建建筑物价格的成本法

B. 评估旧有建筑物价格的成本法

C. 评估新建房地产价格的成本法

D. 评估旧有房地产价格的成本法

(7)对于有规划设计条件要求，但尚未明确的待开发房地产，(　　)采用假设开发法估价。

A. 难以　B. 可以　C. 一般　D. 较多

(8)假设开发法更深层次的理论依据类似于(　　)。

A. 预期原理　B. 地租原理　C. 均衡原理　D. 适合原理

(9)开发完成后的房地产价值，是指开发完成后的房地产状况的(　　)。

A. 买卖价值　B. 成交价值　C. 开发价值　D. 市场价值

(10)假设开发法中开发经营期的起点是(假设)取得估价对象(待开发房地产)的时间，即(　　)。

A. 待开发项目开工之日　B. 待开发项目竣工之日

C. 估价时点　D. 该项目租售完成之日

2. 多项选择题

(1)运用假设开发法估价的关键是正确地判断与确定(　　)。

A. 最佳开发利用方式　B. 建筑费　C. 专业费

D. 租售价格　E. 开发商利润

(2)假设开发法估价时应调查待开发土地的基本情况，了解将拥有土地的权利。关于土地权利，主要包括权利性质、(　　)。

A. 使用权年限　B. 可否续期　C. 对转让的有关规定

D. 对出租的有关规定　E. 对抵押的有关规定

(3)假设开发法除了适用于房地产估价外，还大量用于房地产开发项目投资分析，为

投资者提供(　　)方面的数据。

A. 确定拟开发场地的最高价格

B. 确定开发项目的预期开发价值

C. 确定开发项目的预期利润

D. 确定项目的开发经营期

E. 确定开发中可能出现的最高费用

(4)有关项目开发商利润计算的基础,应包括(　　)。

A. 地价　　B. 建筑费用　　C. 专业费用　　D. 销售费用

E. 租赁费用

(5)假设开发法在正确估算投资利息时,需要把握(　　)。

A. 应计息的项目　B. 计息的方式　C. 计息期的长短　D. 利率的高低

E. 利率计算的优惠措施

(6)折现率是在采用现金流量折现法时需要确定的一个重要参数。折现率所体现的房地产开发项目的收益中应包含(　　)。

A. 开发成本　　B. 开发费用　　C. 管理费用　　D. 开发利润

E. 资金的利息

(10)用假设开发法估价时,既要把握待开发房地产在投资开发前后的状况,也要把握投资开发后的房地产经营方式。综合起来,可归纳为(　　)等。

A. 估价对象为生地,将生地开发成熟地

B. 估价对象为毛地,将毛地开发成熟地

C. 估价对象为熟地,在熟地上建成房屋

D. 估价对象为在建工程,将在建工程续建成房屋

E. 估价对象为旧房,将旧房装修改造为新房

3. 判断题

(1)在运用假设开发法时,可以不必考虑无形收益问题。(　　)

(2)地租是每年的租金剩余,而假设开发法考虑的是一次性的价格剩余。(　　)

(3)开发经营期的起点是(假设)取得估价对象(待开发房地产)的时间,即估价时点;其终点是房地产项目开发完成后的竣工验收时间。(　　)

(4)对于有规划设计条件要求,但尚未明确的待开发房地产,难以采用假设开发法进行估价。(　　)

(5)假设开发法的传统方法,由于不考虑各项收入与支出的时间不同,因此计算时未曾考虑资金的时间价值。(　　)

(6)计息的方式有单利计息和复利计息两种方式,单利和复利并没有实质上的区别,只是表达方式上的不同而已。(　　)

(7)假设开发法是求取估价对象房地产未来开发完成后的价值的一种估价方法。(　　)

(8)假设开发法适用于那些具有投资开发或再开发潜力的房地产的估价。(　　)

(9)假设开发法在本质上是一种收益法,在形式上是成本法的倒算法。(　　)

(10)投资者购买待开发房地产应负担的税费,是假定一旦购买了待开发的房地产,在

交易时作为卖方应负担的有关税费，如契税、交易手续费等。该项税费通常是根据当地的规定，按待开发房地产价值的一定比率估算。（　　）

4. 计算题

(1)某开发商拟受让 200 亩土地。规划允许的建筑面积为 40 万 m^2，单位建筑面积的建造成本为 1 050 元/m^2，专业费用为建造成本的 6%，小区内的设施配套费预计为建造成本的 15%，税收为销售收入的 5%，年利率为 12%，开发商要求的成本利润率为 30%，预计单位建筑面积楼价为 3 000 元/m^2，总开发时间为 4 年，假设开发成本均匀投入。试用传统方法(复利计息)求开发商能够承受的地价。

(2)某地块为一块"七通一平"的待建筑空地，土地总面积为 1 000 m^2，该地块的最佳开发利用方式为写字楼，容积率为 4.0，覆盖率为 50%，土地使用权年限为 50 年，从 2015 年 7 月起计。该写字楼建成后拟出租，经市场调查初步确定出租写字楼的每月净收益为 100 元/m^2，可出租面积为建筑面积的 70%，正常出租率为 70%，预计取得土地后建造该写字楼的建设期为 2.5 年，第 1 年均匀投入 50%的建筑费与专业费，第 2 年均匀投入 35%的建筑费与专业费，其余的建筑费与专业费在第 3 年的前半年均匀投入。根据建筑市场行情估计建筑费为 2 000 元/m^2，专业费为建筑费的 6%，销售费用和税费分别按楼价的 3%和 6%计，购置土地的相关税费为地价的 3%，年折现率为 14%，利润率为 25%，年综合报酬率为 9%，并预计该写字楼竣工后半年即可租出。试根据上述资料，运用现金流量折现法评估该待建土地 2015 年 7 月出让时的市场价格。

(3)某旧厂房的建筑面积为 4 000 m^2，在补交土地使用权出让金等约 400 元/m^2(按建筑面积计)之后，同时取得 50 年的土地使用权。预计装修改造需要半年，装修改造费为建筑面积 800 元/m^2，装修改造完成后即可全部售出，售价为 4 500 元/m^2(建筑面积)，销售税费为售价的 10%，购买该旧厂房时买方需要缴纳的税费为其价格的 3%。试利用上述资料，运用现金流量折现法估算该旧厂房的正常购买总价和单价(折现率为 12%)。

(4)需要评估一宗"七通一平"熟地在 2015 年 8 月的价格。获知该宗土地的面积为 5 000 m^2，土地剩余使用权年限为 65 年，建筑容积率为 2.0，适宜于建造某种类型的商品住宅。预计取得该土地后建造该类商品住宅的开发期为 2 年，建筑安装工程费为 800 元/m^2(建筑面积)，勘察设计等专业费用及管理费为建筑安装工程费的 12%，第 1 年需要投入 60%的建筑安装工程费、专业费用及管理费，第 2 年需要投入 40%的建筑安装工程费、专业费用及管理费。销售商品住宅时的广告宣传等费用为其售价的 2%。房地产交易中卖方需缴纳的营业税等为交易价格的 6%，买方需缴纳的营业税等为交易价格的 6%，买方需缴纳的契税等为交易价格的 3%。预计该商品住宅在建成时可以全部售出，售出时的平均价格为 2 000 元/m^2(建筑面积)。试利用以上所给资料，用现金流量折现法估算该宗土地在 2015 年 8 月的总价、单价及楼面地价(折现率为 12%)。

(5)某在建工程开工于 2008 年 3 月 18 日，总用地面积为 3 000 m^2，规划总建筑面积为 12 400 m^2，用途为写字楼。土地使用权年限为 50 年，从开工之日起计，当时取得土地的花费为楼面地价 800 元/m^2。该项目的正常开发期为 2.5 年。建设费用(包括前期工程费、建筑安装工程费、管理费等)为 2 300 元/m^2(建筑面积)。至 2009 年 9 月 18 日实际只完成了主体结构，已投入 50%的建设费用，但据估计至全部建成尚需 1.5 年，还需投入原定总费用 60% 的建设费用。建成之后半年即可租出，可出租面积的月租金为 60 元/m^2，可出租面积为建筑面积的 70%，正常出租率为 85%，出租的运营费用为有效毛收入的 25%。当地购买在建工程买方需要缴纳的税费为购买价的 3%。同类房地产开发项目的销售税费为售价的 8%，报酬率为 9%，折现率为 13%。试利用上述资料，用现金流量折现法估算该在建工程 2009 年 9 月 18 日正常的购买总价和按规划建筑面积折算的单价。

Chapter 7

第7章 其他估价方法

本章学习内容及要求：通过学习，了解批量估价方法的概念、路线价估价法的操作步骤、城镇土地分等定级的有关知识；熟悉路线价的评估方法及有关计算，熟悉高层地价的分摊方法；掌握基准地价系数修正法的评估方法。

房地产估价除了可选用比较法、收益法、成本法、假设开发法以外，还可以根据估价目的和估价对象等情况，选用其他估价方法，见表7-1。

表7-1 其他估价方法表

序号	估价方法		适用范围
1		批量估价方法 （如标准价调整法）	大量相似的房地产批量估价
2	公示地价系数修正法	基准地价系数修正法	政府或其他有关部门已公布基准地价地区的土地估价
		路线价估价法	城镇临街商业用地批量估价
		标定地价系数修正法	政府已公布标定地价的地区的土地估价
5		多元回归分析法	大量相似的房地产批量估价
6		修复成本法	可修复的房地产价值减损评估
7		损失资本化法	不可修复的房地产价值减损评估
8		价差法	不可修复的房地产价值减损评估，房地产价值增加评估

本章主要介绍批量估价法和公示地价系数修正法。此外，还简单介绍高层地价分摊的知识。

7.1 批量估价方法

批量评估是相对于单项评估的一种评估方法。评估某单项财产的市场价值时，该评估业务通常被称为“单项评估”，而一次性评估大批量财产的评估业务则被称为“批量评估”。两种业务中所采取的步骤十分相似，在单项评估中评估师利用市场数据来评估一项财产的价值。而在批量评估中，相同的数据则被用来评估一批财产。

批量评估是20世纪70年代在国外逐步兴起，并已具有很大影响力的新型评估模式。尤其是在财产类从价税的税基评估中，批量评估得到了广泛的应用。1983年，国际税收评估人员协会(International Association of Assessing Officers)就已经颁布了关于3种基本价值评估方法(成本法、销售比较法和收益法)在批量评估中的应用准则。IAAO将批量评估定义为利用共同的数据、标准化的方法和统计检验技术评估一组财产确定日期价值的活动。国际评估准则2005(2005 International Valuation Standard)对批量评估的解释是，应用系统的、统一的、考虑到统计检验和结果分析的评估方法和技术评估多项财产确定日期价值的活动。最早的批量评估思想可以追溯到1919年，当时西方就有人将统计学的多元回归分析作为一种估算技术进行应用。批量评估的方法是采用现代统计、数理技术等多种技术，并融入传统评估方法原理的一种新的评估技术。

批量评估可以使用计算机进行，也可以不用计算机进行。早期的批量评估的技术分析是通过手工操作来完成的，当时西方的经济分析师们就是通过采用多元回归分析(Multiple Regression Analysis，这也是现今批量评估中主流的校准技术之一)进行农业用地的评估。当时由于缺乏计算机技术，一项农业用地的批量评估常常需要两三个人工作1个月才能完成。随着信息时代的到来与计算机及其软件技术的开发和普及，批量评估操作方式已主要依靠计算机进行。

不管是手工的批量评估还是计算机辅助的批量评估，其评估结果都是通过统计和数学的理论，采用体现财产的相关变量与价值之间关系的数理模型，并对数理模型得出的数据进行复核和调整后产生的。20世纪80年代末至90年代初，西方学者对价值评估3种基本方法在统计、数学环境中的具体应用做了大量的研究，对非线性回归(Nonlinear Regression Analysis)、适应估计技术或称回馈技术(Adaptive Estimation Procedure or Feedback)、人工神经网络(Artificial Neural Network)等技术在批量评估中的应用进行了探讨。

批量评估方法是在评估三大基本方法(成本法、市场法和收益法)与财产特征数据的基础上，结合数理统计技术和其他相关技术而形成的一种新的评估技术。批量评估是对大量处于一定区域的财产样本建模，并利用模型对任何符合模型要求的目标财产进行估价，由于计算机软件技术在批量评估中的广泛应用，对目标财产的评估只不过是几秒钟的等待。与传统的评估方法比较，批量评估方法最大的优点是批量评估具有快速评估与成本较低的优势，这也是批量评估的初衷。批量评估能够实现低成本、高效率地完成大规模目标资产的价值评估任务。

伴随着计算机应用的普及，批量评估近年来实现了快速发展，在欧美国家的财产税类的税基评估、其他公共管理中价值评估以及商务活动中批量房地产的价值评估都得到了广泛的应用；目前，在我国主要用于物业税税基评估、金融不良资产评估等评估领域。

为了优化地方财政收入结构和抑制住房投机需求，重庆和上海两地在 2011 年 1 月成为全国首批试点城市，对居民开始征收房产税。当前这两个试点城市主要针对增量房征税，以市场交易价格为征税依据。目前，房地产最基本的估价方法有市场比较法、收益法和成本法。由于市场比较法的估价原理能更好地体现房地产市场情况，所评估的指标参数能够通过交易市场直接获得，且评估结果更加科学、准确。因此，它成为最重要、最常用的房地产估价方法之一，也成为房地产批量估价方法的基础。

在此基础上演变的标准价调整法，可以对大量相似的房地产进行批量估价。运用标准价调整法进行房地产估价时，应先确定估价范围，对估价范围内的所有被估价房地产进行分组，使同一组内的房地产具有相似性，再在每组内设定标准房地产并测算其价值或价格，然后利用楼幢、楼层、朝向等调整系数，将标准房地产价格或价值调整为各宗被估价房地产的价值或价格。

7.2 路线价法

7.2.1 路线价法的概述

1. 路线价法的概念

(1)路线价法　路线价法是在特定的街道上设定标准临街深度，从中选取若干标准临街宗地求其平均价格，将此平均价格称为路线价，然后再配合深度价格修正率表和其他价格修正率来测算该街道其他临街土地价值的一种估价方法。

(2)标准宗地　城市的一定区域中，根据街道状况、公共设施的接近状况、房屋的疏密度等条件划分区域，从区域中沿主要街道的宗地中选定的深度、宽度、形状等在区域中属标准的土地称为标准宗地。

(3)标准深度　城市中，随着土地离道路距离的增加，道路对土地利用价值影响为零时的深度称为市街地的标准深度。

(4)里地线　标准深度的连线被称为里地线。里地线与道路之间的区域称为临街地或表地，里地线以外的区域被称为里地。

(5)深度系数修正表　以道路为基准，按距离道路的变化情况编制的地价变化表称为深度系数修正表。

(6)路线价区段　以街道为单位，将宗地接近性大致相等，土地使用价值基本一致的地段作为路线价评估区域，此区域称为路线价区段，即可及性大致相等的地段。

2. 路线价法的理论依据

路线价法实质上是一种市场法，是市场法的派生方法，其理论依据与市场法相同，是房地产价格形成的替代原理。在路线价法中，“标准临街宗地”可视为市场法中的“可比实例”；“路线价”是若干“标准临街宗地”的平均价格，可视为市场法中的“可比实例价格”，临接同一道路的其他土地的价格，是以路线价为基准，考虑其临街深度、土地形状、临街宽度等，进行适当的修正求得，这些修正实际上为“房地产状况调整”。

路线价法与一般的市场法的主要不同之处在于：一是不做“交易情况修正”和“交易日期调整”。二是先对多个“可比实例价格”进行综合，然后再进行“房地产状况调整”；而不是先对“可比实例价格”进行有关修正、调整，然后再进行综合。三是利用相同的“可比实例价格”—路线价，同时评估出许多“估价对象”—临接同一道路的其他土地的价格；而不是仅评估出一个“估价对象”的价格。在路线价法中不做“交易情况修正”和“交易日期调整”的原因是：①求得的路线价—若干标准宗地的平均价格，已是正常价格；②求得的路线价所对应的日期，与欲求取的其他土地价格的日期一致，都是估价时点时的价格。

3. 路线价法适用的对象和条件

①在我国，路线价是基准地价的一种，它实质是一种均质地域的基准地价，只是其均质地域为商业路线区段，而非面域范围。路线价法是基准地价系数修正法的特殊形式，当区域内同时存在基准地价和路线价时，里地线以内的宗地，应采用路线价法评估，即面临同一街道的宗地地价评估时，以单位路线价为基础，再结合考虑地块的面积、深度、形状、位置、宽度等具体情况，进行各种适当修正，评估结果的正确性取决于路线价、深度系数及各种修正率的正确运用。

②一般的土地估价方法，仅适用于单宗土地的估价，而路线价估价法则被认为是一种快捷、省时，适用于同时对多宗土地进行地价估算的方法。特别适用于土地课税、土地重划、征地拆迁或其他需要在较大范围内对大宗土地进行评估的情况。

③运用路线价估价法的前提条件是有可供使用的科学合理的深度系数表和其他各种修正率；有完善的城市规划和系统完整的街道；土地排列比较整齐。

④路线价估价法适用于市街地，主要适用于商业繁华区域土地价格的估算，对道路系统完整、道路两旁的宗地排列整齐的区域和城市，效果更佳。

⑤路线价估价法需要较多的交易案例，并且房地产市场比较规范。否则，计算结果将会存在较大误差，影响土地价格评估的精度。

⑥路线价估价法能够快速估算多宗土地的价格。由于路线价主要取决于宗地的临街深度，影响地价的因素较少，因此，计算过程耗费的时间较少，速度较快。

⑦路线价估价法的精度与路线价及其修正体系密切相关。路线价的估算是先设定标准深度，求得宗地平均单价，然后用深度系数表等途径进行修正，因此，它的估价精度取决于路线价和修正体系。

7.2.2　路线价法的操作步骤

运用路线价法估价一般分为下列6个步骤进行：①划分路线价区段；②设定标准临街深度；③选取标准临街宗地；④调查评估路线价；⑤制作价格修正率表；⑥计算临街土地的价格。

1. 划分路线价区段

路线价区段是沿着街道两侧带状分布的。一个路线价区段是指具有同一个路线价的地段。因此,在划分路线价区段时,应将可及性相当、地块相连的土地划为同一个路线价区段。两个路线价区段的分界线,原则上是地价有显著差异的地点,一般是从十字路或丁字路中心处划分,两个路口之间的地段为一个路线价区段。但较长的繁华街道,有时需要将两个路口之间的地段划分为两个以上的路线价区段,分别附设不同的路线价。而某些不很繁华的街道,同一个路线价区段可延长至数个路口。另外,在同一条街道上,如果两侧的繁华程度、地价水平有显著差异的,应以街道中心为分界线,将该街道的两侧各自视为一个路线价区段,分别附设不同的路线价。

2. 设定标准临街深度

从理论上讲,标准临街深度是街道对地价影响的转折点:由此接近街道的方向,地价受街道的影响而逐渐升高;由此远离街道的方向,地价可视为基本不变。但在实际估价中,设定的标准深度通常是路线价区段内临街各宗土地的临街深度的众数。在标准深度的设定方面,欧美的路线价一般设定标准深度为 100 ft(1 ft=0. 3 048 m),中国台湾的路线价设定的标准深度一般为 18 m。

3. 选取标准临街宗地

标准临街宗地是路线价区段内具有代表性的宗地。选取标准宗地的具体要求是:①一面临街;②土地形状为矩形;③临街深度为标准临街深度;④临街宽度为标准临街宽度(可为同一路线价区段内临街各宗土地的临街宽度的众数);⑤临街宽度与临街深度比例适当;⑥用途为所在路线价区段具有代表性的用途;⑦容积率为所在路线价区段具有代表性的容积率(可为同一路线价区段内临街各宗土地的容积率的众数);⑧其他方面,如土地使用年限、土地生熟程度等也应具有代表性。

4. 调查评估路线价

路线价是附设在街道上的若干标准宗地的平均价格。通常在同一路线价区段内选择一定数量以上的标准宗地,运用收益法(通常是其中的土地剩余技术)、市场法等,分别求其单位价格或楼面地价。然后求这些标准临街宗地的单位价格或楼面地价的简单算术平均数或加权算术平均数、中位数、众数,即得该路线价区段的路线价。路线价通常为土地单价,也可为楼面地价;可用货币表示,也可用相对数表示。

5. 制作深度指数表

(1)深度指数的含义　深度指数又称深度百分率,深度指数表又称深度百分率表。深度指数,是随同一地块各部分距临街的深度,地价变化的相对程度。

(2)深度指数的制作思路　制作深度指数表的原则是地块的各部分价格随离街道的程度而有递减的趋势,即深度越深,接近性越差,价格也就越低。

街道两边的各宗土地虽然临接同一街道,路线价相同,但因各宗地的宽度、深度、形状、面积、临街状态等不同,则单位面积的价格显然有差异。在影响价格的各因素中,依据深度长短表示价格的变化比率,称为深度价格递减比率。这种随深度长短而引起的相对价格关系,如果编制成一张表,则称为深度指数表或称为深度价格递减率表。

深度价格递减比率的基本观念是认为临街宗地若将其划分成许多与街道平行的细条，由于越接近街道路线的利用价值越大，距离越远的利用价值越小，则接近街道的部分，其地价高于离开街道的部分。假设有一临街宽度 xm，深度 ym 的矩形宗地，平均每平方米的价格为 A 元，则此宗地的总价格为(xyA)元，将深度价格递减比率的观念加以分析，得到深度价格递减比率观念，如图 7-1 所示。

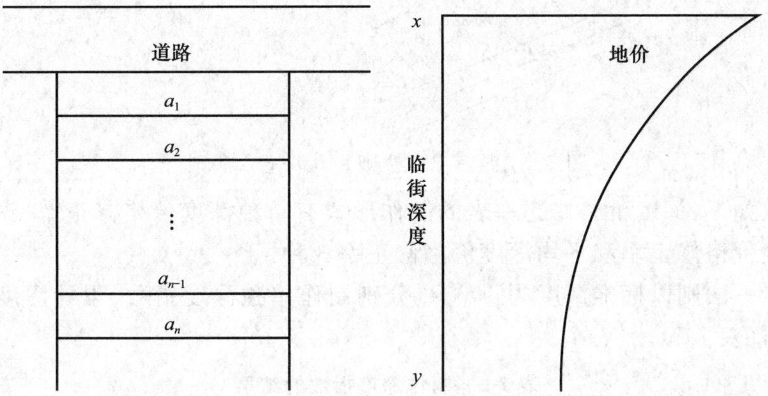

图 7-1　深度价格递减比率

就图 7-1 中的宗地来说，沿平行街道的方向，将深度的某单位区分成许多细条土地，从临街方向起按顺序赋予 $a_1, a_2, a_3, \cdots, a_{n-1}, a_n$ 等符号，则有 $a_1 > a_2 > a_3 > \cdots > a_{n-1} > a_n$，且有 $a_1 - a_2 > a_2 - a_3 > \cdots > a_{n-1} - a_n$。如果将各细条的单位价格比折算为百分率，则可制成深度价格递减率表。

深度指数表的制作形式有单独深度指数、累计深度指数和平均深度指数 3 种。它们的制作原理，如图 7-1 所示。

①单独深度百分率：$a_1 > a_2 > a_3 > \cdots > a_n$

②累计深度百分率：$a_1 < a_1 + a_2 < a_1 + a_2 + a_3 < \cdots < a_1 + a_2 + \cdots + a_n$

③平均深度百分率：$a_1 > \dfrac{a_1 + a_2}{2} > \dfrac{a_1 + a_2 + a_3}{2} > \cdots > \dfrac{a_1 + a_2 + a_3 + \cdots + a_n}{2}$

(3)深度指数的制作方法

①四三二一法则。所谓四三二一法则是将标准深度的普通临街地，区分成与街道平行的四等分，则各等份的土地，由于距离街道的深度不同，其价值也有差别。以国外资料为例，假设标准深度为 100 ft，即由临街面算起，第 1 个 25 ft 的土地，其价值占路线价的 40%，第 2 个 25 ft 的土地，其价值占路线价的 30%，第 3 个 25 ft 的土地，其价值占路线价的 20%，第 4 个 25 ft 的土地，其价值占路线价的 10%，如果超过 100 ft，则需以九八七六法则来补充，即超过 100 ft 的第 1 个 25 ft，其价值为路线价的 9%，第 2 个 25 ft 价值为路线价的 8%，第 3 个 25 ft 价值为路线价的 7%，第 4 个 25 ft 价值为路线价的 6%。若深度不为 25 ft 的整数倍数时，则按相应 25 ft 整数倍时的高档百分比选取或作插值处理。

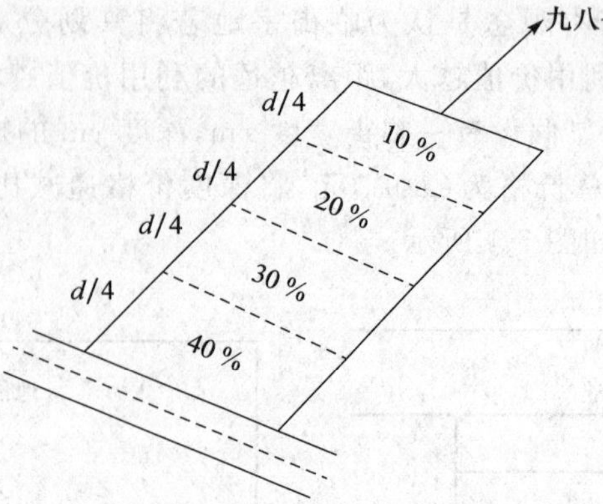

图 7-2　四三二一法则和九八七六法则

深度指数如下：深度价格修正率表的制作形式有单独深度价格修正率（深度价格递减率）、累计深度价格修正率和平均深度价格修正率 3 种。

用四三二一法则以标准深度为 100 ft，分别制作单独深度指数、累计深度指数和平均深度指数如下（表 7-2）。

表 7-2　制作深度指数的结果

临街深度/ft	25	50	75	100	125	150	175	200
四三二一法则/%	40	30	20	10	9	8	7	6
单独深度百分率/%	40	30	20	10	9	8	7	6
累计深度百分率/%	40	70	90	100	109	117	124	130
平均深度百分率/%	160	140	120	100	87.2	78.0	70.8	65.0

单独深度价格修正率为：40%>30%>20%>10%>9%>8%>7%>6%

累计深度价格修正率为：40%<70%<90%<100%<109%<117%<124%<130%

平均深度价格修正率为：40%>35%>30%>25%>21.8%>19.5%>17.7%>16.25%

（平均深度价格修正率＝累计深度价格修正率×标准临街深度/所给临街深度）

160>140>120>100>87.2>78.0>70.8>65.0

从表 7-2 可以看出，以累计深度指数原理制作指数，深度指数呈递增现象，即离街道越远，指数越大；以平均深度指数原理制作的指数，深度指数呈递减现象，即离街道越远，指数越小。

②哈柏法则。哈柏法则是一种算术法则，根据哈柏法则计算深度指数的思路，其计算公式为：

$$深度指数=\frac{\sqrt{所给深度}}{\sqrt{标准深度}}\times 100\%$$

用哈柏法则计算深度指数的方法非常简捷，它的制作思路属于累计深度指数，其深度指数呈递增现象，即离街道越远，指数越大。

③中国台湾地区的深度指数。根据《台湾省各县市办理规定地价及编制现值繁荣街道各宗地土地地价计算原则》的规定，台湾地区的临街地深度指数，如表 7-3 所示。

表 7-3　临街地深度指数表

深度/m	$h<4$	$4\leqslant h<8$	$8\leqslant h<12$	$12\leqslant h<16$	$16\leqslant h<18$	$h\geqslant 18$
指数/%	130	125	120	110	100	40

对并不沿街，但受街道影响的袋地，其深度指数，如表 7-4 所示。

表 7-4　袋地深度指数表

				$16\leqslant h<18$	60
			$12\leqslant h<16$	66	63
		$8\leqslant h<12$	72	69	66
	$4\leqslant h<8$	75	74	71	68
$h<4$	78	77	75	73	70
深度起/m 深度指数/% 深度迄/m	$h<4$	$4\leqslant h<8$	$8\leqslant h<12$	$12\leqslant h<16$	$16\leqslant h<18$

从指数可以看出，中国台湾地区深度指数的制作思路是平均深度指数，其深度指数呈递减现象，即离街道越远，指数越小。

路线价估价法的深度指数有许多种选取方式，在估价实践中，应根据不同需要灵活运用。运用路线价法评估宗地价格，依赖于路线价、深度指数及其他修正率。路线价的表达形式与深度指数的制作思路密切相关，当路线价的表达形式为单位价格时，如 m^2 或 ft^2 价格。例如，4 000 元/m^2，400 元/ft^2，制作思路应是平均深度指数；当路线价的表达形式为以一定的单位宽，如 m、ft 表示标准深度的长条土地价格时，例如，6 000 元/m，600 元/ft，则配合其计算的深度指数的制作思路应是累计深度指数。

6. 计算临街土地的价值

路线价估价法（图 7-3）基本公式的表示形式是：宗地总价＝路线价×深度百分率×宗地面积

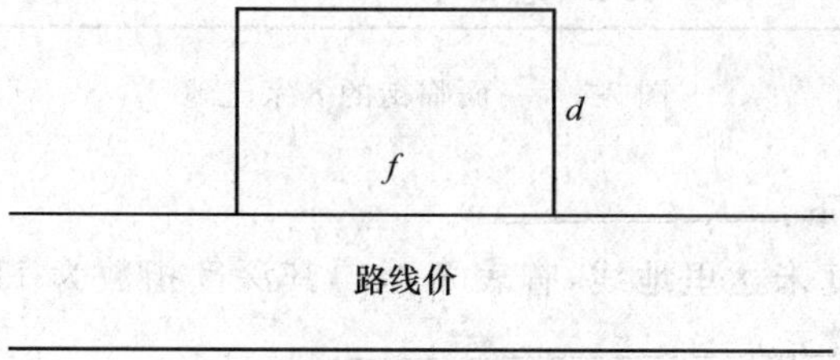

注：f为土地长度，d为土地深度。

图 7-3　以路线价计算宗地价格

运用路线价估价法时，如果街道两边的土地另有特殊条件存在，例如，属街角地、两面临街地、三角形地、梯形地、不规则形地、袋地等，则除了依上列的普通计算公式计算地价外，还要进一步做加价或减价修正，这种情况下的计算公式如下：

$$宗地总价 = 路线价 \times 深度百分率 \times 宗地面积 \pm 其他条件修正额,$$

宗地总价 = 路线价 × 深度百分率 × 宗地面积 × 其他条件修正率，

或者，当路线价的表达形式为单位价格时，该宗地价格的计算公式为：$V=udv(fd)$；

当路线价的表达形式为以一定单位宽，标准深度的长条土地价格时，该宗地价格的计算公式为：$V=udvf$。

依路线价估价法评估地价，英国、美国早已实行，尤其在美国，这种估价技术已相当完善。日本最初采用这种估价方法是在1923年。中国台湾在实施“平均地权”从事“规定地价”作业时，也应用路线价估价法。不过，在英国、美国、日本3个国家及中国台湾，这种方法的具体表现不完全相同，各有特色。

7.2.3 路线价法计算举例

以下结合不同的路线价表达形式配合不同的深度指数制作思路，不同的土地形状、临街状况等介绍路线价法的运用。

1. 一面临街土地

【例7-1】 如图7-4所示，沿街有A、B、C、D、E、F、G、H共8宗土地，路线价为10 000元/m²，标准深度为18 m，各宗土地的有关数据标在各地块上，试依据表7-3提供的深度指数等资料，求各宗地的单价。

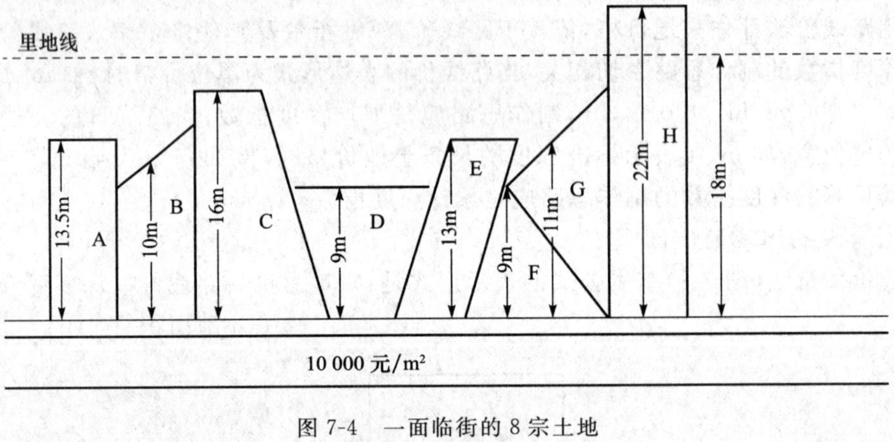

图7-4 一面临街的8宗土地

各宗地计算过程如下：

A宗地：临街地深度未达里地线，查表7-3，得其深度指数为110%，则该宗地单价为：10 000×110%＝11 000(元)

B宗地：平行边与临街线垂直得梯形宗地，以两边中点的连线为其临街深度，查表7-3，得其深度指数为120%，则该宗地单价为：10 000×120%＝12 000(元)

C宗地：平行边与临街线一致的梯形宗地，以其高度为临街深度，查表7-3，得其深度指数为100%，因该宗地临街边边长较长、利用价值较高，故其单价依临街地标准计算后以一成(或二成为限)加价修正：10 000×100%×(1＋0.1)＝11 000(元)

D宗地：深度指数为120%，因该宗地临街边短、利用价值较低，故其单价依临街地标

准计算后以一成(或二成为限)减价修正:10 000×120%×(1－0.1)＝1 080(元)

E 宗地:平行四边形的宗地,以其高度为临街深度,查表 7-3,得深度指数为 110%,则该宗地单价为:10 000×110%＝11 000(元)

F 宗地:正三角形(三角形的一边为临街线)的宗地,以其高度的 1/2 为临街深度,查表 7-2,得深度指数为 125%,则该宗地单价为:10 000×125%＝12 500(元)

G 宗地:逆三角形(三角形的一顶点在临街线)的宗地,以其在临街线上的顶点与底边中点距离的 1/2,以及与底边中点深度为起讫深度(即 5.5～11 m),比照袋地办法,查表 7-3,得其深度指数为 74%,则该宗地单价为:10 000×74%＝7 400(元)

H 宗地:宗地深度较深而超过里地线,其单价以里地单价与临街地单价按面积比例平均计算其单价,里地单价按路线价的四成计算,则该宗地单价为:

10 000×100%×18/22＋10 000×40%×4/22＝8 909(元)

2. 前后两面临街土地

前、后两面临街土地价格受前、后两条街道路线价的影响,以矩形土地为例,其一种计算思路是从中间将土地分成前、后两部分,分别按其深度计算前、后两部分单价,然后取其平均得到宗地单价。另一种价格计算思路是先采用"重叠价值估价法"依据前、后两街的路线价高低划分影响范围,即将土地分成前、后两部分,然后按各自所临道路的路线价和深度价格指数计算价格,再将此两部分价格相加。

【例 7-2】　如图 7-5 所示,前街路线价为 3 000 元/m²,后街路线价为 2 000 元/m²,假设标准深度为 20 m,试利用四三二一法则计算宗地单价。

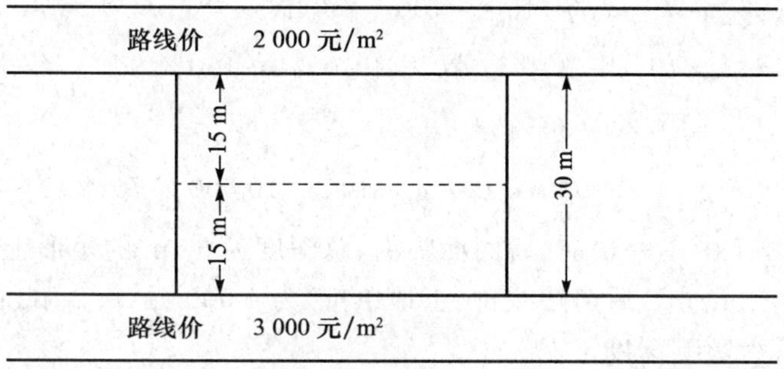

图 7-5　前、后两面临街的土地

①其一种价格计算的思路是分别按其深度计算,取其平均价格。

15 m 处的平均深度指数＝累计深度指数×标准深度/所给深度

＝(40%＋30%＋20%)×20/15＝120%

宗地单价＝(3 000×120%＋2 000×120%)÷2＝3 000(元/m²)

②另一种价格计算的思路是重叠价值估价法。

假设:d_0 为前街路线价,d_1 为后街路线价,d_0 为前街影响深度,d_1 为后街影响深度,d 为全部深度。

前、后两街各自影响范围求取的公式为:$d_0=\dfrac{u_0}{u_0+u_1}$,$d_1=d-d_0$ 或 $d_1=\dfrac{u_0}{u_0+u_1}$

假设：dv_0 为前街深度指数；dv_1 为后街深度指数。

若采用平均深度指数，宗地价格的计算公式为：$V=u_0 dv_0 fd_0+u_1 dv_1 fd_1$

若采用累计深度指数，宗地价格的计算公式为：$V=u_0 dv_0 f+u_1 dv_1 f$

【例 7-3】 如图 7-6 所示，这是一宗前、后两面临街，总深度为 150 ft，宽度为 100 ft 的矩形土地，其前街路线价为 20 000 元/ft，后街路线价为 10 000 元/ft。假设标准深度为 100 ft，试利用四三二一法则按重叠价值估价法计算该宗地价格。

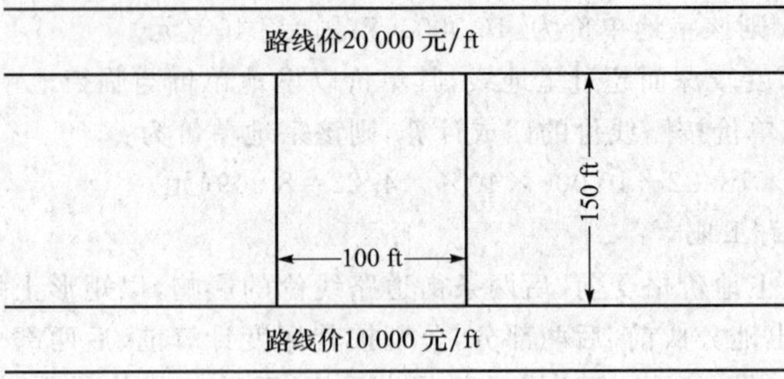

图 7-6 前、后两面临街的土地

$$u_0=20\,000\text{ 元 /ft},\quad u_1=10\,000\text{ 元 /ft},\quad d=150\text{ (ft)}$$

$$d_0=\frac{u_0}{u_0+u_1}=\frac{20\,000}{20\,000+10\,000}\times 150=100\text{ (ft)}$$

$$d_1=d-d_0=150-100=50\text{(ft)}$$

$$dv_0=40\%+30\%+20\%+10\%=100\%$$

$$dv_1=40\%+30\%=70\%$$

$$V=u_0 dv_0 f+u_1 dv_1 f=20\,000\times 100\%\times 100+10\,000\times 70\%\times 100=270\text{(万元)}$$

【例 7-4】 图 7-7 中是一块前、后两面临街、总深度为 30 m 的矩形土地，其前街路线价（土地单价）为 2 000 元/m²，后街路线价（土地单价）为 1 000 元/m²。试采用重叠价值估价法计算其前街和后街影响深度。

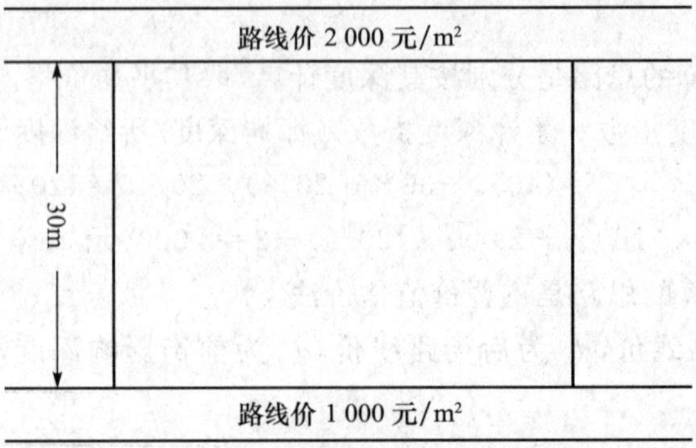

图 7-7 前、后两面临街矩形土地

该块前后两面临街矩形土地的前街和后街影响深度计算如下：

前街影响深度＝前街路线价/(前街路线价＋后街路线价)×总深度

＝2 000/(1 000＋2 000)×30＝20(m)

后街影响深度＝总深度－前街影响深度＝30－20＝10(m)

3. 街角地

街角地是指位于路口的土地。街角地的土地价格不仅受正街即高价街的影响，还受旁街即低价街的影响。街角地价格计算的思路是采用“正旁两街分别轻重估价法”，即以正街路线价求取价格，再以旁街路线价计算加价影响值，然后加总。

街角地如果有天桥或地下道出入口等而影响其利用价值的，应在上述方法计算其价值后再进行适当的减价调整。

假设：u_0 为正街路线价，u_1 为旁街路线价，dv_0 为正街深度指数，dv_1 为旁街深度指数，t 为旁街影响加价率。

若采用平均深度指数，宗地价格的计算公式为：

$$V = (u_0 dv_0 + u_1 dv_1 t)(fd)$$

若采用累计深度指数，宗地价格的计算公式为：

$$V = (u_0 dv_0 + u_1 dv_1 t) f$$

【例 7-5】 图 7-8 中是一块矩形街角地，其正街路线价(土地单价)为 2 000 元/m²，旁街路线价(土地单价)为 1 000 元/m²，临正街深度为 22.86 m(75 ft)，临旁街深度为 15.24 m(50 ft)。另假设旁街影响加价率为 20%，计算该块土地的单价和总价。

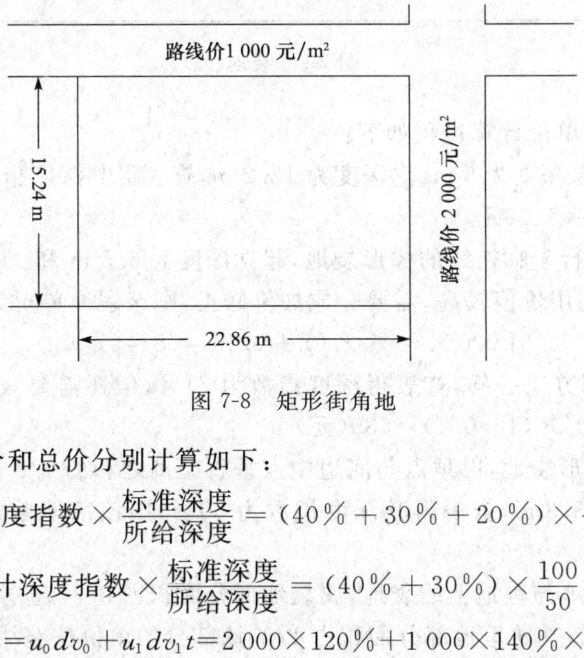

图 7-8　矩形街角地

该块土地的单价和总价分别计算如下：

$$dv_0 = 累计深度指数 \times \frac{标准深度}{所给深度} = (40\% + 30\% + 20\%) \times \frac{100}{75} = 120\%$$

$$dv_1 = 累计深度指数 \times \frac{标准深度}{所给深度} = (40\% + 30\%) \times \frac{100}{50} = 140\%$$

该宗土地的单价＝$u_0 dv_0 + u_1 dv_1 t$＝2 000×120%＋1 000×140%×20%＝2 680(元/m²)

该宗土地的总价＝土地单价×土地面积＝2 680×15.24×22.86＝93.37(万元)

4. 袋地

袋地是指并不临街，但受路线价影响的土地。袋地的价格依其深度的起讫，按所制作的深度指数计算，其计算方法与临街土地相同。

【例 7-6】 如图 7-9 所示，这里有 A、B、C、D、E 5 宗土地，路线价为 1 000 元/m^2，标准深度为18 m，各宗地的有关数据标注在各地块上，试依据表 7-4 提供的深度指数等资料，求各宗地的单价。

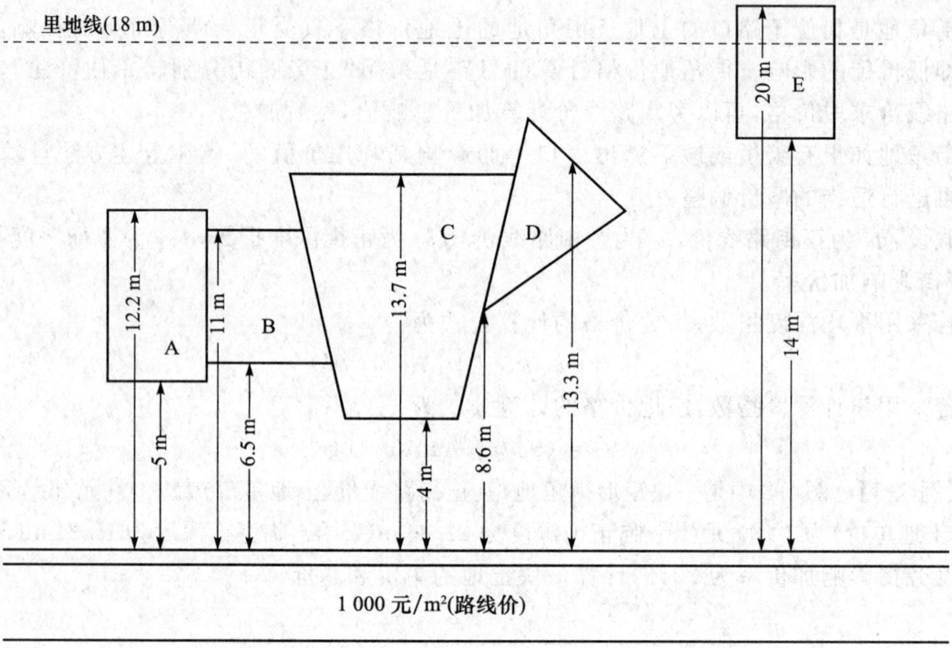

图 7-9　袋地

【解】 各宗地的单价计算过程如下：

A 宗地为袋地，起深度为 5 m，讫深度为 12.2 m，查表得其深度指数为 71%，则该宗地单价为：1 000×71%＝710(元)

B 宗地为底边平行于临街线的梯形袋地，起讫深度为 6.5 m 和 11 m，查表得深度指数为 74%由于该宗地利用价值较高，需要一成加价修正，则该宗地单价为：

1 000 × 74% × (1 ＋ 0.1) ＝ 814(元)

C 宗地同 B 计算方法一样，查表得深度指数为 71%，但还需要减价一成修正，则该宗地单价为：1 000×71%×(1－0.1)＝639(元)

D 宗地为逆三角形袋地，以顶点与底边中点垂直距离之和的 1/2 及底边中点深度为起讫深度，即 10.95～13.3 m，查表得其深度指数为 69%，则该宗地单价为：1 000×69%＝690(元)

E 宗地位于临街地与里地上的袋地，属袋地部分面积占 2/3，起讫深度为 14～18 m，查表得深度指数为 63%；其属里地部分面积占 1/3，该部分的单价按路线价的四成计算，则该宗地单价为：1 000×63%×2/3＋1 000×40%×1/3＝553(元)

5. 其他形状土地价值的计算

计算其他形状土地的价值，通常是先将其划分为矩形、三角形土地，然后分别计算这些矩形、三角形土地的价值，再相加减。所以，一般只要掌握了一面临街矩形土地、前后两面临街矩形土地、街角地及三角形土地这几种基本形状土地的价值计算，其他形状土地的价值计算问题便可迎刃而解。

7.3 基准地价修正法

7.3.1 城镇土地分等定级

7.3.1.1 城镇土地分等定级的概念

1. 城镇土地分等

城镇土地分等是通过对影响城镇土地质量的经济、社会、自然等各项因素的综合分析，揭示城镇之间土地质量的地域差异，运用定量和定性相结合的方法对城镇进行分类排队，评定城镇土地等。

城镇土地分等宜分层次进行。全国开展城镇土地分等，应重点考虑对全国范围内重要的设市城市划分土地等；省域（自治区）开展城镇土地分等，应重点考虑对省、自治区的城市和县城镇划分土地等；直辖市域开展城镇土地分等，应重点考虑对市域内的市区、地级和县级政府驻地城镇划分土地等。城市所辖的空间上与主城区分隔的实体（如独立工矿区、开发区等），宜在城市分等基础上，经综合平衡划分等别。必要时可对跨不同行政区域的城镇进行分等。不同层次的分等工作应相互衔接。

2. 城镇土地定级

城镇土地定级是根据城镇土地的经济、自然两方面属性及其在社会经济活动中的地位、作用，对城镇土地使用价值进行综合分析，揭示城镇内部土地质量的地域差异，评定城镇土地级。

城镇土地定级有综合定级和分类定级 2 种类型。综合定级指对影响城镇土地质量的各种经济、社会、自然因素进行综合分析，按综合评价值的差异划分土地级。分类定级指分别对影响城镇某类型用地质量的各种经济、社会、自然因素进行分析，按分类评价值的差异划分土地级；分类定级主要包含商业用地定级、住宅用地定级、工业用地定级等。

城镇土地定级主要分析现状土地质量的差异，必要时，应考虑城市规划等其他因素对土地级别的影响。市区非农业人口 50 万人以上的大城市，宜进行综合定级和分类定级；其他城镇宜进行综合定级，必要时可同时进行分类定级。

7.3.1.2 城镇土地分等定级的目的与对象

1. 城镇土地分等定级的目的

城镇土地分等定级的目的是为全面掌握城镇土地质量及利用状况，科学管理和合理利用城镇土地，提高土地使用效率，为国家和各级政府制定各项土地政策和调控措施、为土地估价、土地税费征收和城镇土地利用规划、计划制定提供科学依据。

2. 城镇土地分等定级的对象

城镇土地分等定级的对象是城市市区、建制镇镇区土地。

城镇土地分等定级的对象是土地利用总体规划确定的城镇建设用地范围内的所有土地。城镇以外的独立工矿区、开发区、旅游区等用地可一同参与评定。

7.3.1.3 城镇土地分等定级与城镇土地估价的关系

1. 土地分等定级与土地估价

土地分等定级的实质就是依据土地使用价值的优劣，评定出土地等级。这种对土地使用价值，即土地质量的评定，是由土地的主管部门依据影响土地使用价值的土地区位条件、土地本身的自然条件和改良条件等因素，制订评估方法和标准，组织专家进行评定，并据此划分出土地级别，作为土地管理、土地合理利用和土地转移的基础。

土地估价是在一定的市场条件下，针对某一质量、等级的土地，评估出土地的价格。作为国家、单位和个人进行土地交易、土地资产管理等方面的依据。

2. 土地分等定级与土地估价的关系

土地分等定级和土地估价是从不同角度对土地特性的评定，前者评定的是土地使用价值，后者是评定这些价值在市场上反映出的价格。在理想的土地市场和土地交易中，仅从发挥土地经济效益的原则出发，土地的使用价值优，等级高，地价就应该高；相反，地价就低。

但是，在现实的土地管理制度和土地市场条件下或从综合效益考虑以及受交易双方的行为影响，往往出现土地使用价值高的不一定能实现高地价，土地使用价值低的也不一定地价就低等现象。所以，为满足全面、科学、合理地管理土地、有效利用土地的要求，需要对土地使用价值和价格两方面进行评定。

对土地估价来说，土地分等定级是其基础，评出的等级是土地使用价值和价值稳定的本质表现。土地分等定级是土地价格的合理内涵。因为土地具有的使用价值优劣及其价值的高低，决定了土地使用者为取得土地使用权或所有权而愿意支付的基本地价数额；而对于土地分等定级来说，土地估价是其更灵活的外在表现形式，评出的地价是反映土地使用价值及价值市场特征的更佳指标。因为土地估价除了考虑土地质量优劣、等级高低等特征外，还考虑了市场供求等因素变化，使土地使用价值能更简明、更精确地体现在价格上。

由此可见，两者的关系是相辅相成的。通过土地估价迅速把握土地使用价值在市场上的价格动向，概括出等级演变趋势，细化、修正等级成果；通过土地分等定级掌握价格本质，在众多复杂、变幻的价格中，去伪存真，提高估价精度，掌握合理地价水平。

7.3.1.4 城镇土地分等的基本思路

1. 因素分析

城镇土地综合质量是一个城镇长期以来政治、经济、文化、历史等的综合反映，影响因素多而复杂。有宏观的、微观的，有静态的、动态的，有直接的、间接的，且因素间相互联系、互为影响。因素分析就是要对影响城镇土地质量的因素进行全面分析，在综合分析城镇经济、社会、自然等因素的基础上，重点分析对城镇土地质量等起主导和控制作用的因素。城镇土地分等因素是指对城镇土地等有重大影响，并能体现城镇土地区位差异的经济、社会、自然条件的因素，一般分成因素、因子2个层次。不同的区域范围，不同的城镇类型、规模和数量，其影响因素、因子会有所不同。影响城镇土地等的因素、因子有以下几方面。

(1)城镇区位因素　其因子有交通区位、城镇对外辐射能力。

(2)城镇集聚规模因素　其因子有城镇人口规模、城镇人口密度、城镇非农产业规模、城镇经济规模。

(3)城镇基础设施因素　其因子有道路状况、供水状况、供气状况、排水状况。

(4)区域城镇用地投入产出水平因素，其因子有城镇非农产业产出效果、城镇商业活动强度、城镇建设固定资产投资强度、城镇劳动力投入强度。

(5)区域经济发展水平因素　其因子有国内生产总值、财政状况、固定资产投资状况、商业活动、外贸活动。

(6)区域综合服务能力因素　其因子有科技水平、金融状况、邮电服务能力。

(7)区域土地供应潜力因素　其因子有区域农业人口人均耕地、区域人口密度。

2. 建立分等指标体系

城镇土地综合质量是城镇规模、区位条件等多种因素共同作用的结果。这些因素中，又包含若干次一级的因素或因子，构成因素、因子层次体系。区域范围越大，城镇数量越多，差异越大，拟选择的因素、因子将越多。城镇土地分等因素、因子的选择应遵循如下原则：

①城镇土地分等因素、因子的指标值变化对城镇土地质量有显著影响，且能直接客观地反映所评价区域的城镇土地等的高低。

②城镇土地分等因素、因子的指标值有较大的变化范围。

③选择的因素、因子对不同性质城镇的影响有较大的差异，其指标能够反映不同性质城镇之间的土地等差异。

④城镇土地分等因素、因子的指标反映当前的土地利用发展趋势，并对城镇未来土地等产生影响。

⑤城镇土地分等因素、因子的指标易通过统计资料获取或易量化处理。

3. 指标量化与标准化

各类因素、因子，其指标的表现形式是不同的，有的易量化、有的不易量化，有的有量纲、有的无量纲。故需对所选指标进行量化和标准化。指标量化方法一般有以下几种。

(1)直接量化　即因素可以从有关资料，如统计资料中直接查阅和量化，城市人口规模、人口密度、占地面积、人均国民生产总值等。

(2)计算量化　即因素要通过一定的计算而量化，如城市区位中的区域交通条件，要根据交通的类型、规模、等级、数量等更次一级的因子计算，予以量化。

(3)间接量化　即因素是定性的，不能直接定量化或计算量化，而须采用间接的或定性的方法，确定该因素的等级，如特殊的自然人文景观、特殊政策等的影响及其程度。

量化过程中，有些因素的量化值与其对土地综合质量的影响程度呈反比，如距离因素，距离越远，其量化值应越小。因此，对于这类因素的量化，应先进行相对化，然后以1减之,使该因素的分值与其对城镇土地综合质量的影响呈正比。

因素的量化值乃是一组有量纲的数字。为了使指标具有可比性,不受量纲的影响,应对各量化值无量纲化,即数据标准化。数据标准化一般有极差标准化、方差标准化和均值标准化等方法。以极差标准化为例,其计算公式为:

$$I_i = \frac{x_i - x_{\min}}{x_{\max} - x_{\min}}$$

式中:I_i—标准化后 i 因素的指标值;x_i—标准化前 i 因素的指标值;$x_{\min}$—标准化前各因素指标的最小值;$x_{\max}$—标准化前各因素指标的最大值。

方差标准化与均值标准化的方法与极差标准化相似。

4. 因素权重的确定

城镇土地综合质量等不仅受众多因素的影响,而且各影响因素对土地质量的影响程度各不相同,需要合理地确定其相应的权重。

因素权重的确定并无统一的方法,常用的有专家会议法、专家调查法(Delphi 法)、成对因素比较法、层次分析法、经验法等,各方法均有一定的优缺点,应视分等区域特点、要求而选择相应的方法,或采用几种方法确定权重,以相互印证和补充。在上述原则下,因素因子的选择宜根据特尔菲测定法进行。

(1)Delphi 法(专家调查法) 专家调查法被实践证明有效宜行,这种方法即是对各因素进行多轮次的专家打分,按下列公式计算权重值:

$$W_i = \frac{E_i}{100}$$

式中:W_i—第 i 个因素或因子的权重;E_i—第 i 个因素或因子经过多轮打分后的均值。

Delphi 法在实施中要求专家应是熟悉城镇土地状况和社会经济发展状况等有关行业的技术、管理专家以及高层次决策者,专家总体权威程度较高,总数为 10～40 人;专家打分应根据相应工作的背景材料和打分说明进行,并在不协调的情况下按表的格式独立打分;从第二轮打分起,打分必须参考上一轮打分的结果进行;打分轮次为 2～3 轮。

(2)因素成对比较法 另一种简单易行的方法是因素成对比较法,这种方法即是对所选因素或因子进行相对重要性两两比较,赋值,计算权重。成对因素比较法在实施中要求对比结果要符合 A 因素大于 B 因素,B 因素大于 C 因素,A 因素大于 C 因素的关系;对因素所赋的值应在 0～1 范围内,同时两因素之和等于 1。

(3)层次分析法(AHP 法) 层次分析法的基本原理是把所要研究的复杂问题看作一个大的系统,通过对系统的多个因素的分析,划分出各因素间相互联系的有序层次;再请专家对每一层次的各因素进行较客观的判断后,相应给出相对重要性的定量表示;进而建立数学模型,计算出每一层次全部因素的相对重要性和权值,加以排序;最后根据排序结果规划决策和选择解决问题的措施。

确定的各因素因子权重值应在 0～1(或 100%),且所有因素因子权重值之和为 1(或 100%)。

5. 城镇土地综合质量指数计算与分等

在确定上述各因素经标准化后的指标及相应权重值的基础上，采用下式计算城镇土地综合质量指数：

$$R_i=\sum I_{ij}W_{ij}$$

式中：R_i—第 i 个城镇的土地综合质量指数；I_{ij}—第 i 个城镇第 j 类因素的标准化指标值；W_{ij}—第 i 个城镇第 j 类因素的权重值，其中，有 $W_{ij}=1$(或 100%)。

根据上述计算的各城镇土地综合质量指数，按指数高低进行排序，根据相邻指数间“间距”的大小确定分等区间，并初步分等。对初步划分的城镇土地质量等，应进行检验、征询、反馈、校核和调整，确定各城镇土地质量等。城镇土地等的数目视区域大小而有所差异。区域越大，城镇越多，城镇间差异越大，土地等的数目应越多。

6. 成果应用与更新

划分的城镇土地质量等是土地宏观管理的依据之一。为了充分发挥成果的作用，应分析其成果的特点，适用条件，并对成果的应用提出建议。

同时，由于区域内各城镇的社会经济发展的速度和轨迹并不相同，因此，随着时间的推移，各城镇的社会经济水平在区域内的均衡性将有可能变化，甚至被打破。为了使城镇土地质量等符合客观实际，保持城镇土地质量等的现势性，应根据城镇实际的社会经济发展状况和水平，适时更新不适合的城镇土地质量等，以发挥其在土地宏观管理和规范土地市场中的作用。

7.3.1.5　城镇土地定级的基本思路

1. 因素分析

定级因素是指对土地级别有重大影响，并能体现土地区位差异的经济、社会、自然条件。定级因素主要包括以下几方面的内容。

(1)繁华程度方面的因素　这一因素主要影响商业用地，具体是指商服繁华影响度。

(2)交通条件方面的因素　这一因素对商业和住宅用地具体是指道路通达度、公交便捷度、对外交通便利度(客运)；对工业用地具体是指道路通达度、对外交通便利度(货运)。

(3)基本设施方面的因素　它是指基础设施完善度、公用设施完备度等。

(4)环境条件方面的因素　它是指环境质量优劣度、绿地覆盖度、自然条件优劣度等。

(5)其他方面的因素。

2. 建立定级指标体系

城镇土地定级因素的选择应同时满足下列条件。

(1)因素指标值变化对城镇土地定级有较显著的影响；因素指标值有较大的变化范围，选择的因素对不同区位的影响有较大的差异。

(2)不同类型的土地定级应分别选择相应的定级因素。

(3)其他方面的因素选择根据城镇及其定级工作的具体情况选定。

3. 因素权重确定

与区域性城镇土地分等中因素权重的确定一样，较多采用的方法有 Delphi 法、因素成对比较法和层次分析法。

4. 指标量化与标准化

(1)指标量化与标准化的原则　指标量化与标准化过程中,应遵循如下原则。

①指标量化值与土地优劣成正比,即土地条件越好,量化值越高。

②指标量化值只与因素指标的显著作用区间相对应。所谓显著作用区间是指因素对土地质量的显著影响范围,大于或小于该范围,对土地质量的影响较小或不显著,不予考虑。

③标准化值采用 0～100 分的封闭区间。

(2)指标量化与标准化的处理方法　根据城镇土地定级因素对土地质量的影响方式和类型,城镇土地定级指标的量化与标准化分两种情况分别处理。

①若因素对土地质量的影响仅与因素指标值有关,即因素对土地质量的影响方式是面状分布的,简称面状因素,则其量化步骤为:

a. 对因素资料进行整理,按因素与土地质量相关性特点,计算各地域或土地单元的因素量化值,对超出显著区间的各土地因素,其量化值按显著区间内的最高值或最低值处理。

b. 采用极差标准化法对量化的因素标准化。

c. 视定级区域大小划分 3～10 个作用分区间。

环境质量优劣度、人口密度、绿地覆盖度、路网密度等属于这类因素因子。

②若因素对土地质量的影响既与因素涉及的、呈点状或线状分布的设施等级、规模有关,又与设施的相对距离有关,即点状或线状因素,则量化与标准化步骤为:

a. 在各因素内按规模或类型求出各点或线的相对作用分,取最大值为 100 分。

b. 计算因素内各不相同规模或类型的点或线的平均作用范围并划分出若干个相对距离区间。

(3)根据不同因素及其影响随距离变化的特点,按相对距离计算获得各个相对距离上的因素作用分,它根据距离变化的特点,一般有线性和非线性 2 种。

(4)以因素作用分、相对距离区间编制因素作用分值表　商业服务繁华影响度、道路通达度等属于非线性作用的因素、因子;公交便捷度、对外交通便利度、公用设施完备度、文体设施完备度等属于线性作用的因素、因子。

5. 定级单元划分与单元分值计算

城镇土地定级的基本制图单位称定级单元。定级单元的划分一般于自然地物界线,如交通线、行政界线、权属界线等为单元边界,单元面积一般在 5～25 hm^2,视城镇情况而定。随着定级工作的计算机化和数据化,定级单元一般划分成一定面积的栅格,单元面积大大缩小,可精确到 20 m×20 m 或 10 m×10 m,视实际工作要求与计算机容量、速度等而定。在单元划分基础上,将量化与标准化后的各因素因子分值落实到各定级单元上,得各定级单元各因素因子的作用分值。

6. 土地级别划分

根据步骤 4 和步骤 5 及式 $R_i = I_{ij} W_{ij}$ 计算各评价单元总分值。在此基础上,运用总分频率法或总分数轴法、总分剖面图法等,初步划分土地级。土地级的数目,视城镇大小而异,见表 7-5。

在土地级初步划分的基础上，宜应用极差地租理论，对各级土地的极差收益进行测算、校核和验证，同时对土地级的范围、边界等进行修订和调整。

表 7-5　土地定级级别数目表

定级类型	城市规模		
	大城市	中等城市	小城市以下
综合定级	5～10 级	4～7 级	3～5 级
商业用地定级	6～12 级	5～9 级	4～7 级
住宅用地定级	5～10 级	4～7 级	3～5 级
工业用地定级	4～8 级	3～5 级	2～4 级

7.3.1.6　成果应用和更新

与区域性城镇土地分等一样，评价报告应对定级成果的应用提出意见和建议，并在适当的时候进行更新。

7.3.2　基准地价评估

7.3.2.1　基准地价的概念

城市基准地价是以一个城市为对象，在该城市一定区域范围内，根据用途相似、地块相连、地价相近的原则划分地价区段，调查评估出的各地价区段在某一时点的平均水平价格。

7.3.2.2　基准地价的作用

基准地价是区域平均地价系列中的一种，具有直接控制和引导宗地地价系列中各地价的功能；而在宗地地价系列中，基准地价又是同类区域平均地价。因此，基准地价在地价体系中具有承上启下的功能，在土地市场中起着基准和标准的作用。具体表现为以下内容。

1. 宏观控制地价

基准地价水平及其变化反映了土地市场中的地价水平及其变动趋势，为政府适时地利用规划和计划手段宏观配置城镇土地，制定相关的土地管理政策，调控地价变化和土地收益分配，调节土地在总量和结构上的供求平衡等提供基本的价格依据。

2. 国家征收土地使用税的依据

西方发达国家和地区，地产税一般是从价征收。目前，我国仍缺乏系统的价格标准，土地使用税征收偏低，远不能体现土地级差收益，达到利用税收这一经济杠杆调节土地利用和级差收益的目的。科学、合理、公开、适时调整具有统一“基准”的基准地价可为科学征收土地使用税等提供客观依据。

3. 评估宗地地价的基础

基准地价反映了城镇土地级别或均质地域内宗地的平均价格水平，该区域内的各宗地地价分布在以基准地价为平均值的一定幅度范围内。因此，根据具体宗地条件对基准地价进行适当修正，即可方便地评估出具体宗地的地价水平。这一估价方法称为基准地价修正法。

4. 合理利用土地利用结构的经济杠杆

在市场经济中，土地价格直接影响到土地利用的类型和强度。通过基准地价，可使城市中不同地段和区域的土地达到优化利用和配置，用经济手段来调整土地利用结构，实现土地利用规划。

5. 制订城市国有土地使用权出让价格的依据

7.3.2.3 基准地价的特点

1. 全域性

城市内的任何一个区域，应有至少一种用途类型的基准地价。

2. 分用途

同一区域中，不同土地利用类型的土地，有不同的基准地价标准。

3. 平均性

基准地价反映一个区域中土地收益或土地租金、价格的平均水平，可以采取平均数或众数表示一个区域中的基准地价标准。

4. 有限期

基准地价是有限年期的土地使用权价格，按国家规定，不同用途土地使用权的出让最高期限是不一致的，则不同用途基准地价的年期也不同。

5. 时效性

基准地价只反映一定时间的价格标准。

7.3.2.4 基准地价评估的步骤与方法

1. 准备工作

基准地价评估的准备工作主要有以下几方面。

(1)编写基准地价评估任务书　任务书的内容包括城镇基本情况、基准地价评估工作的领导与组织、估价时间安排与经费预算、估价成果及技术方案等。

(2)制定基准地价调查表和工作表，准备工作底图基准地价评估的表格的制定，应根据实际工作的需要，配合估价思路与方法而定。工作底图一般大城市为 1∶10 000 小比例尺图，小城市为大比例尺图。

(3)确定基准地价评估的区域　基准地价评估是以一个具体城市为对象，具体区域范围的大小主要是根据实际需要确定。它可以是整个行政区域，也可以是市区或建成区，当城市很大时可以分区进行，例如，上海在基准地价评估时，将浦西与浦东分别进行评估。

2. 划分地价区段

所谓地价区段是将用途相似、地块相连、地价相近的土地加以圈围而形成的一个个区域，一个地价区段可视为一个地价“均质”区域。对已经完成土地定级的城镇，可以依据土地定级资料划分地价区域。通常可将土地划分为商业路线价区段、住宅片区段、工业片区段 3 类地价区段。划分地价区段的方法通常是就土地的位置、交通、使用现状、城市规划、房地产价格水平及收益情形等做实地调查和观察，将情况相同或相似的相连土地划为同一个地价区段。各地价区段之间的分界线应以道路、沟渠或其他易于辨认的界限为准，但商业路线价区段应以标准深度为分界线。

3. 资料调查与整理

基准地价评估是一类区域平均地价的评估，涉及的范围和资料较广，而资料的客观性和准确性将直接影响到基准地价的评定结果。因此，基准地价评估的一个重要环节是资料的搜集与整理。资料调查的主要内容包括以下几方面。

(1)土地定级或均质地域划分成果资料　如土地级别图、土地定级技术报告等。

(2)土地利用效益资料　包括不同行业资金利润率标准，同一行业、不同规模资金利用效率资料，不同行业、不同规模的企业劳动力资料，行业产值、营业额与利润资料，单位或企业土地利用效益资料等。

(3)市场交易资料　包括土地使用权出让、转让、出租、抵押及土地征用拆迁安置补偿中涉及的费用等地租地价资料，房屋买卖、房屋与柜台出租、土地联营入股、土地联建房分成、以地换房、企业兼并、房屋拆迁补偿与重置价格等隐含的地租地价资料。

(4)其他资料　如地价影响因素、城市规划、历史地价、地价与房价综合指数等资料。

为了使搜集的资料全面、客观和正确，资料搜集过程中，宜根据不同资料类型编制相应的调查表。调查表的编制可参考《城镇土地估价规程》。

在资料搜集的基础上，应对所调查收集的资料进行检查，对缺主要项目的、填报数据不符合要求的和数据明显偏差的资料，应予删除，并按土地级别或均质地域、土地用途、企业用地效益、地价交易方式和地价计算方法进行归类，建立资料数据库。

所搜集的资料应满足统计分析的要求，即要有一定的样本量且分布相对均匀，如出租交易资料，同一土地级或均质地域的样本总数应不少于30个，如样本数据太少，应补充调查。

4. 基准地价评估

(1)选择标准宗地　在划分出的各地价区段内不同用途的土地中分别选取数宗在土地面积、形状、容积率等方面具有代表性的土地作为样点宗地。

(2)搜集相关资料　由估价人员调查搜集标准宗地的市场交易资料，如土地使用权出让、转让及出租资料等；经营收益资料，如联营土地的利润分配资料等；开发费用资料，如需从房地产买卖资料中剥离地价或以成本法计算地价时，须调查搜集开发费用等资料。

(3)评估样点地价　依据所搜集的资料，运用收益还原法、假设开发法、市场比较法、成本逼近法等适当的估价方法评估标准宗地的价格，具体方法和思路列举如下。

①以土地使用权转让资料计算地价，其计算公式为：

$$V=\frac{V_T}{S}$$

式中：V—转让宗地单位面积地价；V_T—土地转让方式获取的资金或实物作价净收入；S—转让宗地总面积。

②以土地使用权出租资料计算地价，其计算公式为：

$$V=\frac{R}{S}\times\frac{1}{r}$$

式中：V—单位面积出租宗地的地价；R—出租方每年得到的资金或实物现值；S—出

租的宗地面积；r—土地还原利率。

③以地换房资料计算地价，其计算公式为：

$$V = \frac{S_{tb} \times P_{bs}}{S}$$

式中：V—土地单位面积地价；S_{tb}—转让土地方获得的建筑面积；P_{bs}—单位建筑面积的平均售价；S—出让的土地面积。

④以商品房出售资料计算地价，其计算公式为：

$$V = (P_r - C_h S_h - I - T - B)\frac{G}{S_{bl}}$$

式中：V—某一商品楼用地的单位面积土地价格；P_r—某一商品楼房总售价；C_h—当地同类建筑单位面积平均造价；S_h—楼房总建筑面积；I—开发公司利润；T—商品房开发中向国家交纳的投资及营业税等；B—开发资金应支付的利息；S_{bl}—建筑物占地面积；G—规划的建筑覆盖率。

(4)样点地价修正　经计算后的样点地价还须进行样点地价修正。修正的主要内容有：交易情况修正、估价期日修正、容积率修正、地价楼层分配修正、基础设施配套修正、出让年期修正等。

①市场地价的出让年期修正

a. 有限年期使用权修正到最高出让年期地价的计算公式为：

$$V_m = V_{m_1}\frac{1 - \frac{1}{(1+r)^m}}{1 - \frac{1}{(1+r)^{m_1}}}$$

式中：V_m—最高出让年限的土地使用权价格；m_1—实际出让年期或剩余出让年期；V_{m_1}—有限年期出让地价；m—土地使用权出让最高年限；r—土地还原利率。

b. 无限年期地价修正到法定最高出让年期地价的计算公式为：

$$V_m = V_E\left[1 - \frac{1}{(1+r)^m}\right]$$

式中：V_E—土地所有权价格；V_m，r，m—含义同上。

②市场地价的交易时间修正

不同交易时间的样点地价，只有修正到基准地价估价期日的地价，才能用于基准地价评估。区别不同土地用途，计算地价的变化幅度。

a. 在已建立地价指数系统的城镇，可用地价指数计算。其计算公式为：

$$K_t = \frac{Q}{Q_0}$$

式中：K_t—某类土地地价修正到估价期日的系数；Q—某类土地估价期日的地价指数；Q_0—某类土地交易时日的地价指数。

b. 对不同时期发生的交易宗地价格，修正到估价期日价格的计算公式为：

$$V = V_0 K_t$$

式中：V—修正到估价期日的宗地价格；V_0—实际成交宗地地价；K_t—时间修正系数。

③市场地价的容积率修正

a. 容积率修正按区域进行，以城镇规划规定的区域容积率为标准，用下列公式计算容积率修正系数，计算结果填入容积率修正系数表。其公式为：

$$K_r = \frac{V_{is}}{V_i}$$

式中：K_r—容积率修正系数；V_{is}—某一区域某一用途规定容积率下单位面积平均地价；V_i—某一区域某一用途在某一容积率时单位面积的平均地价。

b. 对不同容积率情况下发生的交易地价，按下列公式将地价修正到规定容积率的价格。其公式为：

$$V = V_{li} K_r$$

式中：V—修正到规定容积率时的宗地地价；V_{li}—某一容积率下的宗地交易价格；K_r—同前。

④市场地价的其他修正

根据市场地价资料情况，还可以进行如下修正。

a. 交易情况修正：把交易资料不正常的样点地价，修正到在公开、公平的正常市场情况下交易地价。

b. 地价楼层分配修正：样点资料若为建筑物某层之建筑售价，需根据地价楼层分配关系求出其基地价格。

c. 基础设施配套程度修正：在不同基础设施配套程度下的样点地价，必须修正到基准地价评估所设定的基础设施配套程度下的标准地价。基准地价评估中的基础设施配套程度，可按各级（区域）土地基础设施配套现状程度的平均水平设定。

(5)计算区段地价　当以一种方法测算城镇基准地价的，用该种方法的结果作为城镇基准地价；当以2种以上方法测算城镇基准地价时，综合多种方法的结果作为城镇基准地价。区段地价，对于商业用地来说，通常是路线价；对于住宅和工业用地来说，通常是区片价。

5. 基准地价确定

(1)基准地价确定的原则

①以实际数据测算的结果为准，以比较、修正的结果为辅。

②土地市场发达的以市场交易资料测算结果为准，级差收益测算结果验证。

③土地市场不发达的以级差收益测算结果为准，市场交易资料测算结果验证。

④体现地产管理政策。

(2)基准地价确定的方法　以一种方法测算城镇基准地价的，用该种方法确定的级别商业、居住、工业用途的基准地价为城镇基准地价。

①以2种以上方法测算城镇分用途基准地价的，应以级别或区域为单位，用不同方法的测算结果，根据当地土地市场状况和地价水平，确定级别或区域中各用途的基准地价。

②以2种以上方法测算城镇基准地价的，城镇综合基准地价可分别依据用本条前款确定的各用途基准地价或不同方法确定的级别、区域综合基准地价的结果确定，确定方法可采用基准地价计算方法或本条前款的规定分别进行。

③以级别为单位确定的基准地价，每一级中需有商业、居住、工业和级别综合基准地价。

④以区段为单位确定的基准地价，可以只表示某一用途的基准地价。

(3)基准地价确定的内涵　确定基准内涵包括基准地价对应的时点、具体区位、用途、土地使用权年限、土地生熟程度以及容积率、土地形状、临街状况等具体描述。不同城市的基准地价内涵、构成、表达方式及货币单位是不尽相同的。例如，北京市的级别基准地价，如表7-6所示。

表7-6　北京市级别基准地价表

基准期日：2014年1月1日　　　　元/m² 建筑面积

土地级别	用途				
	地价类型	商业	办公	居住	工业
一级	楼面熟地价	26 980～32 980	26 170～31 990	25 850～31 590	9 860～13 340
	平均熟地价	29 980	29 080	28 720	11 600
二级	楼面熟地价	21 970～28 730	21 480～28 280	21 250～27 790	6 660～10 000
	平均熟地价	25 350	24 780	24 520	8 330
三级	楼面熟地价	17 430～24 410	17 140～24 000	16 990～23 790	4 530～6 790
	平均熟地价	20 320	20 570	20 390	5 660
四级	楼面熟地价	13 330～19 990	13 160～19 740	13 060～19 600	3 090～4 650
	平均熟地价	16 660	16 450	16 330	3 870
五级	楼面熟地价	10 420～15 620	10 310～15 470	10 250～15 370	2 140～3 200
	平均熟地价	13 020	12 890	12 810	2 670
六级	楼面熟地价	8 130～12 190	8 060～12 080	8 010～12 010	1 490～2 250
	平均熟地价	10 160	10 070	10 010	1 870
七级	楼面熟地价	5 940～8 900	5 880～8 820	5 840～8 760	1 060～1 600
	平均熟地价	7 420	7 350	7 300	1 330
八级	楼面熟地价	3 970～6 330	3 920～6 260	2 890～6 210	780～1 160
	平均熟地价	5 150	5 090	5 050	970
九级	楼面熟地价	2 680～4 280	2 640～4 220	2 620～4 180	580～880
	平均熟地价	3 480	3 430	3 400	730
十级	楼面熟地价	1 700～2 840	1 670～2 790	1 650～2 750	450～670
	平均熟地价	2 270	2 230	2 200	560
十一级	楼面熟地价	1 070～1 790	1 050～1 750	1 030～1 730	350～530
	平均熟地价	1 430	1 400	1 380	440

续表

土地级别	用途				
	地价类型	商业	办公	居住	工业
十二级	楼面熟地价	680～1 120	650～1 090	630～1 070	280～420
	平均熟地价	900	870	850	350

注:①本次基准地价基准期日为2014年1月1日。

②基准地价的表示形式为楼面熟地价，是指各土地级别内，完成通平的土地在平均容积率条件下，每建筑面积分摊的完整的国有建设用地使用权的平均价格。

③各类基准地价级别土地开发程度。商业、办公、居住、工业用地：一至七级的开发程度为“七通一平”，八至十二级的开发程度为“五通一平”。

④各类基准地价级别土地的平均容积率。商业、办公用地一至二级的平均容积率为3.5，三至七级的平均容积率为2.5，八至十二级的平均容积率为2.0；居住用地一至七级的平均容积率为2.5，八至十二级的平均容积率为1.5；工业用地一至五级的平均容积率为1.5，六至七级的平均容积率为1.2，八至十二级的平均容积率为1.0。

6. 编制基准地价修正系数表

(1)修正系数表编制的目的　基准地价是城镇土地市场地价水平的综合反映，某一基准地价数据通常反映的是某级别区域内某类土地在一定的使用权年限下的平均价格水平。为了更好地发挥基准地价作用，满足土地管理和土地交易活动等的现实需要，就应当编制出基准地价在不同因素条件下修正为宗地地价的系数体系，以便能在宗地条件调查的基础上，按对应的修正系数，快速、高效、及时地评估宗地地价，满足各方面掌握宗地价格的要求。

(2)基准地价修正系数表类型　基准地价修正系数表是采用替代原理，建立基准地价、宗地地价及其影响因素之间相关关系，编制出基准地价在不同因素条件下修正为宗地地价的系数体系，以便能在宗地条件调查的基础上，按对应的修正系数，快速、高效、及时地评估出宗地地价。它分别为级别或区域基准地价修正系数表和路线修正系数表2种。编制基准地价修正系数表的同时，要编制与各种修正系数对应的因素指标说明表。

(3)基准地价修正因素　地价影响因素由宏观因素、区域因素和微观因素三大类。就城镇基准地价修正因素而言，由于基准地价与宗地价格之间不存在宏观因素的差异，故不考虑宏观因素，即基准地价修正因素主要考虑区域因素和微观因素。所考虑的具体因素因土地用途不同而有所不同。

①影响商业用地的因素有：a. 商业繁华度。主要指商业区级别、商业服务业店铺总数。b. 交通便捷度。主要指商业用地与公交、道路等城镇交通系统连接的便利程度。c. 环境质量优劣度。d. 规划限制。主要指城镇规划对商业区土地利用的要求。e. 其他因素。f. 宗地条件。主要有宗地形状、临街状况、临街深度、宗地利用强度等。

②影响居住用地的因素有：

a. 位置。主要包括距商业服务中心和城镇中心的距离。b. 交通便捷度。主要指购物和工作方便程度。c. 基础设施完善度。d. 公用服务设施完备度。主要指为居住区域服务的公用设施完善程度，包括学校、幼儿园、医院、邮电所等配置状况。e. 环境质量优劣度。f. 规划限制。g. 其他因素。h. 宗地条件。主要有宗地形状、面积、地质、宗地利用强度等。

③影响工业用地的因素有：

a. 交通便捷度。b. 基础设施完善度。c. 产业集聚规模。d. 环境质量优劣度。e. 规划限制。f. 其他因素。g. 宗地条件。主要有宗地的形状、地质及地基承载力、宗地利用强度等情况。

(4)修正系数表编制与因素条件说明　在各土地级别、不同用地类型、优劣档次和相应修正幅度确定的基础上，即可编制基准地价修正系数表，并对各级别、各用地类型与相应档次的因素条件作相应的说明。例如，北京市基准地价因素修正系数表(表 7-7)。

表 7-7　北京市基准地价因素权重表　%

商业		办公		居住		工业	
影响因素	权重	影响因素	权重	影响因素	权重	影响因素	权重
商业繁华程度	33	办公集聚程度	24	居住社区成熟度	14	产业集聚程度	26
交通便捷度	25	交通便捷度	30	交通便捷度	30	交通便捷度	33
区域土地利用方向	5	区域土地利用方向	8	区域土地利用方向	8	区域土地利用方向	5
临街宽度和深度	5	临街宽度和深度	4	临街状况	4	临街状况	4
临街道路状况	8	临街道路状况	5	公共服务设施状况	8	公共设施服务状况	6
宗地形状及可利用程度	3	宗地形状及可利用程度	5	宗地形状及可利用程度	5	宗地形状及可利用程度	5
公共服务设施状况	5	公共服务设施状况	6	基础设施完备状况	12	基础设施完备状况	15
基础设施完备状况	10	基础设施完备状况	12	自然和人文环境状况	15	环境状况	6
自然和人文环境状况	6	自然和人文环境状况	6	与区域中心的接近程度	4		

7. 基准地价更新

一方面，由于土地市场是一个动态市场，随着时间的推移化，价格也在不断地变化。为了使基准地价这一基础与标准的价格在土地管理与土地市场中发挥正常的作用，有必要根据社会经济的发展、城市规划的调整、土地市场的变化等，及时调整和更新基准地价，以保持基准地价的现时性。另一方面，我国目前的基准地价评定，在土地利用类型划分上，一般只分为商业、住宅、工业和综合等大类，价格弹性较大，类别划分较粗，不便于实际操作。而随着城镇土地使用权各类交易活动的日益频繁，土地投资者和土地使用者对土地利用的多样化和复杂化，对土地管理提出了更高的要求，仅以几大类划分土地利用类型已不能满足日益发展的土地管理的需要，有必要将城镇基准地价向面积更小、均质性更高、类别更细的方向发展，适时评定和更新城镇基准地价水平。

7.3.3　基准地价系数修正法

1. 基准地价系数修正法的含义

基准地价修正法是通过对待估宗地地价影响因素的分析，利用宗地地价修正系数，对各城镇已公布的同类用途同级或同一区域土地基准地价进行修正，估算待估宗地客观价格的方法。基准地价系数修正法利用基准地价和基准地价修正系数表等评估成果，按照替代原则，就待估宗地的区域条件和个别条件等与其所处区域的平均条件相比较，并对照修正系数表选取相应的修正系数对基准地价进行修正，进而求取待估宗地在估价期日的价格。

《中华人民共和国国家标准城镇土地估价规程》将基准地价解释为："在城镇规划区范围内，对现状利用条件下，不同级别或不同均质地域的土地，按照商业、办公、居住、工业等用途，分别评估确定的一定使用期限的建设用地使用权在某一时点的平均价格"。因此，也可以将基准地价简要定义为：以一个城镇为对象，在该城镇一定区域范围内，根据用途相似、地块相连、地价相近的原则划分地价区段，然后调查评估出的各地价区段一定使用期限的建设用地使用权在某一时点的平均价格。

2. 基准地价修正法的基本原理

基准地价系数修正法的基本原理是替代原理，即在正常的市场条件下，具有相似土地条件和使用价值的土地，在交易双方具有同等市场信息的基础上，应当具有相似的价格。基准地价，是某一级别或均质地域内分用途的土地使用权平均价格，该级别或均质区域内该类用途的其他宗地价格在基准地价上下波动。基准地价相对应的土地条件，是土地级别或均质地域内该类用途土地的一般条件。因此，通过待估宗地条件与级别或区域内同用地一般条件的比较，并根据二者在区域条件、个别条件、使用年期和估价时点等方面的差异大小，对照因素修正系数表选取适宜的修正系数，对基准地价进行修正，即可得到待估宗地地价。

3. 基准地价修正法的特点与适用范围

①基准地价修正法适用于完成基准地价评估城镇中的土地估价，即具备基准地价和相应修正体系成果的城镇中的土地估价。

②基准地价修正法是对一般比较法变形、量化及系统化后的一种估价方法，是在短时间内大批量进行宗地评估的有效手段，可快速、方便地评估多宗土地的价格。

③基准地价修正法估价的精度与基准地价及其修正体系的精度密切相关。

4. 基准地价修正法步骤

(1)搜集有关基准地价的资料　基准地价资料是运用基准地价修正法估价的基础。因此，在估价前必须搜集估价对象所在城镇的基准地价资料。这些资料主要包括基准地价土地等级图、基准地价表、基准地价因素修正系数表及相应的因素条件说明表等。

(2)确定估价对象所处地段的基准地价　首先，根据估价对象宗地的位置，对照基准地价等级图确定待估宗地所处的土地级别；其次，根据估价对象所处的土地级别、用途，确定待估宗地对应的土地级别和用途下的基准地价。

(3)修正因素调整分析与修正系数计算　运用基准地价修正法估价的修正内容包括交易日期修正、区域因素修正、个别因素修正、土地使用年期修正、容积率修正及其他修正等。修正因素调查分析与修正系数计算的步骤与方法为：

①调查分析。按照基准地价修正系数表和因素条件说明表等，对估价对象的因素条件与基准地价所对应的因素条件进行调查分析。

②确定交易日期修正系数。基准地价对应的是基准地价评估时点的地价水平，随着时间的变化，土地市场的地价水平可能会有波动，因此，必须进行交易日期修正。通过这一修正，将基准地价对应的地价水平修正到估价时点的地价水平。交易日期的修正方法与市场比较法所述相同，依据市场条件通过地价指数或地价变动率进行修正。若以地价指数的变动幅度进行修正，则交易日期的修正系数可按下式计算：$S_{日}$＝估价时点的地价指数/基准地价评估时点的地价指数

③确定区域因素与个别因素的修正系数。根据调查结果，依据土地用途对应的因素判断估价对象条件与基准地价条件的优劣状况。按优劣状况，查对基准地价修正系数表，得到该因素的修正系数，对所有影响宗地地价的因素都同样处理，得到全部因素修正系数，可用累加法得到某宗地的区域因素与个别因素修正的总值，即 $K=\sum_{i=1}^{n}K_i$

式中：K—某一宗地对地价有影响的区域因素与个别因素总修正值；K_i—估价对象宗地在第 i 个因素条件下的修正系数；n—修正因素个数。

④计算土地使用年期修正及容积率修正系数。对从区域因素与个别因素中分离出的需经特殊计算的因素，如土地使用权年限修正、容积率修正等，单独计算修正系数。

基准地价对应的土地使用年限，通常是各用途土地使用权的最高出让年限，而具体估价对象宗地的土地使用权年限可能各不相同，因此，必须进行土地使用权年限修正。土地使用权年限修正系数可按下式计算：

$$S_{年}=\frac{1-\frac{1}{(1+r)^m}}{1-\frac{1}{(1+r)^n}}$$

式中：$S_{年}$—土地使用权年限修正系数；r—土地还原利率；m—估价对象土地可使用年限；n—该用途土地法定最高出让年限。

基准地价对应的是某用途土地在某级别内的平均容积率，而具体估价对象各宗地的容积率可能各不相同，同时也由于容积率对地价的影响极大又难以统一编制在基准地价因素修正系数表中，故必须单独修正。容积率修正系数可按下式计算：

$$S_{容}=\frac{S_{估}}{S_{基}}$$

式中：$K_{容}$—容积率修正系数；$K_{估}$—估价对象宗地容积率对应的地价水平指数；$K_{基}$—对应土地等级内某类用地平均容积率对应的地价水平指数。

(4)其他修正　由于各地的基准地价在制订的时候的修正因素有所不同，一些地区规定除了进行上述各项的修正外，还要进行宗地面积(如乘以一个系数)、基础设施开发程度的修正(如待估宗地与基准地价规定的开发程度不同，进行调整)等。

(5)求出估价对象宗地价格　根据基准地价及所求得的各项修正系数，对对应的基准地价修正，即可求得估价对象宗地地价。其公式为：

$$估价对象宗地价格 = 对应的基准地价 \times S_{日} \times (1 \pm K) \times S_{年} \times S_{容} \times S_{面积} \pm M$$

式中：$S_{面积}$—宗地面积修正；M—土地开发程度修正。

5. 基准地价系数修正法的运用

在已有基准地价的城市，对于具体的宗地地块，对宗地进行如上的修正，可评估得出待估宗地的价格。

7.4 标定地价系数修正法

7.4.1 标定地价系数修正法基本公式

以标定地价系数修正法评估土地价格公式如下：

$$P = P_s ABCD$$

式中：P—待估宗地价格；P_s—标定地价；A—待估宗地交易情况指数；B—待估宗地估价期日地价指数/标准地价期日地价指数；C—待估宗地个别因素条件指数/标准宗地个别因素条件指数；D—待估宗地年期修正指数。

7.4.2 标定地价系数修正法评估程序

标定地价系数修正法评估程序如下：①收集标准宗地及标定地价相关资料；②选择3个(含3个)以上可比标定地价；③进行相关影响因素修正；④测算待估宗地价格。

7.4.3 标定地价系数修正法评估适用要求

标定地价系数修正法可用政府已公布标定地价的区域，且涉及国有土地资产处置或土地资产抵押时，所采用的标准宗地与待估宗地应位于相同或类似区域，并具有可比性，标定地价应具有现实性，待估宗地的估价期日距标定地价的期日一般不超过1年。

7.5 高层地价的分摊

高层地价的分摊不属于评估方法，它是在实际工作中涉及的建筑物建成后地价如何合理分摊的问题。

7.5.1 高层建筑地价分摊的意义

在现代城市中，由于土地越来越稀缺，地价越来越高，以及建筑技术的日益发展，多层、高层建筑物越来越多。不仅办公楼、商店，而且住宅、厂房等都出现了多层或高层化。此外，人们的活动还向地下发展，出现了地下商场、地下停车场、地下仓库等。在城市中心商业区，建筑物不仅多层、高层化，而且建筑物的用途出现了立体化。典型的一座大厦的立体用途是：地下 1～2 层为停车场、设备用房，地面 1～2 层为商店，4～5 层为餐饮，往上可能是写字楼，再往上可能为公寓。

拥有一块土地，不仅享有该块土地的一定权利，而且要承担由此权利而产生的义务。例如，在建筑物寿命终了时或者建筑物被火灾毁灭后，大家决定将这该土地出售，但是售出后的地价收益如何分配；相反，在建筑物使用过程中，政府要根据这块土地的位置或价值征收土地税费，该土地税费在建筑物的各部分所有者之间如何分摊。要解决这些问题，就需要解决在建筑物建成后地价如何合理分摊的问题，由此找出每个所有者应占有的土地份额。知道了土地占有份额，无论是土地的权利，还是义务，就都可以通过它顺利地得到解决。

7.5.2 高层建筑地价分摊的方法

1. 按建筑面积进行分摊

按建筑面积进行分摊的方法就是以建筑面积为地价分摊的依据，用各方拥有的建筑面积占高层建筑总面积的比例作为其分摊的地价份额，享有和承担相应的权利和义务。具体公式为：

$$某部分占有的土地份额=\frac{该部分享有的地价数额}{土地总价值}=\frac{该部分的建筑面积}{总建筑面积}$$

$$某部分享有的地价数额=总地价\times某部分占有的土地份额$$

【例 7-8】 某幢楼房的土地总面积 500 m^2，总建筑面积 1 000 m^2，某人拥有其中 80 m^2 的建筑面积。试按建筑面积分摊方法计算该人占有的土地份额及拥有的土地数量。

$$该人占有的土地份额=\frac{80}{1\,000}\times 100\%=8\%$$

$$该人拥有的土地数量=500\times 8\%=40(m^2)$$

或者 500/1 000＝0.5，即 1 m^2 的建筑面积附带 0.5 m^2 的土地面积。

按建筑面积进行分摊的优点是简便、可操作性强，但存在的问题也是显而易见的，它主要适用于各层用途相同且价格差异不大的建筑物，如用途单一的住宅楼、办公楼。

2. 按房地价值进行分摊

为了克服按建筑面积分摊出现的不同部分的价值不同，但却分摊了等量的地价问题，可以依据各部分的房地价值进行分摊。具体方法是：

$$某部分享有的地价数额=\frac{土地总价值}{房地总价值}\times该部分的房地价值$$

$$\text{某部分占有的土地份额} = \frac{\text{该部分享有的地价总数}}{\text{土地总价值}} = \frac{\text{该部分的房地价值}}{\text{房地总价值}}$$

【例 7-9】　某幢大厦的房地总价值为 5 000 万元，甲公司拥有其中的商业部分，此部分的房地价值为 1 000 万元；乙公司拥有其中的写字楼部分，此部分的房地价值为 500 万元。试按房地价值分摊方法计算甲、乙公司占有的土地份额。

$$\text{甲公司占有的土地份额} = \frac{1\,000}{5\,000} \times 100\% = 20\%$$

$$\text{乙公司占有的土地份额} = \frac{500}{5\,000} \times 100\% = 10\%$$

按照房地价值分摊比按照建筑面积分摊要复杂一些，但是更符合实际情况，主要适用于各部分的房地价值(单价)有差异但差异不是特别大的建筑物。

3. 按土地价值进行分摊

按房地价值进行分摊的方法，当香港按建筑面积进行分摊遇到困难时也被提出来过，但它仍然存在上述的假设用途、面积、平面布置、装修装饰等相同，仅房地价值不同的各层所分摊的建筑物价值不相等这个理论缺陷，因此，需要进一步寻找更为合理的分摊方法。更为合理的分摊方法是依据各部分的土地价值进行分摊，具体方法如下：

$$\text{某部分占有的土地份额} = \frac{\text{该部分的房地价值} - \text{该部分的建筑物价值}}{\text{房地总价值} - \text{建筑物总价值}}$$

$$\text{某部分分摊的土地面积} = \text{土地总面积} \times \text{该部分占有的土地份额}$$

$$\begin{aligned}\text{某部分享有的地价数额} &= \text{该部分占有的土地份额} \times \text{土地总价值} \\ &= \text{该部分的房地价值} - \text{该部分的建筑物价值}\end{aligned}$$

【例 7-10】　某幢大厦的房地总价值为 5 000 万元，其中建筑物总价值为 2 000 万元。某人拥有该大厦的某一部分，该部分的房地价值为 100 万元，该部分的建筑物价值为 40 万元。试按土地价值分摊的方法计算该人占有的土地份额。

$$\text{该人占有的土地份额} = \frac{100 - 40}{5\,000 - 2\,000} \times 100\% = 2\%$$

按土地价值进行分摊的另一种更适用的公式如下：

$$\text{某部分占有的土地份额} = \frac{\text{该部分的房地价值} - (\text{房地总价值} - \text{总地价}) \times \dfrac{\text{该部分建筑面积}}{\text{建筑总面积}}}{\text{总地价}}$$

$$\begin{aligned}\text{某部分享有的地价数额} &= \text{该部分占有的土地份额} \times \text{土地总价值} \\ &= \text{该部分的房地价值} - (\text{房地总价值} - \text{土地总价值}) \\ &\quad \times \frac{\text{该部分建筑面积}}{\text{建筑总面积}}\end{aligned}$$

【例 7-11】　某幢大厦的总建筑面积为 10 000 m^2，房地总价值为 6 000 万元，其中，土地总价值为 2 500 万元。某人拥有该大厦的某一部分，该部分的建筑面积为 200 m^2，房地价值为 130 万元。试按土地价值分摊的方法计算该人占有的土地份额。

$$\text{该人占有的土地份额} = \frac{130 - \dfrac{6\,000 - 2\,500}{10\,000} \times 200}{2\,500} \times 100\% = 2.4\%$$

这种地价分摊方法说来也是较简单的，只要知道了建筑物占用的土地的总价值，知道了建筑物各部分的房地价值，就可以进行。而在现实中这两个价值一般都是已知的。

由于未来的房地价值是不断变动的，土地价值也是不断变动的。所以，按房地价值进行分摊的方法和按土地价值进行分摊的方法，从理论上讲要求地价分摊不断地进行，但这在实际中不可行，因为进行分摊所需的费用可能很高，另外土地占有份额一旦确定下来之后也不宜经常变动。而如果间隔一定的年数进行分摊，这种间隔期多长合宜也是值得研究的。

上述讨论的分摊方法不仅适用于多层、高层建筑物的地价分摊，而且适用于同一层或平房的不同部位分别为不同人所有、房地价值不相等时的地价分摊。例如，在繁华地段，沿街部分的房屋比里面的房屋价值高，在这同一房屋分别为两人或两人以上占用的情况下，就需要进行地价分摊，确定各自的土地占有份额。

复习思考题

1. 简答题

(1)何谓城镇土地分等？

(2)何谓城镇土地定级？

(3)简述城镇土地分等定级与城镇土地估价的关系。

(4)何谓基准地价？

(5)基准地价的作用有哪些？

(6)简述基准地价评估的步骤。

(7)认识基准地价内涵有何意义？

(8)何谓基准地价系数修正法？

(9)基准地价修正法的基本原理是什么？

2. 计算题

某宗工业用地以出让方式取得的土地使用权年限 50 年，所处地段的基准地价为 1 200 元/m^2，制定基准地价时设想的土地使用权年限为无限年，现行土地还原利率为 7%。试求对基准地价进行土地使用权年限修正后的该宗工业用地的价格。

Chapter 8

第8章 不同类型的不动产的评估与评估报告的撰写

本章学习内容及要求：通过学习，使学生熟悉不同用途及估价目的下的单独土地评估及房地相连的房地产的评估；掌握土地评估报告和房地产评估报告的写作内容要求。

8.1 单独的土地评估

8.1.1 不同用途的土地的评估

在土地估价中，土地用途可分为以下基本类别：①住宅用地；②工矿仓储用地；③商服用地；④公共管理与公共服务用地；⑤交通运输用地。估价人员应针对不同用途土地的价格形成特征，选择适宜的两种以上评估方法，正确把握各类用地的估价技术要点。

评估少有交易，市场化程度极低且土地收益不能显化的特定用途土地价格，在省级以上土地估价行业协会组织专家论证的基础上，可以选择一种适宜的主要评估方法，并应在报告中充分披露，附具专家论证材料。

8.1.1.1 住宅用地价格评估

1. 住宅用地价格影响因素分析

(1)分析一般因素时，应重点关注下列因素

①自然因素。城镇地理位置及与经济发展的关系、气候条件、发生自然灾害的概率等。

②社会因素。人口数量与家庭规模、城镇发展与公共设施建设、居民生活方式等。

③经济因素。地区经济增长、财政金融状况与利率水平、交通体系、物价水平、当地就业状况、居民的收入与消费水平、土地与不动产市场状况等。

④行政因素。土地利用规划与管制、城乡规划与控制、土地与不动产税收制度、土地与不动产政策等。

(2)分析区域因素时,应重点关注下列因素

①自然因素。区域在城镇中的位置、自然条件及发生自然灾害的概率等。

②社会因素。社区规模功能与安全保障、人口密度、邻里的社会归属文化程度及生活方式等。

③交通条件。距社会经济活动中心的距离、道路状况与交通管制、出行的便捷程度等。

④基础设施状况。供水、排水、供热、供电、供气、通信等基础设施与公用服务设施状况等。

⑤经济发展水平。区域经济发展规模及水平、居民收入水平等。

⑥行政因素。区域经济政策、土地规划及城镇规划限制。

⑦环境因素。区域环境与景观、空气、噪声、光源污染及危险设施或污染源的临近程度等。

(3)分析个别因素时,应重点关注下列因素

宗地地形、地质、地势、日照、通风、干湿、宽度、深度、面积、形状、容积率、建筑密度、临街状况、毗邻道路的类型与等级、通达性、给排水与电热、气暖、通信等的通达及保证程度、规划限制、宗地利用状态、地上建筑物的成新、通风与眺望景观、土地权利状况及使用、与交通设施的距离、与商服设施公共设施及公益设施的接近程度、与危险设施及污染源的接近程度、相邻土地利用等。

2. 住宅用地估价方法选择与评估

(1)估价方法选择

①评估住宅用地价格宜选择市场比较法,并至少另辅一种适宜的估价方法。

②评估位于中心城区的住宅用地,不宜采用成本逼近。

③评估投资待建的住宅用地,可选择假设开发法。

④评估位于城镇规划区外零星分布的住宅用地,可选择假设开发法。

⑤对新开发土地,可选用成本逼近法。

(2)评估技术要点

①评估别墅等独立住宅用地,应重点分析:城镇地理位置与气候条件、居民生活方式、地区经济增长、财政金融状况与利率水平、景观、人文环境、建筑密度与间距、容积率、绿化率等因素对地价的影响。

②评估高档公寓用地,应重点分析:居民生活方式、人文环境与景观、基础设施与公用设施状况、交通通达程度、规划限制、容积率、地形条件等因素对地价的影响。

③评估普通住宅用地,应重点分析:城镇人口数量与家庭规模、经济发展水平、居民收入与消费水平、居民住房条件、政府的住房消费政策与住房金融政策、区域位置、公交便捷程度、基础设施与公用设施状况、规划限制、容积率、宗地面积、形状、地形及地质条件等因素对地价的影响。

④评估已售公房、经济适用房等保障性住房的用地价格时，应注意与商品住房用地间存在的权益差别及其对土地价格的影响。

8.1.1.2 工矿仓储用地价格评估

1. 影响因素分析

(1)分析一般因素时，应重点关注下列因素

①自然因素。城镇地理位置、地质条件、水文气候条件等。

②社会因素。城镇发展与公共设施建设等。

③经济因素。地区经济增长、财政金融状况与利率水平、交通体系、产业政策、产业结构、技术创新、物价工资及就业水平、相同或相关产业的市场状况等。

④行政因素。城镇土地利用规划、工业地产租金与税收政策、调控政策等。

(2)分析区域因素时，应重点关注下列因素

①交通状况。对外交通便捷程度、交通管制、距货物集散地(车站、码头、机场)距离及货物集散地的规模档次、道路构造及档次、道路体系等。

②基础设施状况。供水、排水、供热、供电、供气、电信等的通达与供给。

③环境状况。污染排放状况及治理状况、距危险设施或污染源的临近程度、自然条件等。

④工业区成熟度。所在工业区性质、相关产业的配套及集聚状况、工业区的未来发展趋势等。

⑤行政因素。规划限制、政府的特殊政策、产业管制等。

(3)分析个别因素时，应重点关注下列因素

地形、地势、地质、水文条件、面积、临路状况、位置、土地使用限制、土地开发程度、土地权利状况及使用等。

2. 估价方法选择与评估

(1)估价方法选择

①评估工矿仓储用地价格，宜选择市场比较法，并至少辅以另一种适宜的估价方法。

②如缺少市场可比案例，可酌情选用成本逼近法与基准地价系数修正法。

③评估租赁性工矿仓储用地，宜选用收益还原法。

④评估投资待建的工矿仓储用地，可选用假设开发法。

⑤评估位于中心城区的工业仓储用地，一般情况下不宜采用成本逼近法。

(2)评估技术要点

①确定投资利息率、利润率、土地增值收益率及土地还原率时，应注意把握各类工业的投资风险、资金利润率及土地增值的客观差异。

②矿井、采矿(石)场、尾矿堆放用地价格评估，宗地外开发程度依政府投资的实际配套状况设定，最低应设定为达到可开工条件；当矿产资源可开采年限低于出让时，年期修正应依资源可开采确定。

③高新技术企业用地价格评估，应根据其高技术、高附加值、污染小、环境较好、土地利用程度较高等特点，进行合理的估价。这类土地的增值收益较普通工业用地高。

④对于仓储业用地价格评估，应重点考虑其土地利用的机会成本及对相关企业收益

的影响程度。

⑤在工业类用地价格评估中，当同一区域宗地数量较多时，可选择某一至两宗具有代表意义的标准宗地进行评估，其他宗地价格依个别修正确定。

⑥评估空置或低效利用的工业仓储用地以及位于城镇中心区非工业规划范围内的存量工业仓储用地，应视估价目的的不同而考虑土地的最有效利用方向。

8.1.1.3　商服用地价格评估

1. 影响因素分析

(1)分析一般因素时，应重点关注下列因素

①自然因素。城镇地理位置及与经济发展的关系、气候条件等。

②社会因素。人口数量与家庭规模、城镇发展与公共设施建设、居民生活方式等。

③经济因素。城镇的性质与国际化程度、地区经济增长、财政金融状况与利率水平、交通体系、物价水平、就业与居民收入水平、产业结构与商业服务业的发展前景、服务业市场状况等。

④行政因素。土地利用规划与管制、建筑规划与管制、不动产租金与税收政策、调控政策等。

(2)分析区域因素时，应重点关注下列因素

①自然因素。区域在城镇中的位置等。

②社会因素。常住人口及流动人口数量、社会人文环境等。

③交通状况。街道状况、道路状况与交通便捷程度等。

④础设施状况。供水、排水、供电、供气、供热、通信等基础设施与公用服务设施状况等。

⑤商服繁华程度。所在区域的性质(商服区、住宅区还是工业区)、距各类商服中心的距离、商务设施的种类规模与集聚程度、商服氛围、经营类别、客流的数量与质量等。

⑥行政因素。区域经济政策、土地规划及城镇规划限制、交通管制等。

⑦环境因素。区域环境与景观、噪声、空气污染及危险设施或污染源的临近程度等。

(3)分析个别因素时，应重点关注下列因素

宗地地形、地质、地势、日照、通风、干湿、宽度、深度、面积、形状、临街状况、邻接道路等级、通达性、宗地利用状况、与商服中心的接近程度、与客流的适应性、相邻不动产的使用状况、规划限制、地上建筑物的成新度、土地权利状况及使用年限等。

2. 估价方法选择与评估

(1)估价方法选择

①评估商服用地价格宜选市场比较法或收益还原法法，并至少另辅一种适用的估价方法。

②评估商服用地时，慎选成本逼近法与公示地价系数修正法。

③评估中心城区的商服用地，不宜采用成本逼近法。

④评估已建在用的租赁性商服用地，可选择收益还原法。

⑤评估投资待建的商服用地，可选择剩余法。

(2)评估技术要点

①评估商服用地价格，应根据土地的细分用途，选择影响地价的主要因素进行重点分析。

②评估低效使用的商服用地，应注意遵循最有效利用原则。

③评估商服分摊用地价格，应注意空间位置差异对分摊土地价格的影响。

④评估各类旅游用地，应注意国家旅游区评价标准。

8.1.1.4　公共管理与公共服务和交通运输用地价格评估

1. 影响因素分析

评估公共管理与公共服务类用地价格时，相关影响因素的分析可参照商服用地影响因素；评估公共设施、公园绿化与交通运输用地时，相关影响因素分析可参照前面的住宅用地影响因素或工业用地影响因素。

2. 估价方法选择与评估

(1)估价方法选择　评估方法原则如下：

①评估公共管理与公共服务和交通运输用地价格，宜选市场比较法，并至少辅以另一种适宜的估价方法。

②如缺少市场可比案例，可酌情选用成本逼近法与公示地价系数修正法。

③慎用收益还原法与剩余法。

(2)评估技术要点　技术要点如下：

①评估公共管理与公共服务和交通运输用地，除遵循一般估价原则外，还应遵循如下原则。

a. 发现并模拟市场价格的原则。

b. 区分市场定价与政策优惠的原则。

c. 区位效用为主兼顾用途差异的原则。

评估公共管理与公共服务和交通运输用地价格，首先应遵循发现并模拟市场价格原则，评估该类用地的正常市场价格；在特定市场情况下，可根据中央及地方的现行相关法规与政策，对前述的正常市场价格加以修正，测算基于特定政策约束下的参考性价格。

②评估公共管理与公共服务和交通运输用地正常市场价格时，应比照同一供需圈内相同类别用地的市场价格；在缺乏同类用地市场价格的情况下，可参考与区域土地利用规划相符的毗邻地价格。

8.1.2　不同权利下土地价格评估

估价人员应针对不同权利特征对土地价格的影响，选择适宜的评估方法，正确把握不同权利土地价格评估技术要点。

评估相对完整或无特殊限制的土地权利价格，应选择 2 种以上适宜的评估方法，评估划拨土地使用权、地役权、单独设立的地下或空中土地使用权等不完整或严格受限的土地权利价格，在省级以上土地估价行业协会组织专家论证的基础上，可以选择一种适宜的主要评估方法，并应在报告中充分披露，附具专家论证材料。

1. 出让土地使用权。

出让土地使用权价格评估技术要点如下。

①出让土地使用权的具体权能和使用要求由相应的《国有土地使用权出让合同》约定

和《国有土地使用证》记载，评估出让使用权价格应依据相应宗地出让合同约定的和国有土地使用证记载的宗地位置、四至范围、用地面积、建筑规模、土地使用条件和土地权能设置等要求。

②评估出让土地使用权价格应根据待估宗地利用类型、获取的资料状况，选择适宜的评估方法。

③采用市场比较法评估时，应注意分析交易案例的出让方式对交易价格的影响，并将其调整为与待估宗地设定条件相一致的交易价格；若交易案例有代征地等实物地租存在，应考虑对实际交易价格进行合理修正。

2. 授权经营土地使用权评估

授权经营土地使用权价格评估要点如下。

①评估授权经营土地使用权价格应考虑行业差异、所处区域状况及权利处置限制对其价格的影响。

②评估授权经营土地使用权价格应根据待估宗地利用类型、获取资料状况，选择适宜的评估方法。

③采用市场比较法评估时，若选用出让土地使用权价格作为交易案例比较价格，应考虑授权经营土地使用权在处置方面的限制，并进行适当的减价修正。

④采用收益还原法进行评估时，除考虑行业差异、区域差异对还原率的影响，还应考虑授权经营限制的影响，其还原率应略高于相同条件下出让土地使用权价格评估的还原率。

3. 作价出资(入股)土地使用权评估

评估作价出资(入股)土地使用权价格，可参照出让土地使用权价格。

4. 土地租赁权评估

土地租赁权价格评估宜采用市场比较法、收益法等方法评估。国有土地的承租土地使用权评估方法与土地租赁权类同，但应注意权能差异对地价的影响。在选用市场法评估时，在交易情况修正中应特别注意与政府签订的契约的内容、经过时间和剩余期限、租金调整情况及特别约定对租赁权价格的影响。

5. 划拨土地使用权评估

划拨土地使用权价格评估技术要点如下。

①划拨土地使用权评估可用采用收益还原法、市场比较法、剩余法、成本逼近法和公示地价系数修正法。

②运用适宜方法评估划拨土地使用权价格是应重点考虑出让土地使用权与划拨土地使用权之间的权利差别对价格的影响。

③采用收益还原法评估划拨土地价格，确定土地收益时，应考虑因权能受限造成的划拨土地收益与出让土地收益的差异；确定还原率时，应考虑划拨土地使用权的处置限制、使用行业限制等的影响。

④采用市场比较法评估划拨土地价格，应科学选择划拨土地比较案例。

⑤采用成本逼近法评估划拨土地价格，应选择正常的土地取得成本、开发成本及合理的利息、利润。

⑥剩余法评估划拨土地价格，应注意在划拨土地上开发的不动产，其销售具有严格受限性。

⑦通过评估出让土地使用权价格扣减土地增值的方法测算划拨土地价格，应科学确定土地增值。

6. 地役权评估

地役权价格根据设定的地役权对土地利用的影响程度评估，可采用市场比较法、收益还原法等，技术要点如下。

(1)收益还原法　采用收益还原法评估时，土地还原率一般略高于出让土地使用权还原率。

(2)市场比较法　采用市场比较法评估时，应选择相邻地区的类似土地地役权转让实例，进行情况修正和期日修正，经区域因素和个别因素比较后决定其价格。地役权的设定内容、支付代价方式、经过时间和剩余期限等对地役权价格影响较大，在情况修正时应加以区别。

7. 设有附加权利的土地使用权评估

(1)设有租赁权　设有租赁权的土地使用权价格评估，先评估不负有租赁权情况下的土地使用权价格，然后作减价或加价修正，技术要点如下。

①收益还原法。采用收益还原法评估时，在租赁期限内的土地收益应依租赁合同租金标准来确定，超出租赁期限的土地使用剩余年限土地收益依土地最佳利用方向的未来收益确定。

②市场比较法。采用市场比较法，应考虑各比较实例与待估宗地之间因租赁期限不同所带来的影响。

(2)设有地役权　设有地役权的土地使用权价格评估，先评估不设有地役权情况下的土地使用权价格，然后作减价修正。

8. 建设用地空间权利评估

当同一宗土地上分别设有独立的地上、地表、地下权时，须按照各自边界、权利归属、收益能力、产权限制等分别评估各部分价格。

(1)地下空间权评估　评估地下空间权价格应重点考虑地下用途、地下深度、地下水文地质条件、地下建设对地上的影响、规划限制等因素对价格的影响。

地下空间权价格可采用收益还原法、市场比较法、成本逼近法等方法评估。在当地政府发布的基准地价中如果其修正体系中有明确的地下空间权价格修正要求，可采用公示地价系数修正法评估地下空间权价格，技术要点如下。

①收益还原法。运用收益还原法时，应注意空间差异可能导致的收益差异。由于地下空间的运营成本较高、限制性较大，以及通达便捷性较差等原因，地下空间的投资风险较地表更高，其还原率通常略高。

②市场比较法。采用市场比较法时，应注意影响地下空间权价格的区域因素和个别因素的选择及其对价格影响的特殊性，应重点考虑所处区域集聚方便程度、基础设施和公共设施集聚程度、地质条件、地下空间深度、规模、人防管控及地下空间规划限制等。

③成本法逼近法。采用成本逼近法时，成本费用、利润率等均应按照该区域地下空间

开发、利用的客观水平确定。运用成本逼近法评估非独立地下空间权时，应结合对地下、地上不动产价格的贡献，确定地下、地上的成本分摊。

(2)地上空间权评估

评估地上空间权价格可参考市场比较法、收益还原法等各主要估价方法的思路，亦可采用容积率补偿、损失补偿的思路测算价格，技术要点如下。

①采用市场比较法、收益还原法等主要估价方法时，应注意影响因素的选择及其对价格影响的特殊性，重点考虑地上空间类型、对地表利用影响程度、所处区域区位条件、空间通达程度、基础设施条件、空间限制条件等的影响；

②采用容积率补偿法进行评估，可以地上空间权垂直投影范围内的地表面积为基础，依据地上空间利用范围增加前后的地块总价差异，结合地上空间权的特殊限制条件，测算单独设立的地上空间权的价格；

③当地上空间权的存在对地表土地利用产生一定程度的妨碍时，可采用妨碍补偿法进行评估。当地上空间权与地表利用权间存在一定的高度距离时，通常遵循高度、距离越大，对地表土地利用权利的干扰越小的原则处理。

8.2 房地相连的房地产估价

8.2.1 不同用途的房地产估价

1. 居住房地产的估价

(1)居住房地产及其估价的特点

居住房地产或简称住宅，主要包括普通住宅、高档公寓、别墅等。

居住房地产之间的相似性比其他类型的房地产多。在同一居住小区中，往往有许多栋住宅的施工图纸一样，在外观上也几乎是一样的，在同一栋住宅楼内，方位相同的各套住房也基本上没有什么区别。同时，居住房地产的交易量一般也是各类房地产中最大的。因此，居住房地产估价的可比性较强，比较容易找到足够数量的可比实例。

(2)影响居住房地产价格的主要区位因素

①交通条件。交通条件指距社会经济活动中心的距离、道路状况与交通便捷程度等。交通条件对于不同类型的房地产，其含义是不同的。对于居住房地产而言，交通条件指城市公共交通的通达程度、临街道路状况、临公交站点状况、距火车站汽车站距离、临码头状况等，如估价对象附近是否通行公共汽车、电车、地铁、轻轨，是否有车站及车站停车路数等。

②生活服务设施。居住房地产所处地段不一定要繁华，即使处于商业繁华地段，也希望能够闹中取静。但居住房地产周围一定要有基本的生活服务设施，如菜市场、商店、银行、邮局、医院、电信营业厅、理发店、洗衣店等。邮局、医院、电信营业厅、理发店、洗衣店等。

③基础设施状况。基础设施状况包括供水、排水、供热、供电、供气、通信、道路等基础

设施与公用服务设施状况等。

④教育配套设施。居住房地产周围有无教育配套设施，主要指中、小学校和幼儿园、托儿所等。

⑤环境因素。环境因素包括估价对象附近以及小区的绿化环境、噪声污染程度、空气质量、卫生条件、邻近危险设施及污染源的程度等。

⑥社会因素。社会因素指社区规模功能与安全保障、人口密度、邻里的社会归属文化程度及生活方式等。

⑦区域经济发展水平。区域经济发展水平指区域经济发展规模及水平、居民收入水平等。在同一个城市，一般商业中心周边的住宅价格都比较高。

⑧行政因素。行政因素包括区域经济政策、土地规划及城镇规划限制等。

(3)影响居住房地产价格的主要个别因素

①建筑结构、类型和等级。建筑结构可分为砖木结构、砖混结构、框架结构、钢混结构等，具体包括基础、墙体、屋面、楼地面等情况。建筑物按其重要性分为5个等级，按经济耐用年限砖混结构分为2个等级，按砖木结构分为3个等级。

②装修。对于新建房地产而言，毛坯房与装修房的价格差别很大，粗装修、普通装修与高档装修的差别也很大。装修不仅指内装修，还与房屋的外装修等有关。

③设施与设备。供水、排水、供电、供气、共用天线、通信等管线的完备程序，厨房、卫生间洁具情况等，都会影响居住房地产的价格。

④建筑质量和品质。建筑质量，保温或隔热设施，防水防渗措施等是否符合标准及质量等级，也会影响居住房地产价格。

⑤朝向与楼层。朝向除了考虑采光、通风等因素外，还有一个重要的因素是景观。例如，一般来说，住宅避免东西朝向，朝南的住宅要优于其他朝向(如朝北)的住宅，但当北向面对的是美丽的海景、江景或者花园时，北向的住宅就比同楼层南向的住宅价格高，而且甚至会高很多。多层无电梯住宅的最佳楼层是高低适中的楼层，例如，7层住宅的最佳楼层一般是3～5层；高层住宅则通常是楼层越高，采光越好，价格越高；电梯洋房则是非顶层的较高楼层价格较高，如果1层有花园的话，价格较高。

⑥房屋的布局、房型、户型。房屋布局合理，房型较好，房屋可使用面积较多，房屋的价格一般会高些。若一套房屋内有过道、黑房或者房间面积过小而影响使用、得房率较低等，则该房屋的价格一般会低些。

⑦物业管理条件。物业管理虽然与房地产本身是分开的，但高质量的物业管理可以使房地产保值、增值。物业管理得不好，也可以使房地产贬值。

2. 商服经营型房地产估价

商服经营型房地产指用于商业、服务业目的的房地产，包括商场、购物中心、商业店铺、超级市场、批发市场、餐饮、商务办公、旅馆、娱乐等房地产。它们都具有商业房地产的一般特点，影响其价值的个别因素和区位因素也大多类似，采用的估价方法也基本一样。

(1)商服经营型房地产及其估价的特点

①经营内容多。在同一宗商业房地产中，往往会有不同的经营内容，例如，一部分经营办公、一部分经营商品零售、一部分经营餐饮、一部分经营娱乐等，不同的经营内容(或

者说不同的用途）一般会有不同的收益水平，如果用收益法估价则应该对经营内容不同的各部分房地产采用不同的报酬率。

②装修高档而复杂。商业房地产通常会有高档的装修，而且形式各异，要准确估算其价值需要单独计算。有时候，装修是不能估价的。有些地方的习惯是买下或租下别人经营的商业用房后，一定要重新装修，因此，在抵押估价、交易估价、转租估价等过程中，要考虑到这种因素。

③转租经营多。商业房地产的业主常常将其房地产出租给别人经营，有的承租人从业主手上整体承租后又分割转租给第三者，因此，在进行商业房地产估价时，要调查清楚产权状况及他项权利状况。

（2）商业房地产估价的常用方法

①收益法。商业房地产的一个主要特点是能够用以获得收益，商业房地产的价值正是体现在它的获取收益的能力上。收益性房地产的估价，应选用收益法作为其中的一种估价方法。所以，收益法是商业房地产估价最为常用的方法之一。

②市场法。商业房地产的转售转租比较频繁，特别是小型商铺更是如此，因此，较易获得比较案例。有条件选用市场比较法进行估价的，应以市场比较法为主要的估价方法。所以，在商业房地产估价时，市场比较法是一种常用方法。

③成本法。在有些估价业务中，如商业房地产的抵押估价，或是对将要转变用途的房地产进行估价时，或者市场无交易实例时，也会用到成本法作为辅助。

（3）影响商业房地产价格的主要区位因素

①商业繁华程度。影响商业房地产价格的首要因素是所处地段的繁华程度。商业繁华程度包括距商业服务中心的距离、商务设施的种类规模与集聚程度、经营类别、客流的数量与质量等。商业服务中心一般分为市级、区级、小区级 3 级。一般而言，每个城市都有一个或几个市一级的商业中心区，它们的辐射力遍及全市，吸引着全市的购买力，这类市一级的商业中心区是全市最繁华的地段。每个行政区或住宅聚集区也会有一个或更多的区级商业中心区，它们的辐射力一般仅限于本区域内，繁华程度也低于市级商业区。每个居住小区通常还会有一个商业服务集中地带，或可称为小区级商业中心，其繁华程度又低一些。

对商业房地产，要确定其处于哪一级商业中心区，从而可知其所处地段的商业繁华程度。另外，现在各地常常有一些专业市场或专业一条街，如电子一条街、饮食一条街、建材市场、步行街等。专门经营某类商品的商业房地产如果位于相应的专业市场内，由于集聚程度较高，同样可以认为所处地段有较高的繁华程度。

②交通条件。交通条件包括街道状况、道路状况与交通便捷程度等。进行商业房地产估价时要从 2 方面考虑交通条件：一是顾客方面。一般情况来说，主要指公共交通的通达度，可用附近公交线路的条数、公交车辆时间间隔，以及公交线路联结的居民区人数等指标来衡量，另外还要考虑交通管制的影响（如很多城市的单行道）和停车场地问题。二是经营者方面。主要考虑距火车站、汽车站、码头等的距离，还要考虑进货和卸货的便利程度等。

③环境、基础公用设施状况。环境、基础公用设施状况也会影响商业房地产的价格。

价格的制定主要考虑绿地覆盖、大气污染、噪声污染等环境因素，还要考虑供电、供水、排水、通信、供气、供热等基础公用设施的供应状况。

④自然、社会因素。常住人口及流动人口数量、家庭规模、居民生活方式、消费观念、社会人文环境、气候条件等，也会影响房地产的价格。

⑤经济因素。区域经济增长、物价水平、就业与居民收入水平、产业结构与商业服务业的发展前景等，也是影响商业房地产价格的主要因素。

(4)影响商业房地产价格的主要个别因素

①临街状况。商业房地产一般都应该是临街的，而且一般来说临街面越宽越好，如果几面临街，一般认为有利于提高商业房地产的价值。但要注意的是，街面有阴街和阳街之分(指街道两边商业经营效益差别很大)；位于街角交通要道的商业房地产如果没有足够的缓冲余地，对于其经营也是不利的，因为这将影响购物人流的出入。

②内部格局。商业用房的内部格局应有利于柜台和货架的布置和购物人流的组织。一些大型商业用房往往要分割出租，因此，要求内部空间能够灵活地间隔。

③楼层。一般来说，位于底层的商业房地产要优于楼上的商业房地产，但如果有自动扶梯上下，楼上的商业用房与底层的差距将大大缩小。

④面积。根据经营要求不同，商业用房所需的面积可能不同，但一般来说不宜太小，如果不是大型零售百货或大型交易市场，面积也不宜太大。

⑤装修。装修在商业房地产的价值中往往占有很大分量，同样的房屋，仅仅由于装修不同，价值会有很大的出入。装修包括内装修和外装修。装修对酒店和办公楼的价值影响很大。

⑥设施、设备。电梯、空调是否齐备，甚至电梯的速度如何，都会影响到商业房地产的价值。设施、设备的智能化条件也将影响到商业房地产的价值。

⑦物业管理条件。物业管理虽然与房地产本身是分离的，但对于商业房地产，特别是办公楼而言，物业管理对于提升其价值的作用非常明显。

3. 工业房地产估价

工业房地产主要包括厂房及工厂区内的其他房地产、仓库及其他仓储用房地产。

(1)工业房地产及其估价的特点

①涉及的行业多。工业房地产估价涉及各类工业，各类工业有各自的行业特点、生产要求，即使生产同一产品的工业企业，由于工艺、流程的不同，对厂房、用地的要求也可能截然不同，因此，进行工业房地产估价，应该先了解相应企业生产的一些行业知识。

②非标准厂房多，单价相差大。工业厂房有一些属于标准(通用)厂房，这类厂房多用于一些轻工业产品的生产，如电子装配、成衣加工等，在一些新兴工业园区、出口加工区，就有许多这类标准厂房可供出租。标准厂房一般有标准的柱距、层高、楼面荷载等。

③要区分设备和建筑物的造价。有些工业设备的建造安装是和建筑物(厂房)同时进行的。例如，很多设备的基座就和厂房的基础连为一体，因此，估价时要注意区分厂房的价值和设备的价值。如果估价结果中既包含了厂房的价值，又包含了设备的价值，则应在估价报告中予以说明。

④受腐蚀的可能性大。厂房的工作环境常常有腐蚀性，估价时要注意房屋使用年限

会因此而缩短。

(2)工业房地产估价的常用方法

①市场比较法。工业房地产通常缺少同类房地产的交易案例,特别是非标准厂房,更是不易在同一供需圈内找到符合条件的比较案例,所以,一般不具备采用市场比较法估价的条件。但在一些新兴工业地带,往往有较多的标准厂房,这些标准厂房的租售案例(特别是出租案例)通常较多,可以考虑采用市场比较法估价。

②收益法。如果可以从企业的总收益中剥离出房地产的收益,则可以考虑采用收益法估价,但这种剥离通常有一定的难度,特别是难以准确区分厂房和设备各自产生的收益。

③成本法。由于上述原因,工业房地产估价时采用较多的是成本法。标准厂房较易确定统一的重置价格,从而可以制定当地统一重置价格表。非标准厂房的重置价格的确定,则有2个主要途径:一是参考预算价格计算;二是利用标准厂房的重置价格表,根据跨度、柱距、高度等修正,修正参数由经验得出。

(3)影响工业房地产价格的主要区位因素

①交通状况。交通状况主要包括对外交通便捷程度、交通管制、与货物集散地(车站、码头、机场)的距离以及货物集散地的规模档次、道路构成及档次、道路体系等。

工业企业通常需要大量运进原材料及燃料,运出产品,因此,必须有便捷的交通条件,如邻近公路交通干线,或有符合运输条件的道路与公路干线相连,有铁路专用线进入厂区,邻近通航河道(或海岸)且有专用码头。以上公路、铁路和水运交通条件若能同时满足两项则更好。

②基础设施状况。基础设施状况主要包括供水、排水、供电、供气等状况。工业生产对基础设施的依赖较强,当地的电力供应情况、生产用水能否满足需要、排污及污染治理的可能性、通信条件等,都是影响工业房地产价值的主要区位因素。

③工业成熟程度。工业成熟程度指相关产业的配套及集聚状况、工业区的未来发展趋势等。

④经济、行政因素。产业政策、产业结构、产业管制、技术创新、物价工资及就业水平、规划限制、政府的特殊政策、地区经济增长等,也会影响工业房地产价格。

⑤地理位置。有些工业生产要求一些其他的地理位置。例如,造纸需要大量排放污水,所以,通常需要邻近河道,且应避免污染对下游造成重大影响;化工企业则不应设在山沟里;水泥厂的附近若有煤矿和石灰矿,则可减少原材料的运输距离等。若相应的工业房地产的地理位置符合生产的要求,则十分有助于提高这一工业房地产的价值。

(4)影响工业房地产价格的主要个别因素

①用地面积与形状。厂区用地面积大小应该合理,面积太小无法满足生产需要,太大则多出的部分并不能增加房地产的价值,但有时要考虑厂区扩建预留用地;用地形状、地势应符合生产要求,不同的生产常常要求不同的用地形状及地势。

②地质和水文条件。厂区用地的地质条件应满足厂房建设和材料堆放场地对土质、承载力的要求。当地水文条件应满足厂区建设和生产的要求,如果地下水位过高,则会影响建设施工;如果地下水有腐蚀性,则会腐蚀基础(特别是桩基础)。河流的常年水位和流速、含沙量则影响生产取水及污水排放。洪水水位的高低则关系到厂区是否有被淹没的

可能性。

③房地产用途。在进行工业房地产抵押、清算、兼并等目的估价时，由于房地产的用途可能发生改变，因此，要考虑该房地产改作其他用途以及用于其他产品生产的可能性。

8.2.2　不同估价目的下的房地产估价

8.2.2.1　房地产抵押估价

1. 房地产抵押价值评估的含义

(1)房地产抵押　它是指抵押人以其合法的房地产以不转移占用的方式向抵押权人提供债务、履行担保的行为。债务人不履行债务时，抵押权人有权依法以抵押的房地产拍卖所得的价款优先受偿。

(2)房地产抵押价值　它应是以抵押方式将房地产作为债权担保时的价值。依法不得抵押的房地产，没有抵押价值。首次抵押的房地产，该房地产的价值为抵押价值。再次抵押的房地产，该房地产的价值扣除已担保债权后的余额部分为抵押价值。

(3)房地产抵押价值评估　实质上是评估抵押房地产在设定抵押权时某估价时点的公开市场价值作为抵押贷款活动的价值参考。

作为抵押物的房地产价值有其设定抵押权时的市场价值、贷款价值，还有出现不良资产处置抵押房地产时的变现价值等。

2. 房地产抵押价值评估的有关规定

①房地产抵押估价应区分抵押贷款前估价和贷款后重估。

②房地产抵押贷款前估价，应包括下列内容：

a. 评估抵押房地产假定未设立法定优先受偿权下的价值。

b. 调查抵押房地产法定优先受偿权设立情况及相应的法定优先受偿款。

c. 计算抵押房地产的抵押价值或抵押净值。

d. 分析抵押房地产的变现能力并做出风险提示。

③评估房地产抵押价值应遵循谨慎原则，不高估假定未设立法定优先受偿权下的价值，不得低估法定优先受偿款及预期实现抵押权的费用和税金。

④评估待开发房地产假定未设立法定优先受偿权下的价值采用假设开发法的，应选择被迫转让开发前提进行估价。

⑤抵押房地产已出租的，其假定未设立法定优先受偿权下的价值，应符合下列规定：

a. 合同租金低于市场租金的应为出租人权益价值。

b. 合同租金高于市场租金的，应为无租约限制价值。

⑥抵押房地产的建设用地使用权是以划拨方式取得的，应选择下列方式之一评估其假定未设立法定优先受偿权下的价值。

a. 直接评估在划拨建设用地使用权下的假定未设立法定优先受偿权下的价值。

b. 先评估在出让建设用地使用权状况下的假定未设立法定优先受偿权下的价值，且该出让建设用地使用权的使用期限设定为自价值时点起计算的相应用途法定出让最高年限，再减去由划拨建设用地使用权转变为出让建设用地使用权应支付的出让金等费用。

⑦由划拨建设用地使用权转变为出让建设用地使用权需要缴纳的出让金等费用，应按估价对象所在地规定的标准进行测算；估价对象所在地没有规定的，可按同类房地产已缴纳的标准进行估算。

⑧抵押房地产为按份共有的，其抵押价值或抵押净值应为抵押人在共有房地产中享有的份额的抵押价值或抵押净值。

⑨抵押房地产为享受国家优惠政策购买的，其抵押价值或抵押净值应为房地产权利人可处分和收益的份额的抵押价值或抵押净值。

⑩房地产抵押估价用于设立最高额抵押权，且最高额抵押权设立前已存在的债权经当事人同意转入最高额抵押担保的债权范围的，抵押价值或抵押净值可不减去相应的已抵押的债权数额，但应在估价报告中说明并对估价报告和估价结果的使用做出相应限制。

⑪在进行续贷房地产抵押估价时，应调查及在估价报告中说明抵押房地产状况和房地产市场状况发生的变化，并应根据已发生的变化情况进行估价。对同一抵押权人的续贷房地产估价，抵押价值、抵押净值可不减去续借对应的已抵押担保的债权数额，但应在估价报告中说明并对估价报告和估价结果的使用做出相应限制。

⑫房地产抵押贷款后重估，应根据监测抵押房地产市场价格变化、掌握抵押价值或抵押净值变化情况及有关信息披露等的需要，定期或在房地产市场价格变化较快、抵押房地产状况发生较大改变时，对抵押房地产的市场价格或市场价值、抵押价值、抵押净值等进行重新评估，并应为抵押权人提供相关风险提示。

⑬重新评估大量相似的抵押房地产在同一价值时点市场价格或市场价值、抵押价值、抵押净值，可采取批量估价方法。

3. 房地产抵押价值评估的常见类型与估价方法

①以获得出让土地使用权和房屋产权的房地产作为抵押物进行评估时，可根据具体情况采用市场比较法、收益法和成本法估价。

②对以出让方式获得的土地使用权作为抵押物进行评估，可以采用基准地价修正法、市场比较法、成本法和假设开发法。

③对以划拨土地上的建成房屋作为抵押物进行评估时，市场交易性较强的，可先假设估价对象为完全产权的商品房，选用市场法或收益法为一种方法，从得出的客观市场价值中减去需要补交的土地出让金或出让毛地价价值；再选用成本法为另一种方法，其中不含土地出让金或出让毛地价，这类包括原国有企事业单位、社会团体的各类房地产、廉租房、经济适用房、房改房、合作建房等；市场性差的可采用房产与土地分别估价再综合的成本法估价，不含土地出让金或出让毛地价。

④对已建成或使用的部分(局部)房地产作为抵押物进行估价应注到该部分(局部)房地产在整体房地产中的作用，它的相应权益能否独立使用，是否可以独立变现，并注意到土地的分摊和公共配套设施、共用部分的合理享用问题，估价方法可选用市场法、收益法或成本法。这类有部分栋号、层、单元，综合物业中某部分用途物业等。

⑤在建工程抵押是以合法取得的土地使用权连同在建工程进行抵押。对在建工程作为抵押物进行评估时，要全面掌握估价对象状况，注意实际的进度和相应可实现的权益，此时评估只能反映房屋未建成时的某一时点的价值，估价方法可选用成本法和假设开发法。

⑥以乡(镇)、村企业的厂房等建筑物及其占用范围内的集体土地使用权作为抵押物进行评估时，应注意到未经法定程序不得改变土地集体所有和土地用途。在估价过程中应扣减与国有土地价值的差异，估价方法可选用成本法、收益法或市场比较法。

4. 房地产抵押价值评估的注意事项

①估价目的。为以估价对象为抵押物向银行(抵押权人)申请抵押贷款提供抵押物市场价值参考。

②估价时点。因设定抵押时点在评估时是不确定的，一般以勘查现场的某一天为估价时点。

③确认估价对象为可以设定抵押的房地产。估价师首先要确定估价对象可以作为抵押房地产，这里包括估价师从专业角度审视估价对象的合法性、他项权利状况、可转让(流通或拍卖)性、可抵押登记生效。这样就从合法性上确保了抵押房地产的安全性，从基本条件上减少风险。抵押评估对估价对象要明确界定。

④以具有土地使用年限的房地产抵押的，评估其抵押价值时应考虑设定抵押权以及抵押期限届满时土地使用权的剩余年限对抵押价的影响。

⑤以享受国家优惠政策购买的房地产抵押的，其抵押价值为房地产权利人可处分和收益的份额部分的价值。

⑥以按份额共有的房地产抵押的，其抵押值为抵押人所享有的份额部分的价值。

⑦以共同共有的房地产抵押的，其抵押价值为该房地产的价值。

⑧把握市场、选取参数和谨慎预测。为了防止高估抵押房地产价值，在估价过程中重点是把握好市场状况，谨慎地选取参数和预测未来。

8.2.2.2 房地产税收估价

1. 房地产税收估价的种类

房地产税收估价，应区分房地产保有环节的税收估价、房地产交易环节的税收估价和房地产开发环节的税收估价，并应按相应税种为核定计税依据而进行估价。

2. 房地产税收估价的原则

房地产税收估价，应兼顾公平、精准、效率和成本。对同类房地产数量较多、相互之间具有一定可比性的应税房地产，应优先选用批量估价方法进行估价。对同类房地产数量较少、相互间可比性差、难以采用批量估价方法估价的房地产，应采用个案估价方法进行估价。

3. 房地产税收估价时点的规定

房地产持有环节的税收估价，各估价对象的价值时点应相同，房地产交易环节的税收估价，价值时点应为应税房地产的成交日期。

4. 几种类型的房地产税收估价

(1)房产税估价　房产税的计税依据为房产余值或租金收入。房产余值是房产原值一次扣除一定比例(一般为30%)后的余额，按房产余值征收的税率为1.2%，适用于企业出租或自用房产的房产税征收；租金指实际获得的毛租金收入，包括货币收入和实物收入，按租金收入征收的税率为12%，适用于事业单位出租房产的房产税征收。

(2)土地增值税估价　土地增值税的计税依据为土地增值额。共公式为：

土地增值额＝转让房地产所取得的收入－扣除项目金额

土地增值税估价的关键是土地增值税扣除项目金额的估算。但对于纳税人申报的转让房地产所取得的收入明显低于市场价格又无正当理由的，应对其转让价格进行评估，核定其转让房地产所取得的收入。

(3)契税估价　为课征契税而进行的估价，一般发生在房地产的权属发生转移或变更时，当申报纳税的成交价格与房地产实际价值有较明显差异时，应按房地产转让的估价方法，评估其客观合理价格或价值，并以此作为征收契税的依据。对于房地产赠予和交换时课征契税的估价，也应采用公开市场价值标准对该房地产的市场价格或交换差价进行评估。

契税的计税依据为成交价格（国有土地使用权出让、土地使用权出售、房屋买卖行为）、市场价格（土地使用权赠予、房屋赠予行为）和交换差价（土地使用权交换、房屋交换行为）。

8.2.2.3　房地产征收、征用估价

1. 房地产征收、征用估价的分类

房地产征收估价，分为国有土地上房屋征收评估和集体土地征收评估。

2. 国有土地上房屋征收评估的有关规定

(1)国有土地上房屋征收评估　应区分被征收房屋价值评估、被征收房屋室内装饰装修价值评估、被征收房屋类似房地产的市场价格测算、用于产权调换房屋价值评估、因征收房屋造成的搬迁费用评估、因征收房屋造成的临时安置费用评估、因征收房屋造成的停产停业损失评估等。

(2)被征收房屋价值评估　应符合下列规定：

①被征收房屋价值应包括补征收房屋及其占用范围内的土地使用权和属于补征收人的其他不动产的价值。

②当被征收房屋室内装饰装修价值由征收当事人协商确定或房地产估价机构另行评估确定时，被征收房屋价值不应包括被征收房屋室内装饰装修的价值，并应在被征收房屋价值评估报告中做出特别说明。

③被征收房屋的价值应为在正常交易情况下，由熟悉情况的交易双方以公平交易方式在房屋征收决定公告之日自愿进行交易的金额，且假定被征收房屋没有租赁、抵押、查封等情况。

④当被征收房地产为正常开发建设的待开发房地产或因征收已停建、缓建的未完工程且采用假设开发法估价时，应选择业主自行开发前提进行估价。

⑤当被征收房地产为非征收原因已停建、缓建的未完工程且采用假设开发法估价时，应选择自愿转让开发前提进行估价。

(3)被征收房屋估价的价值标准、估价目的和估价时点

①价值标准：为公开市场价值，不考虑房屋租赁、抵押、查封等因素的影响。

②估价目的：为确定被征收房屋货币补偿金额而评估其房地产市场价格。

③估价时点：一般为房屋征收许可证颁发之日。征收规模大、分期分段实施的，以当期（段）房屋征收实施之日为估价时点。

(4)用于产权调换房屋价值评估　应符合下列规定：

①用于产权调换房屋价值应包括用于产权调换房屋其占用范围内的土地使用权和用

于产权调换的其他不动产的价值；

②用于产权调换房屋价值就是在房屋征收决定公告之日的市场价值，当政府或其有关部门对用于产权调换房屋价格有规定的，应按其规定执行。

(5)房地产征用估价，应评估被征用房地产的市场租金，为给予使用上的补偿提供参考依据。并可评估因征用造成的搬迁费用、临时安置费用、停产停业损失；当房地产被征用或征用后毁损的，还可评估被征用房地产的价值减损额；当房地产被征用或征用后灭失的，还可评估被征用房地产的市场价值，为相关补偿提供参考依据。

3. 集体土地征收的有关规定

集体土地征收，应该按照《物权法》及《土地管理法的有关规定》进行补偿和评估。具体规定如下。

①征收集体所有的土地，应当依法足额支付土地补偿费、安置补助费、地上附着物和青苗的补偿费等费用，安排被征地农民的社会保障费用，保障被征地农民的生活，维护被征地农民的合法权益。

②征用土地的，按照被征用土地的原用途给予补偿。征用耕地的补偿费用包括土地补偿费、安置补助费以及地上附着物和青苗的补偿费。征用耕地的土地补偿费，为该耕地被征用前3年平均年产值的6～10倍。征用耕地的安置补助费，按照需要安置的农业人口数计算。需要安置的农业人口数，按照被征用的耕地数量除以征用单位平均每人占有耕地的数量计算。每一个需要安置的农业人口的安置补助费标准，为该耕地被征用前3年平均年产值的4～6倍。但是，每公顷被征用耕地的安置补助费，最高不得超过被征用前3年平均年产值的15倍。

如果按照上述规定支付土地补偿费和安置补助费，尚不能使需要安置的农民保持原有生活水平的，经省、自治区、直辖市人民政府批准，可以增加安置补助费。但是，土地补偿费和安置补助费的总和不得超过土地被征用前3年平均年产值的30倍。

③征用其他土地的土地补偿费和安置补助费标准，由省、自治区、直辖市参照征用耕地的土地补偿费和安置补助费的标准规定。被征用土地上的附着物和青苗的补偿标准，由省、自治区、直辖市规定。征用城市郊区的菜地，用地单位应当按照国家有关规定缴纳新菜地开发建设基金。

8.2.2.4　房地产拍卖、变卖估价

1. 房地产拍卖估价的种类

房地产拍卖估价，分为司法拍卖估价和普通拍卖估价。

2. 房地产司法拍卖估价的规定

房地产司法拍卖估价应符合下列规定：

①应根据最高人民法院的有关规定和人民法院的委托要求评估拍卖财产的市场价值或市场价格或其他特定价值或价格。

②评估价值的影响因素应包括拍卖财产存在的瑕疵，但不应包括拍卖房地产被查封及拍卖房地产上原有的担保物权和其他优先受偿权。

③人民法院依法书面说明依法将拍卖房地产上原有的租赁权及用益物权除去后进行拍卖的，评估价值的影响因素不应包括拍卖房地产上原有的租赁权和用益物权，并应在估

价报告中做出特别说明。

④当拍卖房地产为待开发房地产且采用假设开发法估价时，应选择被迫转让开发前提进行估价。

3. 房地产普通拍卖估价的规定

房地产普通拍卖估价，可根据估价委托人的需要，评估市场价值或市场价格、快速变现价值，为确定拍卖标的的保留价提供参考依据。快速变现价值可根据变现时限短于正常销售期的时间长短，在市场价值或市场价格的基础上进行适当减价确定。

4. 房地产拍卖价评估的方法

(1)商品房和行政划拨地上房产　按照相关的法律法规的规定，拍卖所得在支付处分工作费用后，先补缴土地使用权出让金，因此，这两类房地产对拍卖的竞买者、买受人来看，均可视为完全产权的房地产，估价时可采用市场法、成本法、收益法。

(2)在建工程　对处于在建工程阶段的拍卖房地产的估价，应充分考虑后续工程需投入的成本、费用，交接带来的额外支出及不可预见费用，估价方法可选用假设开发法、成本法、市场比较法。

8.2.2.5　房地产分割、合并估价

1. 房地产分割、合并估价的要求

①房地产分割、合并估价。应以房地产的实物分割或合并为前提，并应分析实物分割合并对房地产价值或价格的影响。

②房地产分割估价。不应简单地将分割前的整体房地产价值或价格按面积或土地面积、体积等进行分摊得出分割后的各部分房地产价值或价格，应对分割后的各部分房地产分别进行估价，并应分析因分割造成的房地产价值或价格增减。

③房地产合并估价。不应简单地将合并前的各部分房地产价值或价格相加作为合并后的整体房地产价值或价格，应对合并后的整体房地产进行估价，并应分析因合并造成的房地产价值或价格增减。

2. 房地产分割、合并估价时的注意事项。

①房地产是否符合法定的转让条件。如不符合规定，可能会导致分割、合并预期价值无法实现，或由于要支付额外费用使待分割、合并房地产达到可转让条件而使得分割、合并预期价值减损，在估价过程中必须考虑和说明。

②待分割、合并房地产的土地使用权取得方式。强调以划拨方式取得土地使用权的处置方式。

③待分割、合并房地产的土地用途。分割、合并前后用途不一致对分割、合并房地产价值的影响。

④待分割、合并房地产的土地使用剩余年限。

⑤注意分割、合并方式，增值的分配等。

3. 房地产分割、合并估价方法

①房地产分割、合并前后价格的计算要客观、准确。一定要注意分割、合并前后各项因素的变化导致房地产价格水平的差异。选用适当的方法，计算分割、合并前后的价格。

②增值额的分配要准确、合理。

③分割估价应对分割后的各部分分别估价。合并估价应对合并后的整体进行估价。

8.2.2.6 房地产损害赔偿估价

1. 房地产损害赔偿评估

房地产损害赔偿评估是房屋本身损害贬值和房屋贬值引起占用土地经济价值贬值的共同体贬值评估。

房地产损害赔偿估价，主要有被损害房地产价值减损评估、因房地产损害造成的其他财产损失评估、因房地产损害造成的搬迁费用评估、因房地产损害造成的临时安置费用评估、因房地产损害造成的停产停业损失评估等。

房地产损害评估的价值标准采用公开的市场价值标准。商品房质量缺陷评估的价值定义应当是估价时点的商品房实体缺陷状况、权利缺陷状况、区位缺陷状况造成的商品房价值减损的市场值。

2. 被损害房地产价值减损评估

被损害房地产价值减损评估，应符合下列规定。

(1)应调查并在估价报告中说明被损害房地产在损害发生前后的状况。

(2)应区分并分析、测算、判断可修复和不可修复的被损害房地产价值减损及房地产损害中可修复和不可修复的部分。

(3)对可修复的被损害房地产价值减损和房地产损害中可修复的部分，宜采用修复成本法测算其修复成本作为价值减损额。其公式为：

可修复的赔偿金额＝修复费用＋相关经济损失

(4)对不可修复的被损害房地产价值减损，应根据估价对象及其所在地的房地产市场状况，分析损失资本化法、价差法等方法的适用性，从中选用适用的方法进行评估。

①损失资本化法是通过测算房地产效益的减损值与费用的增加值在净收益损失年限的现值和，或无质量缺陷经济耐用年限正常净收益现值之和与有质量缺陷经济耐用年限正常净收益现值之和的差评估房地产的价值损失。该法可分为3种类型：

a. 净收益减少收益年期不变型(即A减少n不变)。

b. 收益不变收益年期减少型(即A不变n减少)。

c. 收益及收益年期减少型(即A、n都减少)。

②价差法，又称损害前后价差法，也称剩余法，该法是通过测算损害前的房地产状况的市场价值与损害后的房地产状况的市场价值之差。而损害前后的房地产市场价值可采用市场法或收益法等方法进行评估。即

商品房价值减损值＝损害前的房地产市场价值－损害后的房地产市场价值

8.2.2.7 房地产保险估价

1. 房地产保险的概念及范围

(1)房地产保险的概念　房地产保险是以房屋及其有关利益或责任为保险标的的保险。

(2)房地产保险的范围　土地不会损坏或灭失，无损害则无保险，所以，土地不能成为房地产保险合同的保险标的。投机风险(如房地产市场价格变化)和必然或已知损失(如房屋自然损耗)不属于房地产保险范围。

2. 房地产保险估价的种类

房地产保险估价，可分为房地产投保时的保险价值评估和保险事故发生后的财产损

失评估。

3. 房地产保险估价的方法

(1)房地产投保时的保险价值评估　宜评估假定在价值时点因保险事故发生而可能遭受损失的房地产的重置成本或重建成本,可采用成本法、比较法。

(2)保险事故发生后的财产损失评估　应调查保险标的在投保时和保险事故发生后的状况,评估因保险事故发生造成的财产损失,可选用修复成本法、价差法、损失资本化法等方法。对于其中可修复部分,宜估算其修复成本测算其修复成本作为财产损失额。

8.2.2.8　房地产转让估价

1. 房地产转让的含义

房地产转让是指房地产权利人通过买卖、赠予或者其他合法方式将其房地产转移给他人的行为。前款所称其他合法方式,主要包括下列行为:①以房地产作价入股、与他人成立企业法人,房地产权属发生变更的;②一方提供土地使用权,另一方或者多方提供资金,合资、合作开发经营房地产,而使房地产权属发生变更的;③因企业被收购、兼并或合并,房地产权属随之转移的;④以房地产抵债的;⑤法律、法规规定的其他情形。

2. 房地产转让评估的有关规定

①房地产转让估价。应区分转让人需要的估价和受让人需要的估价,并应根据估价委托人的具体需要,评估市场价值或投资价值、卖方要价、买方出价、买卖双方协议价等。

②房地产转让估价应调查转让人、受让人对转让对象状况、转让价款支付方式、转让税费负担等转让条件的设定或约定,并应符合下列规定:

a. 当转让人、受让人对转让条件有书面设定或约定时,宜评估在其书面设定或约定的转让条件下的价值或价格。

b. 当转让人、受让人对转让条件无书面设定或约定或书面设定、约定不明确时,应评估转让对象在价值时点的状况、转让价款在价值时点一次性付清、转让税费正常负担下的价值或价格。

③已出租的房地产转让估价,应评估出租人权益价值;转让人书面设定或转让人与受让人书面约定依法将原有的租赁关系解除后进行转让的,可另行评估租约限制价值,并应在估价报告中同时说明出租人权益价值和无租约限制价值及其使用条件。

④以划拨方式取得建设用地使用权的房地产转让估价,估价对象应符合法律、法规规定的转让条件,并应根据国家和估价对象据地的土地收益处理规定,给出需要缴纳的出让金等费用或转让价格中所含的土地收益。

⑤保障性住房销售价格评估,应根据分享产权、独享产权等产权享有方式,评估市场价值或其他特定价值、价格、对采取分享产权的,宜评估市场价值;对采取独享产权的,宜根据类似商品住房的市场价格、保障性住房的成本价格、保障性住房供应对象的支付能力、政府补贴水平及每套住房所处楼幢、楼层、朝向等保障性住房价格影响因素,测算公平合理的销售价格水平。但国家和保障性住房所在地以保障性住房销售价格确定有特别规定的,应按其规定执行。

3. 房地产转让价格评估的方法及注意事项

房地产转让价格评估宜采用市场比较法和收益法,也可采用成本法,其中,待开发房地产的转让价格评估应采用假设开发法。房地产转让价格评估应采用公开市场价值标准。

以划拨方式取得土地使用权的，转让房地产时应符合国家法律、法规的规定，其转让价格评估应另外给出转让价格中所含的土地收益价值，并应注意国家对土地收益的处理规定，同时在估价报告中予以说明。

8.2.2.9　房地产租赁价格评估

1. 房屋租赁及房屋租赁价格的含义

房屋租赁是指房屋所有权人作为出租人将其房屋出租给承租人使用，由承租人向出租人支付租金的行为。

房屋租赁价格（即房屋租金）是房屋承租人为取得一定时期内房屋的占有、使用、收益权利而向出租人支付的代价。

2. 房屋租赁价格评估的特点

（1）租约对租金估价有一定的影响　有租约限制的，租约期内的租金宜采用租约所确定的租金，租约期外的租金应采用正常客观的租金。

租赁房屋已订立租约时，应对租约中所约定的租金标准的客观性、合理性进行判断。如果租约所约定的租金客观合理，一般应根据该租金估价；如果与市场租金标准相差较大（或高、或低），租金明显存在不合理性，则应重新评估其租金值。

（2）住宅类房屋租赁价格评估　可分为政策性评估和市场租赁评估2种类型。

3. 房屋租赁价格评估的有关规定

①房地产租赁估价，应区分出租人需要的估价和承租人需要的估价，并应根据估价委托人的具体需要，评估市场租金或其他特定租金、承租人权益价值等。

②以营利为目的出租划拨建设用地使用权上的房屋租赁估价，应根据国家和估价对象所在地的土地收益的处理规定，给出租金中所含的土地收益。

③保障性住房的租赁价格评估，应根据货币补贴、实物补贴等租金补贴方式，评估市场租金或其他特定租金。对采取货币补贴的，宜评估市场租金；对采取实物补贴的，宜根据类似商品住房的市场租金、保障性住房的成本租金、保障性住房供应对象的支付能力、政府补贴水平及每套住房所处楼幢、楼层、朝向等保障性住房租金影响因素，测算公平合理的租金水平。但国家和保障性住房所在地对保障性住房租赁价格确定有特别规定的，应按其规定执行。

4. 房屋租赁价格评估中应采用的估价方法

房地产租赁价格评估，可采用市场比较法、收益法和成本法。

（1）市场比较法　市场比较法是房屋租赁市场公开、租赁信息充分时首选的一种估价方法。估价人员在平时应广泛搜集各类房地产的租赁信息。在调查房地产租赁市场交易实例时，不仅要了解交易实例的价格及房地产状况，如坐落、面积、结构、交通条件、楼层、装修、周边环境等，还应记录其租赁期限、租赁用途、租赁支付方式、房屋修缮责任等情况。

（2）收益法　收益法是在租赁房屋预期收益可预测或可确定的情况下常用的估价方法。收益法评估房屋租赁价格的关键仍然是年净收益的计算和资本化率的选定。租赁净收益为租赁收入（主要为有效毛租金收入及租赁保证金、押金等的利息收入）扣除维修费、管理费、保险费和税金等4项费用。

(3)成本法　成本法是市场难以提供类似估价对象的可比实例，也不便准确预测净收益时，易于计算、把握房屋租赁价格基本标准的方法。

采用成本法评估房屋租赁价格时，房地产租金构成为：折旧费、维修费、管理费、利息、税金、保险费、地租、利润。采用该方法估价时，应先求取建筑物的重置价格。

8.2.2.10　建设用地使用权出让估价

土地使用权出让价格评估，应依据《中华人民共和国城市房地产管理法》《中华人民共和国土地管理法》《中华人民共和国城镇国有土地使用权出让和转让暂行条例》《房地产估价规范》以及当地制定的实施办法和其他有关规定进行。

1. 建设用地使用权出让估价的有关规定

①建设用地使用权出让估价　应区分出让人需要的估价和意向用地者需要的估价。

②出让人需要的建设用地使用权出让估价，应根据招标、拍卖、挂牌、协议等出让方式和出让人的具体需要，评估市场价格或相应出让方式的底价。

③意向用地者需要的建设用地使用权出让估价，应根据招标、拍卖、挂牌协议等出让方式和意向用地者具体需要，评估市场价值或投资价值、相应出让方式的最高报价，最高报价、竞争对手的可能出价等。

④建设用地使用权出让估价应调查出让人对交付土地状况、出让金等费用的支付方式等出让条件的规定，并应符合下列规定：

a. 当出让人对出让条件有明文规定时，应评估在其明文规定的出让条件下的价值或价格。

b. 当出让人对出让条件无明文规定或规定不明确时，宜评估在价值时点的土地状况、出让金等费用在价值时点一次性付清等条件下的价值或价格。

⑤当出让人需要的建设用地使用权出让估价采用假设开发法时，宜选择自愿转让开发前提进行估价。

⑥当意向用地者需要的建设用地使用权出让估价采用假设开发法时，应符合下列规定：

a. 当土地未被任何意向用地者占有时，应选择自愿转让开发前提进行估价。

b. 当土地已被该意向用地者占有时，应选择介于业主自行开发与自愿转让开发之间的某种前提进行估价。

c. 当土地已被其他意向用地者占有时，应选择介于自愿转让开发与被迫转让开发之间的某种前提进行估价。

2. 国有土地使用权出让价格的评估方法

(1)市场比较法　市场比较法是土地使用权市场交易较为活跃、可比实例较多时普遍采用的一种方法。

(2)成本法　成本法是在估价对象土地使用权价格各组成部分费用项目明确、账目清楚时适宜采用的一种方法。

(3)假设开发法　假设开发法是评估国有土地使用权出让价格的常用方法之一，其方法运用的前提条件是估价对象土地规划设计条件已经规划主管部门审批。只有在此情况下，估价对象土地才有假定开发的具体规划设计方案，才能据此规划方案假设得到开发建设后的剔去建筑物部分的剩余土地部分价格。

(4)基准地价系数修正法　基准地价系数修正法是以该区域或级别的基准地价为依据,再根据实际情况进行必要的修正后估算土地价值的方法。该方法的关键是确定土地的基准地价。

8.2.2.11　信托基金物业评估

1. 房地产投资信托基金物业评估的种类

房地产投资信托基金物业评估,包括房地产投资信托基金物业状况评价、其他房地产投资基金物业估价。

2. 房地产投资信托基金物业评估的内容

房地产投资信托物业评估,应根据房地产投资信托基金发行上市、运营管理、退出市场及相关信息披露等的需要,可包括下列全部或部分内容:①信托物业状况评价;②信托物业市场调研;③物业价值评估。

3. 物业价值评估,应符合下列规定

①托物业的市场价值或其他价值、价格进行分析、测算和判断,并提供相关专业意见。

②报酬资本化法中的持有加转售模式。

③一致性原则。当为同一估价目的,对同一房地产投资信托基金的同类物业在同一价值日期的价值进行评估,应采用相同的估价方法。

④一贯性原则当为同一估价目的,对同一房地产投资信托基金的同类物业在同一价值日期的价值进行评估,应采用相同的估价方法。

4. 房地产投资信托基金物业评估的有关规定

①信托物业价值评估,应进行租赁状况调查和分析,查看估价对象的租赁合同原件,并应与执行财务、法律尽职调查的专业人员进行沟通,从不同的信息来源交叉检查估价委托人提供的租赁信息的真实性和客观性。

②物业状况评价,应对信托物业的实物状况、权益状况和区位状况进行调查、描述、分析和评定,并提供相关专业意见。

③信托物业市场调研,应对信托物业所在地区的经济社会发展状况、房地产市场状况及信托物业自身有关市场状况进行调查、描述、分析和预测,并提供相关专业意见。

④其他房地产投资基金物业估价,应根据具体情况,按相应估价目的的房地产估价进行。

8.2.2.12　为财务报告服务的房地产估价

1. 为财务报告服务的房地产估价的种类

为财务报告服务的房地产估价,分为投资性房地产公允价值评估,作为存货的房地产可变现净值评估,存在减值迹象的房地产可回收金额评估,受赠、合并对价分摊等涉及的房地产入账价值评估,境外上市公司的固定资产重估等。

2. 为财务报告服务的房地产估价的要求

①从事为财务报告服务的房地产估价业务时,应与估价委托人及执行审计业务的注册会计师进行必要的沟通,熟悉相关会计准则、会计制度,了解相关会计确认、计量和报告的要求,理解公允价值、现值、可变现净值、重置成本、历史成本等会计计量属性及其与房地产估价相关价值、价格的联系和区别。

②为财务报告服务的房地产估价　应根据相关要求，选择资产负债表日、减值测试日、购买日、转换当日、首次执行日等某一特定日期为价值时点。

③为财务报告服务的房地产估价　应根据相应的公允价值、现值、可变现净值、重置成本、历史成本等会计计量属性，选用比较法、收益法、假设开发法、成本法等方法评估相应的价值或价格。对采用公允价值计量的，应评估市场价值。

8.2.2.13　企业各种经济活动涉及的房地产估价

1. 企业各种经济活动涉及的房地产估价种类

企业各种经济活动涉及的房地产估价，包括用房地产作价出资设立企业，以及企业改制、上市、资产重组、资产置换、收购资产、出售资产、产权转让、对外投资、合资、合作、租赁、合并、分立、清算、抵债等经济活动中的房地产估价。

2. 企业各种经济活动对涉及的房地产估价的要求

①企业各种经济活动涉及的房地产估价，应根据企业经济活动类型，按相应估价目的的房地产估价进行。对于房地产权属发生转移的，应按相应的房地产转让行为进行估价。

②企业各种经济活动涉及的房地产估价，应调查估价对象合法改变用途的可能性，并分析、判断以“维持现状前提”或“改变用途前提”进行估价。

③用房地产作价出资设立企业和关联交易涉及的房地产估价，应评估市场价值。

④企业破产清算等强制处分涉及的房地产估价，评估价值的影响因素应包括估价对象的通用性、可分割转让性，改变用途、更新改造等的合法性和可能性及变现时限、对潜在购买者范围的限制等。

8.2.2.14　房地产纠纷估价

1. 房地产纠纷估价的含义

房地产纠纷估价是指应对有争议的房地产评估价值、赔偿金额、补偿金额、交易价格、市场价格、租金、成本、费用分摊、价值分配等进行鉴别和判断，提出客观、公平、合理的鉴定意见，为和解、调解、仲裁、行政裁决、行政复议、诉讼等方式解决纠纷提供相关参考依据或证据。

2. 房地产纠纷估价的种类

房地产纠纷估价不同于其他目的的房地产估价，具有自己的特殊性。房地产纠纷估价可分为2类：一是房地产价格(价值)纠纷，主要是针对房地产的价值、交易价格、造价、成本、租金、补偿金额、赔偿金额的纠纷，其估价通常由法院、仲裁机构聘请房地产估价机构完成；二是估价结果纠纷，主要是针对估价结果本身的纠纷，其估价由专门的估价仲裁部门或组织(如估价专家委员会)出面对估价结果做出鉴定和裁决。

房地产纠纷估价应根据纠纷的类型，按相应估价目的的房地产估价进行；并应该注意了解纠纷双方的利益诉求，估价结果应平衡纠纷双方的利益，有利于化解纠纷。

3. 房地产估价纠纷及其特点

(1)房地产价格(价值)纠纷及其特点　房地产价格(价值)纠纷的调处需要聘请专业房地产估价机构进行估价。估价人员了解房地产价格(价值)纠纷的一般特点和各类房地产纠纷的具体特点，有利于做出客观、公平的估价，也有利于纠纷的解决。房地产价格(价值)纠纷的特点有以下几点。

①房地产纠纷中的民事法律关系复杂。一宗房地产纠纷案件中往往同时存在两个以上的民事法律关系，并且还彼此牵连。例如，房屋产权、房屋继承与析产往往交织在一起；房屋买卖与房屋租赁交织在一起；房地产的开发经营也常常会涉及土地使用权的出让和转让。

②房地产纠纷争议标的价值一般较大。这是由房地产本身的特点决定的。

③房地产纠纷涉及面广。房地产纠纷往往会涉及诸多与房地产建设、部门管理有关的，如规划部门、城建部门、土地管理部门、房产管理部门等。这些部门有时以第三者的身份对房地产纠纷进行调处，有时它们直接是纠纷中的一方当事人。有的房地产纠纷中还涉及几个家庭、几代人、几个单位的切身利益，牵扯面极广。

④房地产纠纷政策性强，适用法律的难度较大。

(2)房地产估价结果纠纷及其特点　房地产估价结果纠纷是由当事人对估价结果有不同看法而产生的纠纷。房地产估价结果纠纷的特点是：

①房地产估价结果纠纷是针对估价机构已经做出的估价结论。与房地产价格(价值)纠纷不同，房地产估价结果纠纷不是针对未确定的房地产价格(或价值)，而是针对已经做出的房地产估价结论，并且这种结论是由专业的房地产估价机构做出的。

②房地产估价结果纠纷的调处必须由专门的估价仲裁机构(或鉴定组织)进行，否则无法让原来提供估价结果报告的估价机构信服，也无法让纠纷的其他当事人接受。

4. 房地产纠纷估价应注意的几个问题

(1)房地产的合法性　房地产的合法性是房地产评估的前提，只有符合规划、用途合法的房地产才能进行评估。

(2)房地产的估价时点　房地产纠纷估价相对于其他目的的房地产估价具有更强的时间相关性，其他房地产估价委托方一般为房地产权利人，目的简单，估价时点比较易确定，而房地产纠纷估价涉及的有执法机关、发生纠纷的双方当事人等，关系复杂，估价时点较难把握。因此，在估价之前，估价人员必须明确估价目的，了解发生房地产纠纷的前因后果，征询纠纷双方以及执法部门的意见，以便确定具体时日的客观合理价格或价值，而不能机械地以现场查勘日或估价作业日期作为估价时点。

(3)房地产价格评估的依据资料　一般来说，价格评估依据的资料，只能是房地产纠纷发生前的近期客观资料。

(4)原房地产估价结论的判断　不能以当前房地产市场实际价格作为判断原估价结论是否真实、客观、合理的标准。当前房地产市场真实价格是以前房地产市场价格动态变化的延续，它包括以前房地产市场价格等价格影响因素共同作用的结果。但当前房地产市场价格的形成，不是仅由以前的房地产市场价格唯一因素影响的结果。若以当前房地产市场价格作为判断以前房地产估价结论是否真实、客观、合理，是因果关系的颠倒。原估价结论有效与否的确认，应该依据房地产估价的程序、思路、方法等是否符合估价原理、原则、实践及法规等的要求、规定而做出判断。

(5)建筑物的折旧　建筑物的折旧包括物质上的折旧、功能上的折旧和经济上的折旧，三者必须要全面考虑。

(6)遵守职业道德　估价人员和估价机构在执行任何一宗房地产估价时都必须遵守

职业道德，房地产纠纷估价突出体现在公正原则、回避原则和保密原则。

8.2.2.15 其他目的的房地产估价

1. 其他目的的房地产估价包括的内容

其他目的的房地产估价包括分家析产估价，为办理出国移民提供财产证明的估价，为行政机关处理、纪律检查部门查处、检察机关立案等需要而进行的估价，改变土地使用条件补地价评估，国有土地上房屋征收预评估等。

2. 对其他目的的房地产估价的要求

①分家析产估价，应符合下列规定：

a. 应区分财产分割的分家析产估价和财产不可分割的分家析产估价。

b. 财产分割的分家析产估价，应按本规范对房地产分割估价的规定执行。

c. 财产不可分割的分家析产估价，宜评估财产的市场价值。

②为出境提供证明的估价，应评估财产的市场价值

③为行政机关处理、经委检查部门查处、检察机关立案等服务的估价　应慎重确定价值时点等估价基本事项。

④改变土地使用条件补地价评估，应调查变更土地用途、调整容积率、延长土地使用期限等改变土地使用条件需要补缴地价的原因，明确需要补缴地价的内涵，以相关部门同意补缴地价的日期为价值时点，评估新土地使用条件下的总地价和原土地使用条件下的总地价，以该两者的差额作为评估出的需要补缴的地价。但国家和需要补缴地建设用地使用权所在地以需要补缴的地价确定有特别规定的，应按其规定执行。

8.3 土地估价报告的撰写

8.3.1 土地估价报告的作用

1. 为什么要撰写估价报告

①系统陈述评估者履行评估协议的状况。

②向委托人提供合乎专业标准的评估结论，并为委托人利用评估结论提供背景资料和依据。

③为国土资源管理部门提供土地评估结果审查、备案的依据。

2. 土地估价报告的作用

①土地估价报告是一个载体，能够将土地估价目的估价对象情况、估价过程及估价结果等有关情况，通过文字反映出来　土地估价是一个具有特定的约定、特定范围、特定规范的行为，每个估价结果都对应不同界定的土地，情况比较复杂。要准确清楚地表达估价过程及结果，必须有规范的土地估价报告。估价报告已成为一种制度，并有严格的写作规范，准确地反映估价过程及结果，是土地估价报告的基本作用。

②估价报告能够作为估价意见的专业凭证。对于委托方来说，基本目的是要从估价

师那里获得有关估价对象的专业意见。当估价过程完成后，这个专业意见怎样传递给委托方，传递给委托方后又有什么依据，均需要依靠估价报告。

③估价报告是经济活动过程中土地价值的法律证明。在特定的时间段内，估价报告的内容具有法律效力，估价报告会成为某项社会经济活动中，关于土地财产价值的法律性文件。例如，在国有土地出让的过程中，规定必须对出让底价进行评估，最终交易价格不得低于所评估的底价。在这一过程中底价评估报告会作为一种确定交易底价的法律依据，并且会作为一种具有法律效力的文件予以留档。当对土地的交易价格产生质疑时，评估报告是最有效的证明材料。

综上所述，土地估价报告的作用是多层面的，有技术层面、操作层面、还要法律层面等，不仅是土地估价师表达估价行为行之有效的必要工具，也是社会经济活动中不可或缺的法律媒介。在实际工作中估价报告还有很多具体的用途。写好土地估价报告也是一个专业土地估价师最基础的素质和要求。

8.3.2　土地估价报告的基本内容

土地估价报告一般分为土地估价结果报告和技术报告两大类。结果报告一般提供给估价委托方，而土地估价技术报告一般提交估价机构审查和存档，或者提供给有关审查部门。由于两者的阅读对象不一样，所以估价结果报告和技术报告在内容上也有很大的区别。

8.3.2.1　土地估价结果报告的内容

估价结果报告是我们所说的一般意义的估价报告，是交付给估价委托方的报告书，报告以委托方为阅读对象，并根据委托方的需求设定内容。主要任务是把估价结果及估价师的意见，准确完整地传达给委托方。估价结果报告有以下基本内容。

1. 对估价行为的基本情况说明

(1)对估价情况的基本说明　对委托人情况的说明，实际上也是确定委托方对估价报告的法定使用权。前面我们说过，估价报告是估价师交给委托方的估价意见的专业凭证，所以估价报告中说明委托方的另一个目的是明确估价师与委托方的这种关系。

关于委托方的基本情况，首先，需要说明委托方的法定名称。如果是单位或者机构，要求使用登记注册的全称，一般不能用简称，也不能用其他代号。要求注明法定代表人的法定姓名，如果是自然人必须是经过身份登记的姓名，不能是单名，更不能是昵称或别名。其次，委托方的注册地址必须有，而且要与注册登记资料一致，包括所在城市、区、门牌号和邮政编码等信息。为了联系方便，有时还要求将委托方的联系方式也在报告中予以说明。这些信息由委托方提供，可以在委托协议中说明，也可以通过另外的文件进行说明但是无论是哪种情况，估价师必须进行核实。

(2)对估价人情况的说明　估价人可以是估价机构也可以是估价师。不过在我国只有注册的估价机构才有资格进行估价活动。所以，估价人一般就是估价机构。估价人是估价报告的专业责任人，在估价报告中予以说明，也是为了突出其法律责任。估价机构还要求说明估价机构的执业资质情况和从业范围等。

(3)说明委托估价的目的　估价目的要说明估价为什么而作、估价报告的使用方向，以及特别要求等。估价目的对土地估价结果影响很大，因为出于不同的目的，土地的交易行为会受到不同的影响。例如，处于抵押目的，委托方(一般为银行)会担心抵押物不够抵偿所贷出去的款，所以愿意对抵押物进行保守估价，而不愿意完全根据当时过于好的市场行情进行估价。

2. 对委托估价对象的基本情况进行说明

估价报告应该对估价对象的基本情况进行详细、准确的说明。土地价值是抽象的，它完全来自土地的状况，包括土地实体和权利、利用状况等方面。特别是土地的权利和利用方面的情况，个体差异性比较大，如果没有明确的说明，就不可能知道他的范围，也无法了解所估价值是否与之相匹配。关于估价对象的基本情况，一般要描述登记情况、权利情况、利用情况、来源等。

(1)土地登记情况　包括土地使用者、土地面积、地理位置。用途四至、权属性质、土地等级以及与登记证书有关的情况，如登记时间、宗地号、土地使用权终止时间等。

(2)土地权利情况　包括土地权利的类别，是所有权还是使用权，土地是通过何种方式和途径取得的，如出让还是转让；土地取得的时间、取得的使用年限以及相关的权利限制，如果抵押、担保、或者地役权等。

(3)土地利用情况　包括土地利用现状和历史变迁情况等，土地的实际用途、实际使用方式、使用面积的结构，土地上的建筑物的容积率、覆盖率等；还有土地规划安排条件以及目前的利用率等以及土地上的建筑物的具体情况，如高度、建筑面积、层数、建筑结构、成新情况、建筑密度、设备及安装情况等。

3. 对价格影响因素进行说明

估价报告还需要对价格影响因素进行说明。除了一般性影响因素外，还要注重对估价对象有特别影响力的因素的说明。比如某个时期土地市场供小于需，可能使得地价上涨过快。因此，估价结果可能受此影响要有一定的提高。这种影响就应该在估价报告中予以说明。由于不同的阅读者对土地市场及其风险的理解和判断不一样，因此，对估价结果的理解可能也不一样，所以，说明这些因素，可以为报告阅读者提供一个对估价结果的自我判断参照。再假定估价对象处于一个隐性的污染区，估价中予以了郑重的考虑，所以使得价值偏低。如果不在报告中进行说明，报告阅读者就会产生较大的疑问，不利于估价结果被正确也引用。

4. 对估价过程进行说明

土地估价结果是在一定的技术体系下产生的，要准确理解结果，应该对估价的技术过程有所了解。所以，土地估价报告必须告诉报告阅读者，整个估价过程中估价师遵循的是什么估价原则，主要依据是什么，采用的估价技术思路和技术方法是什么，一些相关技术问题的处理方式是什么等。其中，估价原则的说明主要包括估价行为应该遵守的工作原则和估价过程中需要遵守的技术原则。

估价依据的说明包括估价活动本身的依据、估价过程中对估价对象界定的依据、估价技术处理依据、相关的市场及估价政策等方面的依据。其中，估价活动本身的依据指确定进行估价的相关文件或者委托书、协议等。估价对象的界定依据，主要是产权和利用方面的有关资料。例如，规划批准书、产权证明文件或者登记材料等。技术处理依据指的是有关技术规程、规范和要求及标准等。此外，对于地价评估有重要影响的政策性文件也是要列入估价依据的。

估价方法的说明包括选择的技术思路和方法的依据、技术方法的基本原理、技术方法运用的基本估算过程。除此之外，还要说明主要技术参数及指标的选择及适用。

5. 对价值界定与估价结果进行说明

价值的界定在估价报告中很重要，是必须说明的内容。一份估价报告，如果没有价值界定和相关假设说明，尽管当事的估价师很清楚估价，但是会让报告阅读者无法确认估价结果。

价值的界定和估价对象的界定是对应的，包括价值所对应的时点、权利状况、开发程度、利用状况等情况。但是，价值的界定又不仅仅是这些。还有一些重要的假定和说明，那就是估价的基本前提、市场假定、资料假定以及政策法规方面的假定等。估价结果的说明，还包括评估价价值量及计量单位等方面的情况。

6. 对估价报告的使用的说明

根据约定，估价报告可以设定使用范围，这样对报告出具者的知识产权进行保护，以及对其责任风险进行控制。除此之外，估价报告的使用在技术层面上的要求也需要进行说明。例如，当估价市场环境改变后报告值必须进行调整后才能使用等。

估价报告使用说明，具体包括估价报告的法律效应，使用条件与限制、有效日期、所有权及使用权等。

8.3.2.2　估价技术报告的基本内容

估价技术报告是给相关技术人员，一般是技术审查、审核和备案部门的人员准备的。

估价技术报告自成体系。尽管与结果报告有一些内容相同，但是描述方式或者详细程度会有一定的差别，归纳起来有以下几点。

1. 描述估价对象

该部分与土地估价结果报告的内容基本相同，包括土地登记情况、土地权利情况、土地利用情况等。

2. 分析地价影响因素

这部分主要说明影响估价对象地价水平的因素，包括一般因素、区域因素、个别因素等，所不同的是上述因素分析与土地估价结果报告中的因素说明有所区别。土地估价报告中影响地价的因素说明侧重于对有关影响因素的陈述，估价技术报告则侧重于对地价影响因素进行分析，其中对地价影响大的重要因素必须进行分析，与本次估价相关性小或者无关的因素，仅为参照。由于土地的特殊用途或其他原因而影响地价的特殊因素，要在估价技术报告中说明并进一步分析。

在对地价影响因素进行分析时，通过定性和定量分析，着重分析这些因素对地价可能产生的影响程度及影响趋势，比与土地估价过程中有关方法选择、参数确定、因素分析和比较内容等相对应。对地价影响因素的分析，要与估价结果的确定联系起来，做到分析合理、参数有据、估价得当，不能前后矛盾。同时对地价影响因素的分析，必须做到客观描述、用语规范、内涵准确、能够定量反映的必须用定量数据表达。

3. 说明估价原则

与土地估价结果报告基本相同。

4. 说明估价方法与估价过程

需要说明估价方法的选择依据和全部的估价过程，一般根据估价对象的特点及项目的实际操作情况进行描述，包括以下内容：①估价方法选择的依据说明；②估价方法选择的分析及确定过程的说明；③估价技术思路和方法的说明；④实际估价中重要指标和参数的确定过程说明；⑤估价中重要技术问题的处理过程说明；⑥采用不同方法的估算过程的说明；⑦估价结果的分析与调整说明；⑧最终估价结果确定过程的说明。

8.3.3 土地估价报告的基本形式

1. 叙述式报告

叙述式报告是使用最多的报告形式。在叙述式的土地估价报告中，估价师能够充分说明、论证并解释其意见及估价结果。事实上，估价中很多内容通过简单的表格是不能够表达清楚的，必须通过叙述的方式进行定义和描述。叙述式报告在内容上是最完整的，通常委托人更愿意接受这种报告形式，并可能因此对估价结果和估价师产生更大的信任度。所以，一般情况下，叙述式报告是估价师最佳的选择。

在叙述式报告中，一般包括事实性描述和分析性解释的内容。事实性描述如土地状况、有关估价事项的定义等；分析性解释内容，如价格影响因素说明、市场状况、价格判断等。事实性描述应该准确客观，而分析性解释应该简明而具有较强的逻辑性。事实性描述通常出现在报告的前半部分，以突出主要内容；分析性解释一般在报告的后半部分，重点是对估价背景和相关参数指标的确定及计算过程的叙述。

2. 表格式报告

表格式报告是较为简单的估价报告，一般适合资产量小而数量多的估价对象，如单元住宅评估，特别是金融、保险和税收等涉及的小规模估价。这些估价项目本身比较简单，并且具有很大的相似性，一个国家机构短时间内可能接受大量的这类委托单。对于银行或者管理部门来说，面对大量需要审阅的估价报告，标准的表格式报告可提高工作效率，提高工作便利性。

所有表格式报告都应包括一份正确的书面声明及对限制条件的说明。

8.3.4 估价报告的基本结构

1. 土地估价结果报告的结构

土地估价结果报告的结构如下：

第一部分　摘要。

第二部分　估价对象界定。

第三部分　土地估价结果及其使用。

第四部分　附件。

2. 土地估价技术报告的结构

土地估价技术报告的结构如下：

第一部分 总述。

第二部分 估价对象描述及地价影响因素分析。

第三部分 土地估价。

第五部分 附件。

8.4 房地产估价报告的撰写

8.4.1 房地产估价报告的撰写要求

1. 估价报告应做到下列几点

(1)真实 即应按事物的本来面目陈述事实、描述状况、说明情况,没有虚假记载。

(2)客观 即应不加个人偏见地进行叙述、分析和评论,得出的结论应有充分的依据,没有误导性陈述。

(3)准确 即估价基础数据应正确,用语应明确肯定、避免产生歧义,对未予以核实的事项不得轻率写入,对难以确定的事项及其对估价结果的影响应予以说明,没有含糊其词。

(4)完整 即应提供必要的信息,全面反映估价过程和结论,正文内容和附件资料应齐全、配套,不得隐瞒事实,没有重大遗漏。

(5)清晰 即应层次分明,用简洁的文字对有关情况和问题进行归纳总结,避免不必要的重复,便于估价报告使用者理解和使用。

(6)规范 即估价报告的制作应符合规定的格式,文字、图表等的使用应符合相应的标准,有关专业术语应采用相应专业明文规定或约定俗成的术语。

2. 房地产估价报告应包括的部分

房地产估价报告应记载下列事项:①封面;②致估价委托人函;③目录;④注册房地产估价师声明;⑤估价假设和限制条件;⑥估价结果报告;⑦估价技术报告;⑧附件。

估价技术报告可按估价委托合同的约定不提供给估价委托人,但房地产估价机构应将其存档,以供房地产估价行业主管部门和房地产估价行业组织检查等。

8.4.2 房地产估价报告各部分的内容要求

1. 封面

房地产估价报告的封面应简明记载下列事项:①估价报告名称;②估价项目名称;③估价委托人的名称或姓名;④房地产估价机构的名称;⑤注册房地产估价师的姓名和注册号;⑥估价报告出具日期;⑦估价报告编号。

2. 致估价委托人函

房地产评估报告中,致估价委托人函应包括下列事项:①致函对象;②估价目的;③估价对象;④价值日期;⑤价值类型;⑥估价方法;⑦估价结果;⑧与使用估价报告、估价结果有关的特别提示;⑨致函日期。

致估价委托人函应加盖房地产估价机构公章,不得以其他印章代替公章,法定代表人或执行合伙人可在其上签名或盖章。

3. 目录

房地产估价报告中,目录应按估价报告各个组成部分的前后次序列出其名称及对应的页码,以便估价委托人或估价报告使用者对估价报告的框架和内容有一个总体了解,并容易找到其关注的内容。

4. 注册房地产估价师声明

房地产估价报告中,注册房地产估价师声明是注册房地产估价师对估价职业道德、专业胜任能力等所做的承诺和保证,应包括下列内容:

①注册房地产估价师在估价报告中对事实的说明是真实和准确的,没有虚假记载、误导性陈述和重大遗漏。

②估价报告中的分析、意见和结论是注册房地产估价师独立、客观、公正的专业分析、意见和结论,但受到估价报告中已经说明的估价假设和限制条件的限制。

③注册房地产估价师与估价报告中的估价对象没有现实或潜在的利益,与估价委托人及估价利害关系人没有利害关系。

④注册房地产估价师对估价报告中的估价对象、估价委托人及估价利害关系人没有偏见。

⑤注册房地产估价师是依照中华人民共和国国家标准《房地产估价规范》《房地产估价基本术语标准》以及相关房地产估价专项标准进行分析,形成意见和结论,撰写估价报告。

⑥注册房地产估价师对估价报告中的估价对象进行了实地查勘(若不是所有在本声明上签名的注册房地产估价师都对估价对象进行了实地查勘,应写明对估价对象进行了实地查勘的注册房地产估价师姓名)。

⑦没有人对估价报告提供重要专业帮助(若有例外,应写明提供重要专业帮助者的姓名或名称和帮助的内容)。

注册房地产估价师声明应注明所有参加估价的注册房地产估价师的姓名、注册号,并经本人签名,不得以个人印章代替签名,非注册房地产估价师和未参加估价的注册房地产估价师不得在其上签名。

房地产估价机构和注册房地产估价师不得将注册房地产估价师声明的内容与估价假设和限制条件的内容相混淆,不得把注册房地产估价师声明变成免责声明。

5. 估价假设和限制条件

房地产估价报告中的估价假设和限制条件应说明下列内容。

(1)一般假设　包括对估价所依据的估价委托人提供的估价对象权属、面积等资料在进行了审慎检查而未予以核实的情况下,对其合法性、真实性、准确性和完整性的合理假定;对建筑安全、环境污染等重大影响估价对象价值的因素予以了关注,在无理由怀疑存在安全隐患且无相应的专业机构检测或鉴定的情况下,对其安全性等的合理假定。

(2)不确定事项假设　对估价所必需的尚未明确或不够明确的土地用途、容积率等事项所做的合理的、最可能的假定。

(3)背离实际情况假设　因估价目的的特殊需要所做的与实际情况不一致的假定。

(4)估价报告使用限制　估价报告的使用者、用途、使用期限以及在使用中应注意的其他事项。其中，估价报告使用期限应根据估价目的和预计估价对象的市场价格变化程度来确定，原则上不应超过 1 年。

估价假设必须是针对估价前提所做的必要的、合理的、有依据的假定。严禁为了高估或低估、规避应尽的勤勉尽责义务等而滥用估价假设。

经实地查勘、查阅现有资料或向相关专业领域的专家咨询，对估价对象的建筑安全、环境污染、质量缺陷、完损状况等专业问题难以做出常规判断和相应假设的，应建议估价委托人聘请具有相应资质的专业机构进行检测或鉴定，以专业机构出具的检测或鉴定意见为依据进行估价。

6. 估价结果报告

房地产估价报告中的估价结果报告，应简要记载下列事项：①估价委托人的名称或姓名和住所；②房地产估价机构的名称、法定代表人或执行合伙人、住所、估价资质等级和资质证书编号；③估价目的；④估价对象；⑤价值日期；⑥价值类型；⑦估价原则；⑧估价依据；⑨估价方法；⑩不同估价方法的测算结果和最终的估价结果；⑪注册房地产估价师；⑫协助估价的人员；⑬实地查勘期；⑭估价作业期。

7. 估价技术报告

房地产估价技术报告中，应详细记载下列事项：①估价对象描述与分析；②市场背景描述与分析；③估价对象最高最佳利用分析，但评估现状价值的可除外；④估价方法适用性分析；⑤估价测算过程；⑥估价结果确定。房地产抵押估价报告还应记载估价对象变现能力分析。

8. 附件

房地产估价报告的附件应包括下列资料：①估价委托书复印件；②估价对象的位置示意图、外观和内部状况照片、周围环境和景观照片、权属证明复印件；③估价中引用的其他专用文件资料；④房地产估价机构的营业执照和资质证书复印件；⑤注册房地产估价师的注册证书复印件。

房地产抵押估价报告还应包括法定优先受偿权等情况的书面查询资料和调查记录。采用比较法估价的，还应包括可比实例的外观照片。

因司法拍卖、征收等强制转让或强制取得房地产而房地产占有人拒绝进入估价对象内进行实地查勘，或估价对象涉及国家秘密而不得进入其内进行实地查勘的，可不进入估价对象内进行实地查勘，但应在估价报告中说明未进入估价对象内实地查勘及其具体原因，附件中可不包括估价对象内部状况照片，但应在附件中相应位置说明没有估价对象内部状况照片的具体原因。

9. 其他要求

①房地产估价报告中应描述说明估价对象状况，包括估价对象的区位状况、实物状况和权益状况，其中主要有以下几项：

a. 对土地的描述说明，应包括名称、坐落、四至、面积、形状、地形、地势、地质条件、开发程度、交通条件、周围环境和景观、外部配套设施、利用现状、规划条件、权属状况等。

b. 对建筑物的描述说明应包括名称、坐落、建筑规模、层数和高度、建筑结构、设施设备、装饰装修、层高、空间布局、建筑功能、工程质量、外观、建成年月、维护情况、利用现状、权属状况等。

②估价报告应采取书面形式，有不少于 2 名注册房地产估价师签名，并加盖房地产估价机构公章。在估价报告上盖章的房地产估价机构和签名的注册房地产估价师，对估价报告的内容和结论依法承担责任。

③成套住宅抵押估价、基于同一估价目的的大量同类房地产的批量估价，估价结果报告可采取表格形式。除此之外的估价结果报告，均应采取叙述形式。

④估价报告应做到图文并茂，所用纸张、封面、装订应有较好的质量，纸张大小宜采用 A4 纸规格。

附录一　土地估价报告的规范格式

土地估价报告(文字式)规范格式

“土地估价报告(文字式)”基本内容和格式如下：

[一]封面

土地估价报告

[封面标题]

项目名称：[说明估价项目的全称，内容宜包括估价对象(按照土地证书坐落填写)、评估目的、价格类型(土地使用权或其他)等要素]

受托估价单位：[说明进行该项估价并符合估价资质的机构名称，可同时列出合作估价机构]

土地估价报告编号：[说明估价机构对该项目的编号，含有“(地名)估价机构简称(年度)(估)字第××号”等字样，其中，年度为提交土地估价报告日期所在年度]

电子备案编号：

提交估价报告日期：[说明土地估价报告提交的具体日期]

[二]正文

土地估价报告

[正文标题]

第一部分　摘要

[分标题]

一、估价项目名称

[同“土地估价报告”文字式封面]

二、委托估价方

[说明该项估价的委托单位或个人]

三、估价目的

[说明该项估价是为了满足委托方的何种需要及其估价依据、估价结果的应用方向等，对估价依据则应注明文号、批准单位及批准日期等]

四、估价期日

[说明估价结果对应的具体日期，样式为××××年×月×日]

五、估价日期

[说明该项估价工作的起止日期]

六、地价定义

[说明估价对象实际用途和宗地内外实际开发程度、本次估价所设定的开发程度和用途及其理由，现状利用或规划利用条件。土地开发程度的设定应与估价对象土地利用特点和估价目的相一致，分别界定为宗地外围或宗地内外“几通”(通路、通电、供水、排水、通气、通暖、通信等)和宗地内平整；地价定义应注明所估地价的内涵是指在公开市场或特定市场条件下、于估价期日、现状利用或规划利用条件下、设定的开发程度与用途、法定最高年限内一定年期的土地使用权或包括其他内容价格]

七、估价结果

[说明最终确定的总地价、单位面积地价，必要时注明楼面地价，须以人民币表示，总地价附大写金额，并附土地估价结果一览表(表 E.1)。如需用外币表示的，应标明估价期日外币与人民币的比价。对涉及抵押的估价，应注明上述估价结果中是否包含法定优先受偿款、抵押物抵押、使用及处置时的登记费用、过户税费、拍卖佣金、司法诉讼费用及其他应付费用等。]

八、土地估价师签字

[由参加评估及符合估价资质的估价机构中的至少两名土地估价师签字，并注明土地估价师资格证书号]

九、土地估价机构

[由签字土地估价师所在的估价机构法人代表签字，并加盖公章，其中至少一个为符合土地估价资质的估价机构]

估价机构负责人签字：　　　(机构公章)

年　月　日

表 E.1　土地估价结果一览表

估价机构：　　估价报告编号：　　估价期日：　估价期日的土地使用权性质：

估价期日的土地使用者	宗地编号	宗地名称	土地使用证编号	估价期日的用途			容积率			估价期日实际开发程度	估价期日设定开发程度	剩余土地使用权年限	面积	单位面积地价/(元/m²)	总地价/万元	备注
				证载(或批准)用途	实际	设定	规划	实际	设定							
合计																

本表所在页应加盖估价机构公章

一、上述土地估价结果的限定条件

1. 土地权利限制

[说明有否影响地价的土地权利限制及具体内容]

2. 基础设施条件

[主要描述估价对象实际土地开发程度，即通路、通电、供水、排水、供暖、供气、通信等及宗地内平整状况]

3. 规划限制条件

[说明有否影响地价及土地利用的规划限制条件以及具体内容]

4. 影响土地价格的其他限定条件

[说明有否影响地价的其他限定条件及具体内容]

二、其他需要说明的事项

[参照估价报告中“其他需要特殊说明的事项”]

估价机构：(加盖公章)

年　月　日

第二部分　估价对象界定

[分标题]

一、委托估价方

[说明该项估价的委托单位及其隶属关系、委托单位与估价对象土地使用者之间的关系、主营业务范围等以及单位地址、法人代表、联系人等，或委托的个人、联系地址、联系人等]

二、估价对象

[说明估价对象的具体范围，指出估价对象仅为土地还是包括其他内容，并具体说明估价对象的面积、土地使用者、用途等]

三、估价对象概况

1. 土地登记状况

[说明估价对象的权源以及权属变更情况、估价对象的地理位置、土地用途、四至、面积、土地级别、土地权属性质及权属变更、土地登记证书号、国有土地使用证编号、登记时间、地籍图号、宗地号等][未办理登记手续的，应说明理由]

2. 土地权利状况

[说明估价对象的土地所有权、使用权、他项权利状况，以出让方式取得的土地使用权要说明取得时间、出让金数额、批准使用年限、已使用年限和剩余使用年限及宗地使用的特殊规定，对估价对象存在的抵押权、担保权、地役权、租赁权、地上地下权等他项权利、相邻关系权利等要详加说明]

3. 土地利用状况

[说明估价对象的利用现状及土地利用条件。利用现状包括估价对象上的建构筑物及其用途、建筑容积率、绿化率等，重要建构筑物应说明建构筑物的耐用年限、已使用年

限、建筑面积、建筑结构、建筑细部说明、设备和安装状况、建筑成新、建筑密度、建筑高度、层数，以及其他地上附着物状况等；土地利用条件包括估价对象的规划利用、最佳利用、利用限制和缺陷等情况，对以规划条件进行评估的，应说明规划条件的批准机关及批准日期、具体规划条件等]

四、影响地价的因素说明

1. 一般因素

[应说明影响土地价格的一般、普遍、共同的因素，可包括以下内容：

① 城市资源状况(包括地理位置、土地、城市人口等)

② 不动产制度与不动产市场状况(含土地制度、住房制度、地价政策等)

③ 产业政策(含税收政策等)

④ 城市规划与发展目标

⑤ 城市社会经济发展状况(包括城市经济布局、发展水平、综合实力、社会储蓄与投资、物价变动等内容)]

2. 区域因素

[说明待估宗地所在城镇内部区域条件对地价的影响，可包括：

① 区域概况(含区域位置、人口、级别、经济发展、区域优势等)

② 交通条件(含区域内公共交通状况、对外交通条件等)

③ 基础设施条件(指区域内供水、排水、供电、通信、通暖、煤气及学校、医院等配套设施的完善程度)

④ 环境条件(含区域人文环境和自然环境)

⑤ 商服繁华情况、产业集聚状况

⑥ 规划限制等(区域范围可参照城镇内基准地价级别、行政分区、功能分区等界定)

以上一般因素和区域因素可根据估价对象特点和估价目的有所选择和侧重，着重进行影响因素的描述]

3. 个别因素

[说明估价对象位置、面积、用途、宽度、临街状况、深度、形状、地质、地形、地势、容积率、宗地基础设施条件以及估价对象现状利用或规划利用等影响地价水平的因素说明]

第三部分　土地估价结果及其使用

[分标题]

一、估价依据

[说明该项估价所依据的：①国家有关法律、法规、行政规章、估价对象所在省市的有关法律法规和政策；②采用的技术标准；③委托方提供的有关资料；④受托估价方掌握的有关资料和估价人员实地勘察、调查所获取的资料等][上述估价依据应与估价过程相一致，对估价过程中方法选择、有关参数确定所依据的主要文件应列出名称和文号]

二、土地估价

1. 估价原则

[简要说明该项估价所遵循的主要原则][估价原则应根据估价对象特点与估价目的有所选择]

2. 估价方法

[简要说明估价中采用的主要方法、方法选择的依据。估价方法应根据估价目的和估价对象特点等选定，并与估价原则和估价依据衔接一致。本标准推荐使用而未选用的方法应说明不选用的理由][除符合本规标准定的特殊情况外，每项估价所选估价方法应不少于2种]

3. 估价结果

[说明每种估价方法的估价结果、最终估价结果的确定方法及依据、以人民币表示的单位地价及总地价][如用外币表示地价，应注明估价期日外币与人民币的比价]

三、估价结果和估价报告的使用

1. 估价的前提条件和假设条件

[说明进行本次估价及估价报告与估价结果成立的前提条件(如估价依据的可靠性、市场的客观性、地价内涵、土地的持续利用等)、假设条件(如估价对象的用途设定、年期设定、估价期日设定等)]

2. 估价结果和估价报告的使用

[主要包括以下内容：

① 估价报告和估价结果发生效力的法律依据。说明进行本次估价所依据的主要法律、法规，注明估价报告和估价结果的作用依照法律、法规的有关规定发生法律效力。

② 本报告和估价结果使用的方向与限制条件。说明估价报告和估价结果在一定评估目的下使用，注明土地估价报告的提供对象和使用条件。

③ 说明估价报告的有效期限，自报告提交日起，原则上不超过1年。

④ 申明估价报告和估价结果的使用权归委托方所有，估价机构对估价结果有解释权。

⑤ 违规使用土地估价报告和估价结果的法律责任]

3. 需要特殊说明的事项

[说明如下：

① 有关资料来源及未经实地确认或无法实地确认的资料和估价事项；

② 对估价结果和估价工作可能产生影响的变化事项(如地价指数、开发程度、设定用途等)以及采取的相应措施。

③ 估价对象的特殊性、估价中未考虑的因素及采取的特殊处理，必要时说明原因或依据。

④ 其他需要特殊说明的问题]

第四部分　附件

[分标题]

[应包括：

① 委托估价函、委托方营业执照、待估对象权属证明材料、土地利用状况或规划证明材料等。

权属证明材料包括土地使用证复印件或土地产权证明材料(附宗地图)、估价对象如设定他项权利时有关权利人证明材料、出让土地附土地出让合同或协议、房屋产权证复印件或证明材料；无上述权属证明材料时，应说明原因；估价人员应对权属证明原件(如国有土地使用证、土地产权证明、房产证等)进行核对核实后，在复印件上加盖估价机构公章。

土地利用状况与条件或规划证明材料包括地籍图、建筑平面图等、有关背景材料(如估价项目的有关批准文件等,如为规划利用应提交规划利用的项目建议书、可行性研究报告、建设用地规划许可证、建设工程规划许可证或审定设计方案通知书等规划文件)。

② 宗地区域位置图、估价对象及比较案例照片(从不同角度体现宗地的主要建筑物、用途及利用特点)、现场查勘记录表、估价师现场查勘照片、估价机构资格及签字土地估价师证书复印件、估价机构营业执照等。

③ 其他相关资料复印件]

附录二　“土地估价技术报告(评估工作底稿)”的基本内容及其说明

基本内容和格式如下：

[一]封面

土地估价技术报告(评估工作底稿)

[封面标题]

项目名称：[说明估价项目的全称，内容宜包括估价对象、评估目的、价格类型(土地使用权或其他)等字样。估价项目全称后加括号注明估价对象所在市、县全名，如“××县(市)”字样]

受托估价单位：[同“土地估价报告”文字式]

土地估价报告编号：[同“土地估价报告”文字式]

土地估价技术报告(评估工作底稿)编号：[说明估价机构对该项目的技术编号，含有“(地名)估价机构简称(年度)(技)字第××号”等字样，其中，年度为提交土地估价报告日期所在年度]

电子备案号：

提交估价报告日期：[同“土地估价报告”文字式]

关键词：估价对象所在市、县全名，与项目名称中市、县全名一致；

估价目的，应简要说明本次评估的估价目的，如“出让、转让、抵押”等；

估价机构，说明估价机构全称；

年度，说明提交土地估价报告日期所在年度

[二]正文

土地估价技术报告(评估工作底稿)

[正文标题]

第一部分　总述

[分标题]

一、估价项目名称

同土地估价技术报告(评估工作底稿)封面。如1个项目涉及2个以上市县时,应分市县分别出具土地估价技术报告(评估工作底稿)

二、委托估价方

[同"土地估价报告"文字式]

三、受托估价方

[说明该项估价的受托估价机构、机构地址、估价机构资质级别、资格证书获得时间、估价资格有效期、资格证书编号、法人代表等]

四、估价目的

[同"土地估价报告"文字式]

五、估价依据

[同"土地估价报告"文字式]

六、估价期日

[同"土地估价报告"文字式]

七、估价日期

[同"土地估价报告"文字式]

八、地价定义

[同"土地估价报告"文字式]

九、估价结果

[同"土地估价报告"文字式]

十、需要特殊说明的事项

[同"土地估价报告"文字式]

十一、土地估价师签字

[同"土地估价报告"文字式]

十二、土地估价机构

[同"土地估价报告"文字式]

估价机构负责人签字：　　(机构公章)

××××年×月×日

第二部分 估价对象描述及地价影响因素分析

[分标题]

一、估价对象描述

(一)土地登记状况

[同“土地估价报告”文字式]

(二)土地权利状况

[同“土地估价报告”文字式]

(三)土地利用状况

[同“土地估价报告”文字式]

[上述内容中,土地登记和权利状况以土地登记、土地使用证和土地使用权出让合同中的有关内容为准,土地利用状况以建筑物、地上附着物等产权登记内容和实际勘察与调查的内容为准]

[土地权利状况中他项权利限制以及土地利用限制等对地价造成影响的,应说明影响趋势及影响程度]

二、地价影响因素与市场背景分析

[按照一般因素、区域因素、个别因素归类说明影响估价对象地价水平的因素]

[影响因素可根据估价对象特点和估价目的有所选择和侧重]

[该部分影响因素分析不仅包含对有关影响因素的陈述,还应对地价影响因素进行分析,其中对地价影响大的重要因素必须分析,与本次估价相关性小或无关的因素仅为参照。因土地的特殊用途或其他原因而影响地价的特殊因素,应在此说明并进一步分析]

[在对地价影响因素进行分析时,通过定性和定量分析,着重分析这些因素对地价可能产生的影响程度及影响趋势,并与土地估价过程中有关方法选择、参数确定、因素分析和比较内容等相对应,对地价影响因素的分析应与估价结果的确定相关联,做到分析合理、参数有据、估价得当]

[地价影响因素的分析应做到客观描述,用语规范,内涵准确,能够定量反映的应定量描述]

第三部分 土地估价

[分标题]

一、估价原则

[同“土地估价报告”文字式]

二、估价方法与估价过程

[要求说明估价方法选择依据和每种方法的估价过程]

[应根据估价对象特点及项目的实际情况,依据本标准选取适宜的估价方法。除符合本规程规定的特殊情况外,每项估价所选估价方法应不少于 2 种,并说明估价方法选择的依据。对本标准推荐使用而未选用的方法或选用本标准中明确“慎用”“不宜使用”的方法,应说明理由。各种估价方法的应用过程应分别满足本标准的相应要求]

[在选择估价方法时,如估价对象位于城镇范围内、基准地价覆盖范围之外,可以在充分分析论证其可行性的基础上,选择采用基准地价系数修正法,参照基准地价的末级地进行评估]

(一)市场比较法

[应用此种方法估价,应按照本标准规定,选择相似比较实例,进行因素比较修正后,确定待估土地的价格。对比较实例选择、比较因素选择、因素条件的比较及因素修正应满足以下具体要求:

1. 比较实例选择

要求比较实例至少3个,选择的实例与估价对象应属于同一供需圈、用途相同或相近、交易时间与估价期日相差不超过3年、在地域上属近邻区域或类似区域,所选实例应发生实际交易,并具体说明实例的位置、用途、面积、土地等级、土地利用情况、土地开发程度、交易时间、土地使用年限、交易方式、交易情况和交易价格及价格内涵等。

2. 因素选择

估价时选择的比较因素应包括影响地价的全部主要因素,主要是区域因素和个别因素。其中区域因素修正的主要因子有商服繁华程度、交通条件、公用设施及基础设施水平、区域环境条件、城镇规划、土地使用限制等。个别因素修正的主要因子包括:宗地位置、面积、形状、临街状况、宗地内基础设施水平、地势、地质、水文状况、容积率、其他规划限制条件等。不同用途的土地,影响其价格的区域因子不同,区域因素、个别因素修正的具体因子应根据估价对象的用途确定。以上因素应与报告第二部分所分析的地价影响因素相一致,不得漏掉重要因素,必要时应说明因素选择的依据。

3. 因素条件说明

具体说明估价对象和比较实例的各因素条件,如表E.1所示。

表E.1 比较因素条件说明表

比较因素		估价对象与比较案例					
		估价对象	实例一	实例二	实例三	实例四	…
	交易时间						
	交易情况						
	交易方式						
	土地使用年限						
	土地用途						
区域因素	基础设施状况						
	商业繁华程度						
	交通条件						
	环境条件						
	⋮						
个别因素	宗地面积/m^2						
	宗地形状						
	规划条件						
	容积率						
	⋮						

表 E.1 中所列因素应根据不同用途，并结合实际调查情况和估价对象的特点确定，因素描述的应具体量化，不宜使用相同、较好、接近、较差等无具体含义的用语；无法量化的指标，也应具体描述。估价对象和比较实例的各项条件说明应客观、具体，其中估价对象的因素条件说明应与第二部分影响地价的因素分析相一致，避免前后矛盾。

4. 编制比较因素条件指数表

为在因素指标量化的基础上进行比较因素修正，必须将因素指标差异折算为反映价格差异的因素条件指数，并编制比较因素指数表。除期日、交易情况、年期及容积率外，应以估价对象的各因素条件为基础，相应指数为 100，将比较实例相应因素条件与估价对象相比较，确定出相应的指数，并说明确定的依据。

在说明确定依据时，应以地产市场情况(如市场交易实例、基准地价及修正体系、地产市场水平、市场变化趋势等)和估价对象特点为基础，根据估价人员的合理分析或依据有关法律、法规等确定条件指数，有法律、法规等规定的，应说明批准机关、批准内容、文号及批准时间，如表 E.2 所示。

表 E.2 比较因素条件指数表

比较因素		估价对象与比较案例					
		估价对象	实例一	实例二	实例三	实例四	…
交易时间							
交易情况							
交易方式							
土地使用年限							
土地用途							
区域因素	基础设施状况						
	商业繁华程度						
	交通条件						
	环境条件						
	⋮						
个别因素	宗地面积/m^2						
	宗地形状						
	规划条件						
	容积率						
	⋮						

5. 因素修正

在各因素条件指数表的基础上，进行比较实例估价期日修正、交易情况、因素修正及年期修正，即将估价对象的因素条件指数与比较实例的因素条件进行比较，得到各因素修正系数，如表 E.3 所示。

表 E.3 比较因素修正系数表

比较因素		估价对象与比较案例					
		估价对象	实例一	实例二	实例三	实例四	…
	交易价格/(元/m²)						
	交易时间						
	交易情况						
	交易方式						
	土地使用年限						
	土地用途						
区域因素	基础设施状况						
	商业繁华程度						
	交通条件						
	环境条件						
	⋮						
个别因素	宗地面积/m²						
	宗地形状	100/100	100/98	100/96	100/96		
	规划条件						
	容积率						
	⋮						
	比准价格/(元/m²)						
	估价对象评估价格/(元/m²)						

注：表中所列比较因素、因素说明及修正系数仅表示修正方向，具体内容及修正幅度需依照本标准和相应分析确定

6. 实例修正后的地价计算

经过比较分析，采用各因素修正系数连乘法，求算各比较实例经因素修正后达到估价对象条件时的比准价格，再依据本标准规定的地价确定方法，测算估价对象的比较价格]

(二)收益还原法

[应用此方法估价，应对以下内容予以明确说明：

①具体说明实际总收益和客观总收益及估价时采用的收益额和相应的条件，采用市场比较法、剩余法等求算收益时，应根据各自方法的有关要求列出计算步骤和计算过程。

②总费用中涉及的项目和各项标准，应具体说明其确定的依据、确定方法和各项参数的选取标准，依据涉及有关法律、法规的，应说明批准机关、批准时间、文号及内容等。

③说明土地纯收益的测算依据和方法。涉及房地产和房屋纯收益的，应具体说明有关参数的选取及计算过程。

④明确说明还原利率(土地还原利率、建筑物还原利率、综合还原利率)的确定方法、依据和具体标准。

⑤说明土地使用年限、收益还原法公式选取和收益价格确定]

(三)剩余法

[应用此方法估价,应对以下内容予以明确说明:

①通过分析估价对象条件、利用现状等,考虑到规划利用及管理等限制条件,确定土地的最佳利用方式。应包括确定土地的用途、建筑容积率、绿化覆盖率、建筑布局、层数、建筑结构、建筑高度等项内容。

②明确估价对象开发完成后的利用方式(买卖、出租等)及依据目前市场状况估算的不动产总价,并说明估算方法及依据。

在估算不动产总价时,应根据待估宗地的最有效利用方式和当地房地产市场现状及未来变化趋势,采用市场比较法确定其价值。对开发完成后拟采用出租或自营方式经营的土地或不动产价值,也可以根据同一市场状况采用收益还原法确定其价值。

③对计算中所采用的建筑费、专业费用应说明其确定的方法和依据;对开发周期、利息、税费、手续费和利润等应说明其选择依据和标准。

④说明计算公式、计算过程和结果]

(四)成本逼近法

[应用此种方法估价,应明确以下有关内容:

①详细说明土地取得费的各组成项目及费用标准,并说明其确定的依据。征收土地及地上建筑物、构筑物时,土地取得费是可按有关征收补偿、安置补助费用计算。从市场购买土地时,土地取得费是土地购买价格。土地取得费均按取得土地使用权而支付的各项客观费用计算。有文件依据的,应首先符合国家性法律、法规等,不合理收费不应作为依据。同时应说明所依据文件的名称、批准机关、批准时间及文件中有关费用标准;没有文件依据的,如属当地一般规定,应有当地土地管理部门或有关的政府部门证明,涉及当地不同区域的费用标准,应在对估价对象所在区域进行充分调查实际情况的基础上(如调查征地实例),分析后确定客观取得费用,并说明原因。

②明确估价对象的开发期限、开发状况和相应的开发费用标准,并说明依据。有文件依据的,说明文件的批准机关、批准时间及内容等,没有文件依据的,应通过对地产市场中开发费用的调查,确定的开发费用能反映当地的平均开发水平。

③贷款利息、土地开发利润率、土地增值率的确定,应说明依据的资料及其来源、分析计算过程及结果。

④根据估价对象的个别因素条件进行修正,因素说明应与第二部分的地价影响因素相一致。当待估宗地为已出让土地时,应进行剩余使用年期修正。

⑤说明土地价格的确定方法和结果]

(五)基准地价系数修正法

[应用此种方法估价,应对如下事项予以明确说明:

①具体说明采用的基准地价的颁布实施时间、批准文号、批准机关、基准地价内涵及其利用基准地价计算宗地价格的公式等。

②说明宗地位置、用途及估价对象所在级别或区域的基准地价和对应的因素修正系数表及因素条件说明表,并注明来源及依据。

③说明估价对象的各项因素具体条件,应按因素修正系数表的内容具体列出。

④确定估价对象各因素修正系数和综合修正系数。

⑤说明年期、期日及其他影响地价因素间的差别和相应的修正系数。

⑥按照相应公式,利用基准地价进行修正,测算宗地地价]

三、地价的确定

(一)地价确定的方法

[要求说明对不同估价方法结果进行增值或减值调整的原因。对采用众数、简单或加权平均值、综合分析法或以其中某一价格等为最终宗地地价的,应解释其方法选择的依据,若舍弃某种估价方法的测算结果,应说明理由]

(二)估价结果

[应注明地价种类、总地价、单位面积地价、地价单位,总地价并用大写表示。如用外币表示地价,应注明估价期日外币与人民币的比价]

第四部分　附件

[分标题]

[同"土地估价报告"文字式]

附录三　房地产估价报告的规范格式

封面

房地产估价报告

估价项目名称：(说明本估价项目的全称)

委托方：(说明本估价项目的委托单位的全称，个人委托的为个人的姓名)

估价方：(说明本估价项目的估价机构的全称)

估价人员：(说明参加本估价项目的估价人员的姓名)

估价作业日期：(说明本次估价的起止年月日，即正式接受估价委托的年月日至成估价报告的年月日)

估价报告编号：(说明本估价报告在本估价机构内的编号)

估价报告编号：(说明本估价报告在本估价机构内的编号)

目录

一、致委托方函

二、估价师声明

三、估价的假设和限制条件

四、估价结果报告

(一)……

(二)……

五、估价技术报告(可不提供给委托方，供估价机构存档和有关部门查阅等)

(一)……

(二)……

六、附件

(一)……

(二)……

致委托方函

致委托方函致函对象(为委托方的全称)

致函正文(说明估价对象、估价目的、估价时点、估价结果)

致函落款(为估价机构的全称，并加盖估价机构公章，法定代表人签名、盖章)

致函日期(为致函的年月日)

估价师声明

我们郑重声明：

①我们在本估价报告中陈述的事实是真实的和准确的。

②本估价报告中的分析、意见和结论是我们自己公正的专业分析、意见和结论，但受到本估价报告中已说明的假设和限制条件的限制。

③我们与本估价报告中的估价对象没有（或有已载明的）利害关系，也与有关当事人没有（或有已载明的）个人利害关系或偏见。

④我们依照中华人民共和国国家标准《房地产估价规范》进行分析，形成意见和结论，撰写本评估报告。

⑤我们已（或没有）对本估价报告中的估价对象进行了实地查勘（在本声明中清楚地说明哪些估价人员对估价对象进行了实地查勘，哪些估价人员没有对估价对象进行了实地查勘）。

⑥没有人对本估价报告提供重要专业帮助（若有例外，应说明提供重要专业帮助者的姓名）。

⑦其他需要声明的事项。

参加本次估价的注册房地产估价师签名、盖章（至少有1名）。

估价的假设和限制条件

说明本次估价的假设前提，未经调查确认或无法调查确认的资料数据，估价中未考虑的因素和一些特殊处理及其可能的影响，本估价报告使用的限制条件。

估价结果报告

一、委托方

（说明本估价项目的委托单位的全称、法定代表人和住所，个人委托的为个人的姓名和住所）

二、估价方

（说明本估价项目的估价机构的全称、法定代表人和住所、估价资格等）

三、估价对象

（概要说明估价对象的状况，包括物质实质状况和权益状况。其中，对土地的说明应包括名称、坐落、面积、形状、四至、周围环境、景观，基础设施完备程度，土地平整程度，地势、地质、水文状况、规划限制条件、利用现状，权属状况；对建筑物的说明应包括：名称、坐落、面积、层数、建筑结构、装修、设施设备、平面布置、工程质量、建成年月、维护、保养、使用情况、公共配套设施完备状况、利用现状、权属状况。

四、估价目的

（说明本次估价的目的和应用方向）

五、估价时点

（说明所评估的客观合理价格或价值对应的年月日）

六、价值定义

（说明本次估价采用的价值标准或价值内涵）

七、估价依据

（说明本次估价依据的房地产估价规范，国家和地方的法律、法规，委托方提供的有关资料，估价机构和估价人员掌握和搜集的有关资料）

八、估价原则

（说明本次估价遵循的房地产估价原则）

九、估价方法

（说明本次估价的思路和采用的方法以及这些估价方法的定义）

十、估价结果

（说明本次估价的最终结果，应分别说明总价和单价，并附大写金额。若用外币表示，应说明估价时点中国人民银行公布的人民币市场汇率中间价，并注明所折合的人民币价格）

十一、估价人员

（列出所有参加本次估价的人员的姓名、估价资格或职称，并由本人签名、盖章）

十二、估价作业日期

（说明本次估价的起止年月日）

十三、估价报告应用的有效期

（说明本估价报告应用的有效期，可表达为到某个年月日止，也可表达为多长年限，如1年）

估价技术报告

一、个别因素分析

（详细说明、分析估价对象的个别因素）

二、区域因素分析

（详细说明、分析估价对象的区域因素）

三、市场背景分析

（详细说明、分析类似房地产的市场状况，包括过去、现在和可预见的未来）

四、最高最佳使用分析

（详细分析、说明估价对象最高最佳使用）

五、估价方法选用

（详细说明估价的思路和采用的方法及其理由）

六、估价测算过程

（详细说明测算过程、参数确定等）

七、估价结果确定

（详细说明估价结果及其确定的理由）

附件

附件包括估价对象的位置图，四至和周围环境图，土地形状图，建筑平面图，外观和内部照片，项目有关批准文件，产权证明，估价中引用的其他专用文件资料，估价人员和估价机构的资格证明等。

参考文献

[1] 中华人民共和国住房和城乡建设部,中华人民共和国国家质量监督检验检疫总局.房地产估价规范:GB/T 50291—2015.北京:中国建筑工业出版社,2015.
[2] 国家质量监督检验检疫总局.城镇土地估价规程:GB/T 18508—2014.北京:中国质检出版社,2015.
[3] 中国房地产估价师与房地产经纪人学会.房地产估价理论与方法.北京:中国建筑工业出版社,2017.
[4] 周小萍.不动产估价.北京:化学工业出版社,2018.
[5] 叶剑平,曲卫东.不动产估价.2版.北京:中国人民大学出版社,2016.
[6] 艾建国.不动产估价.北京:中国农业大学出版社,2007.
[7] 郭斌.房地产估价.西安:西安交通大学出版社,2010.
[8] 田杰芳.房地产估价.北京:清华大学出版社,北京交通大学出版社,2012.
[9] 李晓东,培忠.房地产估价.武汉:武汉理工大学出版社,2010.
[10] 战松.房地产估价.2版.大连:大连理工大学出版社,2013.
[11] 祝平衡,吴老二.房地产估价理论与实务.大连:东北财经大学出版社,2010.
[12] 谭善勇.房地产估价理论与方法.重庆:重庆大学出版社,2007.
[13] 中国房地产估价师与房地产经纪人学会.房地产估价案例与分析.北京:中国建筑工业出版社,2017.
[14] 美国评估师学会.不动产估价.11版.北京:地质出版社,2001.
[15] 执业资格考试命题研究中心.2014年版全国土地估价师资格考试辅导教材——土地估价理论与方法.3版.南京:江苏科学技术出版社,2013.
[16] 执业资格考试命题研究中心.2014年版全国土地估价师资格考试辅导教材——土地估价实务基础.3版.南京:江苏科学技术出版社,2013.
[17] 执业资格考试命题研究中心.2014年版全国土地估价师资格考试辅导教材——土地估价案例与报告.3版.南京:江苏科学技术出版社,2013.
[18] 柴强.房地产估价理论与方法.北京:中国建筑工业出版社,2015.